VITAMINA C₁

CURSO DE ESPAÑOL

VITAMINA C$_1$

Aída Rodríguez   Elvira A. Viz   Sara Almuíña

ele
Español Lengua Extranjera

SGEL

CONTENIDOS

Índice de actividades de preparación al DELE		5
Unidad 1	INDIVIDUO	6
Unidad 2	TIEMPO LIBRE	16
Unidad 3	MUNDO LABORAL	26
Unidad 4	EXPERIENCIA GASTRONÓMICA	37
Unidad 5	ALTERNATIVAS AMBIENTALES	46
Unidad 6	EDUCACIÓN	55
Unidad 7	PAISAJES URBANOS	67
Unidad 8	GEOGRAFÍAS Y VIAJES	77
Unidad 9	DEPORTE Y BIENESTAR	89
Unidad 10	ECONOMÍA Y NEGOCIOS	98
Unidad 11	PALABRAS, PALABRAS	106
Unidad 12	SIGLO XXI	115
Transcripciones		125
Soluciones		136

El examen para la obtención del DELE C1

A lo largo del libro proponemos actividades que te ayudarán a prepararte para las distintas pruebas del examen DELE, acompañadas de estrategias para obtener mejores resultados en su realización. Aquí tienes un índice de las pruebas y las páginas del libro donde las encontrarás.

PRUEBA 1. Comprensión de lectura y uso de la lengua (90 minutos)	Página
Tarea 1 Leer un texto (instrucciones, contrato, informe...) y responder a seis preguntas de tres opciones.	117
Tarea 2 Leer un texto (artículo de revista, blog, cuento...) y completar seis huecos, eligiendo entre siete fragmentos.	8
Tarea 3 Leer un texto (artículo de opinión, reportaje...) y responder a seis preguntas de tres opciones.	99
Tarea 4 Leer seis textos cortos (reseñas, resúmenes...) y relacionar cada uno con un enunciado.	24
Tarea 5 Leer un texto (de revista, periódico, libro...) y completar catorce huecos con una palabra, eligiendo entre tres opciones.	50

PRUEBA 2. Comprensión auditiva y uso de la lengua (50 minutos)	
Tarea 1 Escuchar un monólogo (conferencia, discurso, noticia...) y completar seis enunciados con unas palabras, eligiendo entre doce opciones.	29
Tarea 2 Escuchar cuatro conversaciones (sobre opiniones, adquisición de bienes y servicios, negociaciones...) y responder a dos preguntas de tres opciones sobre cada conversación.	74
Tarea 3 Escuchar una entrevista o debate y responder a seis preguntas de tres opciones.	103
Tarea 4 Escuchar diez microdiálogos y responder a una pregunta de tres opciones sobre cada uno.	113

PRUEBA 3. Comprensión de lectura y expresión e interacción escritas (80 minutos)	
Tarea 1 Escuchar un texto oral (discurso, presentación...) y escribir un artículo sobre el mismo, resumiéndolo y expresando la opinión (220 - 250 palabras).	47
Tarea 2 Escribir un texto a elegir entre dos opciones: artículo o carta (180 - 220 palabras).	84 / 94

PRUEBA 4. Comprensión de lectura y expresión e interacción orales (20 minutos + 20 minutos de preparación)	
Tarea 1 Leer un texto (ámbito público, académico...) y hacer un resumen oral sobre el mismo.	61
Tarea 2 Mantener una conversación con el entrevistador sobre el tema de la Tarea 1, expresando la opinión.	62
Tarea 3 Mantener una conversación con el entrevistador para llegar a un acuerdo, hablando sobre imágenes, eslóganes...	44

1 INDIVIDUO

A IDENTIDAD

1a 🔊1 Vas a escuchar a la escritora y divulgadora científica española Elsa Punset dándonos unas pistas para descubrir cómo es el carácter de las personas con las que nos encontramos. Marca cuáles de los siguientes aspectos se mencionan. No escucharás las palabras exactas, así que presta atención al significado.

1. ☐ La forma de vestir
2. ☐ Retratos de familiares
3. ☐ Una red social
4. ☐ El lenguaje corporal
5. ☐ Un primer encuentro
6. ☐ El exterior de la casa

1b 🔊1 Vuelve a escuchar y contesta a las siguientes preguntas, según la información del audio.

1. ¿Es fiable el perfil personal de Facebook para determinar la personalidad de una persona? ¿Por qué?

2. ¿Qué pistas indican que una persona es sociable?

3. ¿Qué resulta significativo de las fotografías expuestas en la casa de una persona?

4. ¿Qué cosas pueden desvelar una personalidad extrovertida?

5. ¿Qué puede significar la presencia de objetos originales? ¿Y la de libros elegantes con polvo?

2a Completa la línea de puntos con el adjetivo que falta. El otro hueco no te impedirá comprender el significado de la frase.

> introvertido/-a - íntegro/-a - caradura - altruista
> comprensivo/-a - hipocondríaco/-a - imperturbable

1. Si una persona se interesa por ti _____ cuando necesita algo, decimos que es una ....

2. Si una persona es _____ callada, no comparte sus preocupaciones con nadie y pasa mucho tiempo en su mundo interior, decimos que es ....

3. Si alguien está _____ preocupado por su estado físico y mental, piensa que está enfermo, decimos que es ....

4. Si una persona te escucha _____, muestra empatía y entendimiento hacia tus problemas y sentimientos, decimos que es ....

5. Si una persona sigue _____ sus principios y no se corrompe, decimos que es ....

6. Si una persona cree _____ en que lo más importante es ayudar a los demás y antepone los problemas de los demás a su propio beneficio, decimos que es ....

7. Si una persona es tranquila y _____ pierde la calma aunque haya algún problema, decimos que es ....

2b Completa ahora los otros huecos con uno de estos adverbios.

> fielmente - constantemente - exclusivamente - raramente
> ciegamente - pacientemente - extremadamente

Recuerda

Los **adverbios en -*mente*** se forman a partir del adjetivo en femenino y se usan para **reforzar el significado del verbo, adjetivo o adverbio** al que complementan.

INDIVIDUO 1

3 Las siguientes expresiones hacen referencia al carácter o a la relación entre personas. Sustituye en cada frase la parte subrayada por una expresión que signifique lo mismo.

> mantener las distancias - afán de superación
> resultar admirable - tener un gran coraje - caer bien
> llevarse como el perro y el gato - inspirar confianza
> mantener estrechos lazos de amistad

1 Es muy difícil trabajar con Juan y Lorenzo porque <u>discuten continuamente</u>.

2 No <u>me fío de</u> los productos que venden en la televisión. Creo que no son de buena calidad.

3 Consiguió recuperarse del accidente gracias a su <u>voluntad de mejorar</u>.

4 A pesar de los esfuerzos de los dos países, los líderes siguen <u>teniendo una relación fría</u>.

5 <u>Es muy respetable</u> el trabajo por el entendimiento que hicieron personas como Gandhi o Nelson Mandela.

6 Siempre me <u>han parecido simpáticas</u> las personas que saben reírse de sí mismas.

7 <u>Fue muy valiente</u> al tomar la decisión de ir a trabajar a una zona conflictiva.

8 Después de tantos años, Alejandro todavía <u>tiene muy buena relación</u> con sus compañeros del colegio.

4a ¿Qué características forman parte de la personalidad o el estado de las personas de las fotos de la derecha? Elige las dos opciones que mejor se ajustan a cada una.

1 ☐ es insensible
2 ☐ trata de hacer las cosas cada vez mejor
3 ☐ sabe cómo tratar a las personas
4 ☐ se siente poco integrada
5 ☐ causa una buena sensación
6 ☐ intenta vencer los obstáculos
7 ☐ vive sin complicaciones
8 ☐ está orgullosa de lo que hace
9 ☐ sabe cómo resolver situaciones difíciles
10 ☐ tiene poco ánimo para hacer cosas
11 ☐ muestra poca empatía
12 ☐ se siente sola
13 ☐ muestra mucha empatía con todo el mundo
14 ☐ siente una gran tristeza
15 ☐ tiene mucha autoestima
16 ☐ tiene una actitud positiva

a Rubén ve la vida de color de rosa.

b Ángela tiene mucho amor propio.

c Ariana tiene un gran afán de superación.

d A veces Antonio parece tener el corazón de piedra.

e Raquel tiene mucha mano izquierda con sus empleados.

f Cuando Carolina se encuentra con amigos de su juventud, se siente desplazada.

g Desde que perdió su trabajo, Ramón está sumido en una depresión.

h Ángel suele inspirar confianza en las personas a las que conoce.

4b Combina ahora los elementos de ambas columnas para formar expresiones. En algún caso puede haber más de una solución posible.

1	causar	a	una actitud positiva
2	estar	b	(con) poco ánimo
3	mostrar	c	una buena sensación
4	sentir	d	integrado
5	tener	e	sin complicaciones
6	vencer	f	(la) tristeza
7	vivir	g	empatía
		h	los obstáculos

7

1 INDIVIDUO

5 📄 **DELE** Lee el siguiente texto del que se han extraído algunos fragmentos. A continuación, lee los fragmentos y decide en qué lugar del texto hay que colocarlos. Hay un fragmento que no tienes que elegir.

LO DE "YO SOY ASÍ Y NO VOY A CAMBIAR" ES UN CUENTO: LA PERSONALIDAD SÍ VARÍA CON LOS AÑOS

Los expertos afirman que, si quiere, usted también puede modificar su carácter y dejar de hacer esas cosas que sacan de quicio al resto. Por ALEJANDRO TOVAR

"Lo siento mucho pero, a estas alturas de mi vida, yo ya no voy a cambiar". Una frase comodín, repetida hasta la saciedad por personas impuntuales, desordenadas, infieles. (…) ¿Que por qué no cambian? Porque no pueden, porque "son así". Y punto. Pero de eso, nada. **(1)** _____. Que la forma en la que cada uno se relaciona con su entorno y la manera en la que actúa en su contexto varía, y mucho, con el paso del tiempo. Para bien y para mal. Así que la excusa queda, ahora más que nunca, en entredicho.

Y este no es un estudio cualquiera. Está considerado el más largo de la historia, porque escribió sus primeras páginas en la Escocia de 1950, cuando un grupo de investigadores pidió a las maestras de una escuela que analizasen la personalidad de 1208 niños de 14 años. (…) En 2012, 62 años después, el equipo de científicos del doctor Matthew Harris retomó los análisis y buscó a aquellos niños, convertidos en personas adultas, para repetir los test de personalidad. 174 de ellos, con el pelo hoy lleno de canas, se prestaron a la segunda vuelta. ¿El resultado? **(2)** _____. En conclusión, la personalidad cambia, y mucho, con el paso de los años. (…) Pero, ¿qué es, exactamente, la personalidad? **(3)** _____. En definitiva, la manera de relacionarnos con nuestro entorno y con nosotros mismos. Y ahí entra todo.

Por eso es lógico pensar que, si nuestro entorno varía, nosotros lo hacemos con él. (…) Porque la personalidad, como afirma Raquel Ibáñez, también psicóloga del mismo grupo, "no puede concebirse como un concepto fijo, sino como un proceso consistente de cambio, siempre abierto a evolucionar y a generar cambios". **(4)** _____.

Cuestión de voluntad

(5) _____. Y sí, una persona introvertida difícilmente se volverá el alma de la fiesta por más que se lo proponga, pero siempre podrá "adquirir determinadas habilidades que le permitirán manejarse en situaciones sociales, mostrarse más asertivos y también más habladores", explica Sara Ferro, del Grupo Crece.

Y lo mismo con la impuntualidad, la tendencia al desorden o la voluntad de ser fiel a la pareja, retomando los ejemplos del inicio. **(6)** _____. Entonces, ¿qué responder a aquellos que se muestran pétreos con —vaya cara— 40 o 45 años? Para Victoria Cadarso, "no es que no puedas, es que no quieres cambiar, porque ese trabajo se te antoja demasiado pesado y pretendes mantener las mismas rutinas". Por lo pronto, al que se niega a revisar sus tendencias poniendo esta excusa, puede contestarle: "No me cuentes historias, que a mí no me la das".

Extraído de *www.elpais.com*

ESTRATEGIAS PARA EL EXAMEN

Este ejercicio se corresponde con la Tarea 2 de la Prueba 1. En ella tienes que completar un texto con diferentes fragmentos. Hay seis huecos y siete fragmentos para elegir.

- Lee el texto completo para tener una idea general de su estructura y contenido.
- Busca conectores (por ejemplo, para estructurar el texto, como *para empezar*, *en conclusión*; o para estructurar las ideas, como *asimismo*, *sin embargo*).
- Fíjate en cada uno de los huecos. Observa si el fragmento que falta inicia un párrafo, lo completa o lo termina.
- Mira si el fragmento que falta hace referencia a lo ya mencionado o introduce algo de lo que se va a hablar a continuación.

A Un estudio de la Universidad de Edimburgo (Escocia) ha constatado que la personalidad no es tan estable e inamovible como mucha gente piensa.

B El equipo de Harris deja demostrado que las personas cambian con el tiempo; que se vuelven más o menos perseverantes, más o menos seguras de sí mismas, más o menos emprendedoras.

C Así, aunque nuestras tendencias sean estables a lo largo de la vida, no son en absoluto inamovibles.

D Aunque la personalidad pueda cambiar a lo largo de los años, no deberíamos hacernos ilusiones con la posibilidad de llegar a ser una persona completamente diferente.

E Otra cosa es querer o no querer hacerlo. "Uno no puede cambiar si no toma conciencia de cómo es y muchos no tienen ningún interés en saber por qué son como son", asegura Victoria Cadarso.

F Sus niveles de autoconfianza, de perseverancia, originalidad y deseos de aprender no eran ni sombra de los que se constataron en su niñez.

G La psicóloga experta en desarrollo personal Victoria Cadarso la define como "la forma en que pensamos, sentimos, nos comportamos e interpretamos la realidad, mostrando una tendencia de ese comportamiento a través del tiempo que nos permite afrontar la vida".

INDIVIDUO 1

6 🔊 2 Escucha otra vez el discurso de Benicio del Toro y corrige la información incorrecta de las siguientes afirmaciones, en caso de que sea necesario.

1. Benicio del Toro recuerda un restaurante de Donostia donde la comida no era muy buena.

2. Los pescadores de la foto estaban en el puerto.

3. El esfuerzo de la carrera de Benicio del Toro no ha sido en solitario.

4. Benicio del Toro agradece el premio a su familia, profesores, entrenadores, directores, representantes, actores, guionistas, productores y editores.

5. Le dedica el premio al lugar donde aprendió a jugar, a compartir y a actuar.

7 Elena Suárez, una profesora de español, ha hecho una breve presentación sobre una persona a la que admira: Eduardo Galeano. Léela y contesta a las preguntas que tengan respuesta en el texto.

1. ¿A qué se dedicaba Eduardo Galeano?

2. ¿Cuáles son los hitos de su carrera más importantes?

3. ¿En qué momento lo conoció?

4. ¿Por qué resultó impactante para Elena?

5. ¿Qué aspectos personales o de su trabajo admira? ¿Cuáles no le gustan?

6. ¿Hay alguna frase o acción suya que le resulte especialmente motivadora?

7. ¿Describe un encuentro imaginario con él? En caso afirmativo, ¿qué le diría o haría con él?

EDUARDO GALEANO

Una de las personas por las que siento más admiración es Eduardo Galeano, un periodista, caricaturista y autor uruguayo. Lo conocí de casualidad. Hace ya tiempo, un compañero de trabajo les llevó a sus alumnos uno de sus relatos. Yo vi el libro encima de la mesa, se llamaba *El libro de los abrazos*, y me pareció un título tan bonito, que se lo pedí prestado. El libro me fascinó desde el primer momento. Era un libro de minirrelatos, de reflexiones sobre diferentes temas, muchos de ellos contenían crítica social, y estaban contados con un lenguaje directo y sencillo pero también poético. Alguno de los relatos me hicieron pensar, otros me conmovieron... Me pareció un libro maravilloso.

A partir de ahí empecé a interesarme por la obra de Eduardo Galeano. Sus libros más conocidos son quizás *Las venas abiertas de América Latina* y la trilogía *Memoria del fuego*, en los que narra diversos episodios de la historia de América Latina, siempre desde la perspectiva de los que menos tienen, de los "nadies", como dice él, y crítico con los "de arriba", que todo lo tienen. Como ha escrito Galeano, su obra es "para quienes no pueden leerme. Los de abajo, los que esperan desde hace siglos en la cola de la historia, no saben leer o no tienen con qué" *(El libro de los abrazos)*.

Hace unos años tuve la suerte de poder ir a una librería donde estaba firmando libros. Mientras me acercaba a él, iba pensando qué comentario inteligente podría hacerle, pero al llegar a su lado, me quedé sin palabras, y no pude más que darle las gracias por tantos libros tan maravillosos. Él me miró, sonrió y, además de firmarme el libro, me hizo un pequeño dibujito.

Cuando murió, en el año 2015, sentí una gran tristeza, como si se hubiera muerto una persona cercana a mí. Pero me quedan sus libros y la historia contada "de los que no tienen voz".

1 INDIVIDUO

B HERENCIA O ENTORNO

8a Busca en el texto "Una cosa o dos sobre gemelos" (página 11 del libro del alumno) las palabras que corresponden con estas definiciones.

1 Secuencia de ADN que constituye la unidad funcional para la transmisión de los caracteres hereditarios.

2 Célula sexual femenina.

3 Dicho de una célula reproductora masculina: unirse a la femenina para dar origen a un nuevo ser.

4 Información contenida en los genes que constituye el fundamento de la transmisión de los caracteres hereditarios.

5 Componente del entorno que afecta a los seres vivos.

6 Hermanos nacidos del mismo parto, especialmente cuando se han originado por la fecundación de distintos óvulos.

7 Siglas de ácido desoxirribonucleico.

8 Que tiene inclinación o tendencia a algo.

9 Que pasa de padres a hijos.

10 Enfermedad que provoca fuertes y prolongados dolores de cabeza.

8b Ahora completa estas frases con las palabras del apartado anterior.

1 La alimentación es un _____ que puede afectar al desarrollo de ciertas enfermedades.
2 El color de los ojos es un rasgo _____, determinado por la información genética transmitida de padres a hijos.
3 Margarita ha tenido _____, un niño y una niña.
4 Los científicos tratan de descifrar la información contenida en nuestro _____, también llamado _____.
5 A veces un simple _____ puede influir en muchos rasgos de una persona.
6 Se llama "in vitro" cuando el proceso de _____ del _____ se realiza en un laboratorio.
7 Javier siempre tiene mucho cuidado en invierno, porque él es muy _____ a resfriarse.

9 Lee otra vez el texto "Una cosa o dos sobre gemelos" (página 11 del libro del alumno), y elige la opción correcta.

1 Los gemelos monocigóticos comparten…
   a el 100 % de su ADN.
   b la mitad de su ADN.
   c el 20 % de su ADN.

2 Los gemelos fraternos también son llamados…
   a gemelos idénticos.
   b mellizos.
   c gemelos monocigóticos.

3 El estudio de los gemelos idénticos…
   a precisa que ambos fueran separados al nacer.
   b es independiente del estudio de los gemelos fraternos.
   c puede demostrar el componente genético de una enfermedad.

4 El estudio comparativo de gemelos…
   a dio sus primeros pasos en los años 80.
   b surgió para analizar el impacto de la herencia y el entorno en los seres humanos.
   c empezó cuando se descubrieron gemelos idénticos separados al nacer.

5 Los gemelos Jim coincidían en…
   a su altura, el número de matrimonios y su marca de cerveza.
   b su peso, el número de hijos y el nombre de su gato.
   c su profesión, el nombre de sus hijos y su peinado.

6 La heredabilidad de la inteligencia…
   a es un concepto estadístico que todavía no está aceptado.
   b va en contra de la psicología conductista.
   c implica que nuestro cerebro es una página en blanco al nacer.

INDIVIDUO 1

10 Jaime, un chico de diecisiete años, le escribe a una amiga sobre su familia. Lee un fragmento de su correo electrónico y fíjate en las expresiones destacadas en negrita. Escribe luego una pequeña definición para cada una. ¿Hay expresiones similares en tu idioma?

> ¿Me preguntabas por mi familia? Pues mi familia me gusta mucho, pero últimamente… me pone de los nervios, la verdad. Mi hermano mayor no deja de hablar de sí mismo, "Sergio por aquí, Sergio por allá", se cree que **es un tío bueno** y que por eso todas las chicas están locas por él, que saca las mejores notas, que tiene buena mano para todo… Vamos, que **no tiene abuela**. Luego está mi hermana pequeña, Carla. Me llevo bien con ella, pero **es una niña de papá**. ¿Carla quiere un móvil nuevo? Al día siguiente tiene el último modelo. ¿Carla quiere salir por la noche? Mi padre va a buscarla a la hora que sea. ¡Solo tiene un año menos que yo y le dan todo lo que quiere! Pero a ver quién se queja a mi padre… Como **es el cabeza de familia**, ¡no le rechista nadie! A veces pienso que **soy un primo** porque todos consiguen lo que quieren menos yo. Así que, ya ves, aquí somos todos diferentes, **cada uno de su padre y de su madre**. Pero bueno, me imagino que en todas las familias es así, ¿no?

1 Ser un/-a tío/-a bueno/-a: _____
2 No tener abuela: _____
3 Ser un/-a niño/-a de papá: _____
4 Ser el cabeza de familia: _____
5 Ser un/-a primo/-a: _____
6 Ser cada uno/-a de su padre y de su madre: _____

11 Combina los elementos de las tres columnas y luego forma frases en tu cuaderno añadiendo un sujeto a cada una. Puede haber más de una opción para cada verbo.

El menú consistía en tres platos: entrante, principal y postre.

· consistir	· a	· el ruido que hacen los vecinos
· contar	· en	· el aeromodelismo
· insistir	· de	· tres platos: entrante, principal y postre
· quejarse	· con	· la importancia de una dieta sana
· divorciarse		· su mujer
· negarse		· compartir sus juguetes
· ser aficionado		· la ayuda de Julieta

12 Elige la preposición adecuada para que la frase tenga sentido.

1 Juan Salvador nació en Argentina aunque originalmente su familia procede **de / a** Italia.
2 El test de personalidad consta **en / de** dos partes: una de preguntas y otra de autoevaluación.
3 Margarita a veces nos aburre **con / de** historias de su día a día que a nadie le interesan.
4 Era una persona muy dispuesta y se podía contar **con / Ø** ella en todo momento.
5 Alba estudió Empresariales y, en cuanto acabó, se colocó **en / de** gerente en una empresa de su ciudad.
6 Su carrera empezó a tener éxito cuando colaboraron **con / en** el disco de un grupo famoso en Argentina.
7 Laura se rio **de / con** mis ideas, pero al jefe le encantaron.
8 Después de escucharte, el psicólogo procederá **de / a** realizar un diagnóstico.

13 Completa las frases con estos verbos en la forma correcta.

> fijarse - arriesgarse - someterse - reencontrarse
> empeñarse - aficionarse - dar un giro - confiar

1 María _____ a crear su propia empresa y tuvo mucho éxito.
2 Julián _____ mucho en su pareja y por eso tienen una relación muy estable.
3 Ana _____ con Camilo en la boda de unos amigos y, desde entonces, son pareja.
4 Patricia siempre _____ en la ropa que llevan los demás, ¿verdad?
5 Todos le decían que era un esfuerzo inútil, pero Nicolás _____ en seguir intentándolo.
6 Tras el despido, Manuel _____ a su carrera y se hizo cocinero.
7 Si queréis participar en el concurso, tenéis que _____ a las pruebas de clasificación.
8 En los últimos años de su vida, Luis _____ a la jardinería.

11

1 INDIVIDUO

14 Reordena las palabras y añade la preposición necesaria para construir una frase con sentido. La primera palabra de cada frase ya está en la posición correcta.

1 Durante / pasadas / los / abuelos / sus / conversaciones / hablaban / vivencias
_____

2 Los / pausa / fueron / funcionarios / del / reducir / obligados / la / café
_____

3 Después / de / hermano / Ana / treinta / se reencontró / años / su
_____

4 Conformarse / al / camino / lo / mínimo / el / éxito / nunca / es
_____

5 La / dividió / se / ejercicio / dos / realizar / el / para / clase / grupos
_____

6 Aunque / cerca / insistió / ir / estaba / el / hospital / taxi / Jaime / en
_____

7 Cuando / aquella / juventud / escuchó / su / se acordó / melodía
_____

8 Después / operación / dolor / de / muchísimo / me quejaba / la
_____

15 Algunos verbos cambian de significado según la preposición que los acompañe. Fíjate en estos pares de frases y completa la tabla con la preposición que corresponda (o deja la casilla en blanco si no es necesaria).

ADVERTIR:
1 En cuanto el psicólogo **advirtió** su posible trastorno, le recomendó un tratamiento más personalizado.
2 Los participantes en el estudio **fueron advertidos de** la presencia de cámaras en la sala.

a __de__ Llamar la atención de alguien sobre algo.
b __Ø__ Observar, darse cuenta de algo.

DAR:
1 Recuerdo la casa del pueblo de mis padres: tenía dos plantas y el balcón de mi habitación **daba a** la plaza principal.
2 Tras muchos años de investigaciones, los científicos **dieron con** la solución al problema.

c _____ Encontrar a alguien o algo.
d _____ Estar orientada una casa, habitación o similar hacia una cosa.

HACERSE:
1 A pesar de que lleva muy poco trabajando en la empresa, Juan ya **se ha hecho con** el control de todo el equipo.
2 Damián estuvo unos años trabajando en el norte, pero no **se hizo al** carácter de la gente de allí, decía que eran bastante fríos.

e _____ Acostumbrarse a alguien o algo.
f _____ Obtener, apoderarse de algo.

INCLINARSE:
1 Ahora respira profundamente e **inclínate hacia** delante.
2 Después del debate electoral, la mayoría de la población **se inclinó por** el candidato socialista.

g _____ Mostrar preferencia por algo o por alguien.
h _____ Realizar un movimiento de inclinación.

LLEGAR:
1 El tren **llegó de** Lugo a las ocho y salió inmediatamente hacia Vigo.
2 A Julio de pequeño le gustaba mirar las estrellas y de mayor **llegó a** ser astronauta.

i _____ Alcanzar una situación o una categoría.
j _____ Finalizar un desplazamiento, indicando el punto de origen.

PASAR:
1 ¿Quieres ser feliz? ¡**Pasa de** la gente negativa!
2 Para ir a la biblioteca, Antonio tenía que **pasar por** el parque.

k _____ Cruzar de una parte a otra.
l _____ Mostrar desinterés o desprecio por alguien o por algo (coloquial).

INDIVIDUO 1

16 A continuación tienes algunos extractos de noticias de periódico. Complétalos utilizando *ambos/-as* o *sendos/-as*.

1 Anoche cayeron dos rayos que causaron _____ incendios en Valencia y Castellón.
2 El empate de Argentina y Chile favorece a _____ selecciones.
3 El secretario general del partido socialista mantendrá _____ reuniones con los líderes del partido verde y del conservador.
4 La canciller alemana y el presidente francés dieron una rueda de prensa en la que _____ hablaron de las relaciones entre sus países.
5 Tres ciclistas heridos en _____ accidentes en Vitoria.

Recuerda

Ambos/-as significa "los dos, uno y otro" y solo puede referirse a dos personas o cosas.
Sendos/-as significa "uno para cada uno" o "uno cada uno" y puede referirse a dos o más personas o cosas.
Ni *ambos/-as* ni *sendos/-as* necesitan artículo.

C LA GENTE QUE ME GUSTA

17 En el poema "La gente que me gusta" (página 12 del libro del alumno) el autor expone las características que aprecia en la gente. Piensa en conocidos tuyos que tengan estas características. ¿Qué relación tienes con ellos?

1 Una persona a la que no hay que decirle que haga las cosas. _____
2 Una persona que no pierde de vista que nos podemos equivocar. _____
3 Una persona que conoce la importancia de la alegría. _____
4 Una persona capaz de oponerse a las decisiones de su jefe. _____
5 Una persona capaz de criticarte constructivamente y de frente. _____

18a Miguel y Carmen hablan, en la pausa del café, de los demás compañeros de trabajo. Completa los minidiálogos con estos adjetivos.

> afable - altruista - entusiasta - frívolo/-a
> humilde - intransigente - maleducado/-a
> perseverante - sensato/-a - valiente

A
Miguel: Oye, ¿qué te parece el chico nuevo?
Carmen: Me gusta su actitud, parece muy **(1)** _____ y tiene muchas ideas.
Miguel: ¿Sí? Pues yo creo que es un poco **(2)** _____. El otro día no me dejó ni hablar. Podría ser un poco más **(3)** _____ y escuchar a los demás.
Carmen: Sí, es verdad.

B
Miguel: ¿Sabes que Marta, la hija de Eduardo, está preparando unas oposiciones?
Carmen: No me sorprende. Es una chica muy **(4)** _____ y siempre ha pensado en su futuro laboral.
Miguel: Y si es tan **(5)** _____ como su padre, le irá muy bien. Eduardo es una de las personas más trabajadoras de la oficina.

C
Carmen: ¿Tú estuviste en la reunión del jueves?
Miguel: ¡Sí! ¡Qué situación tan tensa! No soporto cuando la jefa se pone con esa actitud **(6)** _____, y solo valen sus ideas.
Carmen: Sí, ¡y qué **(7)** _____ fue Mariana, enfrentándose a ella!

D
Carmen: Desde luego, Enrique, de Contabilidad, ¡es encantador! He trabajado con él esta semana y está siempre de buen humor y es tan **(8)** _____ …
Miguel: ¡Y **(9)** _____! ¿Sabes que se va todos los veranos a trabajar de voluntario? Es una pena que no sea muy guapo, quizás por eso no tiene pareja todavía.
Carmen: ¡Ay, Miguel, pero qué **(10)** _____ eres tú!

18b ¿Cuáles de los siguientes adjetivos son antónimos de los anteriores?

1 antipático/-a: _____
2 cobarde: _____
3 cortés: _____
4 egoísta: _____
5 inconstante: _____
6 irracional: _____
7 pasivo/-a: _____
8 prepotente: _____
9 profundo/-a: _____
10 tolerante: _____

1 INDIVIDUO

D 7 MIL MILLONES DE OTROS

19a En las siguientes expresiones las palabras pierden su significado original para dar lugar a uno nuevo. Escribe cada expresión debajo de la imagen correspondiente.

> estar hecho/-a un flan - ser un hacha - tener buena mano
> subirse por las paredes - ser un poco patoso/-a
> poner a alguien de un humor de perros

1 _____ 2 _____

3 _____ 4 _____

5 _____ 6 _____

19b Completa ahora las frases con la expresión adecuada en la forma correcta.

1 A mí _____ tener que levantarme temprano, siempre tengo sueño.
2 Inma _____ resolviendo ecuaciones y todos sus compañeros le piden ayuda.
3 El novio _____ antes de la ceremonia. Luego ya se tranquilizó.
4 Lino _____ jugando al fútbol, pero le encanta.
5 Raquel _____ para la cocina y siempre está probando nuevas recetas.
6 Mariana _____ cuando vio que le habían rayado el coche nuevo.

20 Los verbos de la primera columna expresan gustos, preferencias o habilidades y pueden funcionar con diferentes construcciones. Une las combinaciones posibles.

1 Suso es un fenómeno…	a la canción de este verano.
2 A Rafael le saca de quicio…	b bailar la canción del verano.
3 Rosa María no aguanta…	c que todos bailen la canción del verano.
4 No hay quien gane a Celsa…	d bailando la canción del verano.
5 Ricardo aborrece…	
6 A Paula le fascina…	
7 Si puedo elegir, me quedo con…	

21 Completa las siguientes frases con el verbo entre paréntesis en infinitivo, gerundio o presente de subjuntivo.

1 Aborrezco que los políticos _____ (insultarse) entre ellos. Así no avanzan en la resolución de problemas.
2 De pequeña mi hermana nunca se cansaba de _____ (ver) la película de Pulgarcito, ¡se la sabía de memoria!
3 Me da náuseas que Manolo siempre _____ (aprovecharse) de la generosidad de Francisco.
4 Alfonso disfruta a lo grande _____ (ver) a sus nietos jugar en su casa.
5 Me repugna _____ (encontrar) insectos en mi casa, ¡no lo soporto!
6 A muchos profesores les saca de quicio que los alumnos _____ (llegar) tarde.
7 No hay quien gane a María _____ (jugar) a los videojuegos. Es un fenómeno.
8 Me pone de un humor de perros que la gente _____ (criticar) mi forma de pensar.

INDIVIDUO 1

22a La cantante Alaska habla sobre sí misma en un "Autorretrato". En la tabla tienes algunos de los temas que menciona. Marca en la columna "Tú" con + o - si te interesan esos temas.

	Tú	Alaska
1 el minimalismo		
2 los libros de historia		
3 lo siniestro		
4 la música electrónica		
5 el maltrato animal		
6 la alta costura		
7 el culturismo		
8 la cirugía estética		

22b 🔊 3 Escucha ahora el audio (también puedes ver el vídeo en internet: Alaska - Autorretrato - Carta Blanca) y marca en la columna "Alaska" las opiniones de la cantante.

¿LO SABÍAS?

Alaska es el nombre artístico de Olvido Gara (Ciudad de México, 1963), una cantante española que formó parte del fenómeno cultural de La Movida Madrileña en los años 80. Alaska fue integrante de varios grupos de música: Kaka de Luxe, Alaska y los Pegamoides, Alaska y Dinarama y, desde 1989, Fangoria, junto a Nacho Canut. En su carrera televisiva destacan *La bola de cristal* (1984 - 1988), programa infantil que presentaba, y en 2011 se empezó a emitir el programa de telerrealidad *Alaska y Mario*, que protagoniza junto a su marido, Mario Vaquerizo.

22c ¿Te atreves a hacer tu propio autorretrato? A continuación tienes algunas de las expresiones que utiliza Alaska. Puedes utilizar estas o elegir algunas de las que aparecen en la página 14 del libro del alumno.

- Adoro…
- Nada es más falso que…
- Disfruto con…
- Me gusta estudiar…
- Siento adoración por…
- No soporto…
- Admiro a…
- Me tranquiliza…

EN ACCIÓN

23a A veces recibimos a través de las redes sociales citas que invitan a reflexionar sobre distintos aspectos de la vida. A continuación, encontrarás algunas citas de personas célebres. Clasifícalas en las siguientes categorías temáticas.

humanidad	naturaleza	individuo
1		

1 *Amo a la humanidad, pero, para sorpresa mía, cuanto más quiero a la humanidad en general, menos cariño me inspiran las personas en particular.* Fiodor Dostoievski, novelista ruso. (1821 - 1881)
2 *El mejor momento para plantar un árbol fue hace veinte años, el segundo mejor momento es ahora.* Dambisa Moyo, economista y autora zambiana. (1969)
3 *Los que no pueden recordar el pasado están condenados a repetirlo.* George Santayana, filósofo y escritor español. (1863 - 1952)
4 *Si obedeces todas las reglas, te perderás toda la diversión.* Katharine Hepburn, actriz americana (1907 - 2003)
5 *Esto sirve para tranquilizarnos la conciencia, hija —explicaba a Blanca—. Pero no ayuda a los pobres. No necesitan caridad, sino justicia.* Isabel Allende, novelista chilena. (1942)
6 *La tierra no es una herencia de nuestros padres, sino un préstamo de nuestros hijos.* Proverbio nativo americano.
7 *Tu fuerza interior y tus convicciones no tienen edad.* Teresa de Calcuta, monja indo-albanesa. (1910 - 1997)
8 *La sociedad solo cuida de uno mientras este resulte rentable.* Simone de Beauvoir, filósofa, autora y activista francesa. (1908 - 1986)

23b Vuelve a leer las citas. ¿Cuáles se acercan más a tu forma de ver la vida? Márcalas.

24 Busca una cita con la que te identifiques y prepara un cartel con ella. Si quieres, puedes hacerlo en la página bit.ly/motivposter.

La tierra no es una herencia de nuestros padres, sino un préstamo de nuestros hijos.

2 TIEMPO LIBRE

A EL PLACER DE NO HACER NADA

1 🔊 4 **Vas a escuchar unos fragmentos de un programa de televisión donde el filósofo y escritor Borja Vilaseca habla sobre "el arte de no hacer nada". Contesta a estas preguntas.**

1 ¿Cuál es la diferencia entre "estar en el sofá viendo la tele" y "el arte de no hacer nada" que propone Borja Vilaseca?
_____
_____

2 Borja Vilaseca pregunta: "¿Cuántos os habéis duchado esta mañana mientras os estabais duchando?". ¿Qué quiere decir con esto?
_____
_____

3 ¿Qué información aporta Vilaseca sobre la etimología de las palabras "aburrimiento" y "meditación"?
_____
_____

4 ¿Qué consejos se dan para la meditación?
_____
_____

5 ¿Qué diferencia hay entre el "bienestar" y el "bientener"?
_____
_____

6 Completa: Si con todo lo que tienes, no eres feliz,…
_____
_____

2 Completa las frases con estas palabras y expresiones del texto "Vencer al aburrimiento sin moverse del sofá" (página 18 del libro del alumno).

> vorágine - válvula de escape - de entrada
> mero - despistarse - sopor - empedernido

1 Julio era un fumador _____, ¡fumaba dos cajetillas al día!
2 Hacer manualidades es mi _____ y me ayuda a relajarme.
3 Miguel juega para divertirse, mientras que Luis juega con el _____ propósito de ganar.
4 Después de la comida, suelo sentir un enorme _____ y tengo que tumbarme un ratito.
5 Priscila, en clase, tendía a _____, por eso la cambiaron a la primera fila.
6 Muchas veces intento parar y relajarme en mitad del día, pero normalmente estoy metida en la _____ del trabajo y no lo consigo.
7 Los chicos, _____, eran partidarios de no hacer una gran celebración.

3 En las siguientes frases se expresa finalidad. Complétalas con los verbos en infinitivo o subjuntivo (presente o pretérito imperfecto). Luego subraya los diferentes conectores que se utilizan.

1 Voy a llevar un libro, no sea que en el hospital me _____ (hacer) esperar demasiado.
2 El grupo de música Misol está dando una gira por Latinoamérica a fin de _____ (dar) a conocer allí su trabajo.
3 Niños, cantad un poco más alto, que os _____ (escuchar) bien las personas al final de la sala.
4 Hicieron mucha publicidad del evento solidario con la idea de que _____ (asistir) el máximo posible de gente.
5 Ensayó mucho con la esperanza de que lo _____ (admitir) en el grupo de danza, y al final lo consiguió.
6 Este año invitaron al festival a grupos de estilos musicales más diversos con miras a _____ (atraer) a un público más amplio.
7 Julián vino a que le _____ (prestar) mis videojuegos.
8 Antonia se ha apuntado a un curso de costura con la idea de _____ (aprender) a confeccionar su propia ropa.
9 Oye, prepara una lista de música animada, no vaya a ser que durante el viaje nos _____ (tocar) algún atasco.
10 La empresa está preparando una sala con el objeto de que los trabajadores _____ (tener) un lugar para relajarse en las pausas.
11 Los amigos les regalaron a Paula y Fran una tarde de *spa* para que _____ (desconectar) de su ajetreo diario.

16

TIEMPO LIBRE 2

4 ¿Cuáles de estas cosas haces o has hecho en tu vida? Márcalas y escribe después frases explicando con qué finalidad las haces o has hecho. Intenta utilizar diferentes nexos para ello.

Hice una formación profesional en Secretariado con miras a trabajar en una empresa internacional.

1 ☐ estudiar / hacer una formación profesional

2 ☐ ser miembro de un gimnasio o club deportivo

3 ☐ madrugar

4 ☐ someterse a una operación de cirugía estética

5 ☐ utilizar el móvil

6 ☐ echar una cabezadita después de comer

7 ☐ afiliarse a un partido político

8 ☐ aprender español

5a En estas frases se usa *para (que)* con valores que no expresan finalidad. Reescríbelas usando las palabras o expresiones del cuadro. Presta atención a los posibles cambios.

> a pesar de - en contra de lo que piensas
> aunque - por eso no - si - y al final

1 **Para** estar tan agobiado con el dinero, sale mucho a comer fuera. (contraste concesivo)

2 Pues, **para que** lo sepas, estuve en casa toda la tarde. (contradecir al interlocutor)

3 Debe de ser muy buena **para que** la seleccionaran para jugar en ese equipo. (condición)

4 **Para** llevar ocho años viviendo en Chile, su español deja mucho que desear. (contraste concesivo)

5 En la discoteca había demasiado ruido **para** hablar con nadie. (consecuencia)

6 Preparé café, tarta y mi mejor vajilla **para que** al final Rocío me dejase plantado. (sucesión cronológica)

5b Cuando *para* no expresa finalidad, las intervenciones adquieren otras connotaciones. ¿Qué opción elegirías en cada caso y qué connotación añade la frase con *para*?

1 Tu compañero siempre se está quejando de que tiene mucho trabajo, pero siempre está jugando con el móvil. ¿Qué piensas?
   a Aunque tiene mucho trabajo, siempre está jugando con el móvil.
   b Pues para tener tanto trabajo, siempre está jugando con el móvil.

2 Tu compañero de piso siempre protesta porque dice que no haces mucho en casa. Llevas toda la semana recogiendo la cocina, pero él insiste en que no haces nada. A ti te molesta. ¿Qué le dices?
   a He recogido la cocina todos estos días, para que te enteres.
   b Quiero que sepas que he recogido la cocina todos estos días.

3 Has pedido permiso para salir antes del trabajo y poder ver a un amigo que está hoy en la ciudad. A tu amigo parece no importarle tu esfuerzo porque llega casi media hora tarde. ¿Qué piensas mientras esperas?
   a ¿Para qué me molesto yo en salir antes, si este ahora llega tarde?
   b ¿Por qué me molesto yo en salir antes, si este ahora llega tarde?

2 TIEMPO LIBRE

B ATRÁPALO

6 Haz una red de vocabulario con las palabras o expresiones que asocias tú con estos planes.

FIN DE SEMANA DE RELAX
- ACTIVIDADES: recorrer un circuito termal
- SENSACIONES: placentero

FIN DE SEMANA DE DEPORTE DE AVENTURA
- DEPORTES: deslizarse en tirolina
- VALORACIONES / REACCIONES: arriesgado

FIN DE SEMANA CULTURAL
- ACTIVIDADES: ver un espectáculo en vivo
- VALORACIONES: enriquecedor

7 Piensa en alguna actividad que se pueda hacer en el lugar donde vives y escribe un pequeño anuncio como los de Atrápalo (página 21 del libro del alumno) para hacerla atractiva a los posibles visitantes. Describe en qué consiste, utilizando un lenguaje directo, adjetivos positivos y prometiendo una experiencia única.

Mercado medieval

Ruta de senderismo

8 Lee las descripciones de cómo son Diego y Sofía y escribe cómo crees que reaccionarían a los planes que les proponen. ¿Y cuál sería tu reacción?

DIEGO
Es un chico tranquilo. Le gusta ir al cine con sus amigos o estar en casa y jugar con el ordenador o ver series.

SOFÍA
Es una mujer activa y creativa. Le gusta la naturaleza, estar al aire libre y probar nuevas experiencias.

1. Oye, ¿qué te parece si hacemos un curso de teatro el próximo invierno?
   - DIEGO
   - SOFÍA
   - TÚ

2. ¿Qué tal si este fin de semana vamos a buscar arándanos y hacemos mermelada?
   - DIEGO
   - SOFÍA
   - TÚ

3. Este fin de semana propongo hacer maratón de pelis en mi casa, ¿te apuntas?
   - DIEGO
   - SOFÍA
   - TÚ

TIEMPO LIBRE **2**

9 Rosana y Paula están haciendo planes para este fin de semana. Completa el diálogo siguiendo las indicaciones.

> **Rosana:** Oye, no sé qué planes tendrás, pero… ¿qué te parece si este sábado vamos a ver la ópera *La flauta mágica*?
> **Paula:** [Rechaza, no le gusta la ópera] _____
>
> **Rosana:** ¡Venga, mujer! ¡Si es un clásico! Además, aunque no lo creas, ¡es muy divertida!
> **Paula:** [Insiste en el rechazo, ópera: aburrida; propone excursión a la montaña] _____
>
> **Rosana:** ¿Otra vez? ¡Pero si siempre vamos a la montaña!
> **Paula:** [Insiste en la invitación] _____
>
> **Rosana:** Bueno, vamos el domingo a la montaña, si el sábado vienes conmigo a la ópera.
> **Paula:** [Acepta con una condición: no quiere ponerse ropa elegante] _____

10 Manuel habla de forma muy coloquial, mientras que Eduardo utiliza un lenguaje un poco más cuidado. ¿Cómo escribiría Eduardo este correo electrónico de Manuel? Marca en cada caso las expresiones que utilizaría Eduardo para decir lo mismo.

> Pues sí, el viaje a Argentina **fue un chollo** (1: *resultó fantástico / resultó muy económico*): compramos un billete **tirado de precio** (2: *muy barato / de "last minute"*) y allí nos quedamos en casa de unos **colegas** (3: *amigos / compañeros de trabajo*). ¡Hicimos de todo! Bueno, casi. Laura quería hacer parapente en Iguazú pero yo, ¡**ni loco hago** (4: *por nada del mundo haría / como un loco hago*) algo así! Lo demás, muy bien. Y nada, al volver le hice un álbum con las fotos del viaje y **alucinó** (5: *empezó a saltar de alegría / se quedó muy impresionada*) cuando lo vio. Ya te lo enseñaré a ti también este **finde** (6: *domingo / fin de semana*).
>
> Por cierto, ¿qué vamos a hacer? Cuqui habló de ir a hacer senderismo, pero yo, **ni pensarlo, vamos** (7: *me niego / no pienso en eso*), a mí tanta naturaleza… Yo prefiero que nos quedemos aquí y vayamos **en plan tranqui** (8: *solamente / de forma más relajada*) a tomar **unas cañitas** (9: *unos cócteles / unas cervezas*) al bar de Moncho, que tiene unas tapas **que están de vicio** (10: *muy variadas / que están buenísimas*).

C ¡LO NECESITO!

11 ¿Qué ves en las imágenes? Escribe el vocabulario que falta.

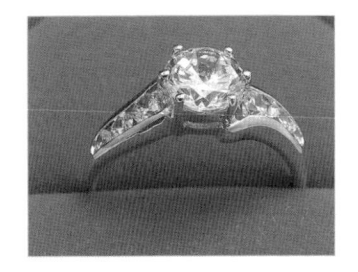

1 una s_ _ _ _ _ _

2 un vestido de e_ _ _ _ _

3 un b_ _ _ _ _

4 un bolso con f_ _ _ _ _

5 un p_ _ _ vaquero

6 una cartera de m_ _ _

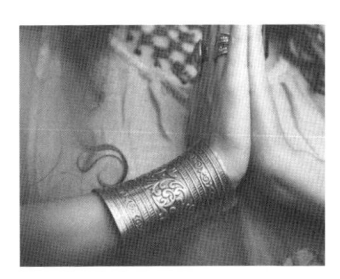

7 un b_ _ _ _ _ _ _ _ de metal

8 un vestido de l_ _ _ _ _ _ _ _

9 una tela p_ _ _ _ _ _

10 una bufanda de p_ _ _ _

19

2 TIEMPO LIBRE

12 Combina los elementos de las columnas para formar expresiones relacionadas con la ropa y la moda.

1. A Daniel le encanta regatear…
2. Creo que hace un poco de frío para esa camiseta…
3. En la tienda Mundo Joven están de…
4. Me encantaría ponerme pantalones estrechos, pero me sientan…
5. Tengo que meterle…
6. A Anabel le preocupa bastante seguir…
7. No me gustan estas sandalias. Me hacen…
8. A Rafa le encanta la ropa…

a. ☐ las tendencias e ir a la moda.
b. ☐ daño y no puedo caminar cómodamente.
c. ☐ de tirantes.
d. ☐ en los mercados de segunda mano.
e. ☐ de marca. ¡Debe de gastar bastante dinero en ella!
f. ☐ la cintura a esta falda porque me queda un poco ancha.
g. ☐ como un tiro.
h. ☐ liquidación y tienen todo rebajado.

14 ¿Qué combinaciones puedes hacer con estos colores?

> azul - verde - rosa - blanco - gris - amarillo

1. _____ cielo
2. _____ palo
3. _____ roto
4. _____ limón
5. _____ botella
6. _____ marino
7. _____ mostaza
8. _____ menta
9. _____ turquesa
10. _____ perla
11. _____ pistacho
12. _____ militar

15 Cuando un color se acerca a otro, podemos complementarlo con un adjetivo formado a partir del segundo color: *azul verdoso* o *verde azulado*. Utiliza los siguientes afijos y sufijos para crear los adjetivos que corresponden a estos colores.

> -oso   a-...-ado   -uzco   -ento
> -ado   -izo   -ecino   -áceo

1. verde _____
2. azul _____
3. amarillo _____
4. gris _____
5. blanco _____
6. negro _____
7. marrón _____
8. rosa _____
9. naranja _____
10. rojo _____

13 Completa los comentarios que están a continuación con los verbos que faltan y di con qué foto se relacionan.

> arreglar - coger - desteñir - encoger - meter (x2) - pisar - quedar - rozar

1. ☐ ¡Cuidado, esa camiseta azul puede _____!
2. ☐ Después de _____ la manga, te queda perfecta.
3. ☐ Si te _____ los zapatos, deberías ponerte una tirita.
4. ☐ Mejor no le _____ el dobladillo a la falda, así la puede usar también el próximo año.
5. ☐ Te sienta de maravilla, pero… ¿no tienes miedo de _____ el largo?
6. ☐ ¡Cómo has adelgazado! ¿Y si le _____ la cintura?
7. ☐ Genial, a veces es difícil encontrar el pantalón adecuado, pero este te _____ como un guante.
8. ☐ Vaya, qué largo, creo que le podrías _____ el bajo.
9. ☐ Uy, ese pantalón ha _____, ¿no? ¿Lo has lavado con agua demasiado caliente?

TIEMPO LIBRE 2

16a Lee las siguientes frases y escribe una pequeña definición para cada una de las expresiones señaladas en negrita.

1 En mi primer trabajo me **pagaron en negro** durante una temporada y así la empresa no tenía que pagar impuestos por mí.
2 La situación política en ese momento **estaba al rojo vivo** y nadie quería opinar para evitar más problemas.
3 Ayer **pasé la noche en blanco** pensando en cómo solucionar los problemas de la empresa. Ya tengo un par de ideas, pero eso sí, tengo muchísimo sueño.
4 Cuando hablan con Sofía son muy simpáticos con ella, pero cuando no está, siempre **la ponen verde** y critican todos sus defectos.
5 Cada vez me gustan menos las comidas de Navidad porque siempre **nos ponemos morados** y no me puedo mover en varias horas, ¡qué indigestión!
6 Pensaba que llevaba todo el temario dominado, pero en cuanto leí las preguntas del examen **me quedé en blanco** y no supe contestar a nada.
7 A Fernando le da muchísima vergüenza hablar en público y cada vez que lo hace **se pone rojo como un tomate**.
8 Como madre soltera, Juana **las pasó negras** para sacar a su hija adelante con un único sueldo, pero lo consiguió.

1 Pagar en negro: _____
2 Estar al rojo vivo: _____
3 Pasar la noche en blanco: _____
4 Poner verde a alguien: _____
5 Ponerse morado: _____
6 Quedarse en blanco: _____
7 Ponerse rojo como un tomate: _____
8 Pasarlas negras: _____

16b Sustituye los fragmentos en negrita por alguna de las expresiones anteriores.

1 Salvador estudia mucho, pero a veces en el examen **no se acuerda de lo que ha estudiado**.
2 Julieta parece muy amable, pero siempre está **criticando** a sus amigas por detrás.
3 Hacienda inspeccionó en esa empresa por si **pagaba de forma fraudulenta** a sus empleados.
4 En el cumpleaños de mi tía Esther, además de pasarlo muy bien, **¡comimos muchísimo!**
5 Me encantan los debates políticos, sobre todo cuando la discusión **es apasionada**.
6 Ahora Irene está muy bien, pero cuando perdió su empleo, **sufrió** para pagar sus facturas.

16c ¿Sabes qué color falta en las siguientes expresiones?

1 Príncipe _____ : hombre ideal.
2 Verlo todo _____ : centrarse solo en los aspectos negativos de una situación.
3 Estar _____ : estar pálido/-a.
4 Chiste _____ : de contenido erótico.
5 Prensa _____ : prensa sensacionalista.
6 Ponerse _____ : enfadarse mucho.
7 Ver la vida de color de _____ : de manera optimista.
8 Ser _____ : ser comunista.
9 Ir de punta en _____ : ir vestido/-a elegantemente.
10 Novela _____ : novela policíaca.
11 Novela _____ : novela romántica.

17a Aquí tienes algunas de las marcas españolas más conocidas internacionalmente. Señala cuáles tienen que ver con el mundo de la moda.

CAMPER ☐   Freixenet ☐   IBERIA ☐
ZARA ☐   SEAT ☐
Chupa Chups ☐   Desigual ☐   PANAMA JACK ☐
Movistar ☐   Massimo Dutti ☐

¿LO SABÍAS?

El grupo Inditex, al que pertenecen Zara, Massimo Dutti y hasta otras seis marcas, es una de las empresas más grandes de la moda a nivel mundial. El fundador, Amancio Ortega, abrió la primera tienda de Zara en 1975. Desde entonces la empresa no ha dejado de crecer. Su sede central está en Arteixo, un pequeño pueblo en el norte de España.
Inditex señala como secreto de su éxito la rapidez con la que las nuevas tendencias llegan a sus tiendas, pero algunas voces críticas señalan que el grupo consigue sus bajos precios gracias a la imitación de las creaciones vistas en las pasarelas y a la producción en países con condiciones de trabajo cuestionables.

17b ¿Qué productos relacionas con las demás marcas?

2 TIEMPO LIBRE

18a El siguiente artículo trata de una empresa zapatera española de larga tradición: Castañer. Lee el texto y a continuación ordena cronológicamente los hechos en la historia de esta empresa.

Castañer, unas alpargatas de pasarela
AMANDA ANDRADES

Las alpargatas son un calzado humilde y antiguo. Muy antiguo. Su historia se remonta a la civilización egipcia, a la de los faraones. En tiempos más recientes, hicieron su aparición en la zona de los Pirineos (Cataluña y Francia occidental). De ahí emprendieron viaje hacia América Latina, donde aún forman parte de diversos trajes regionales. A una empresa familiar, Castañer, le deben su salto a las pasarelas y al estatus de clásico veraniego. Un destino de ensueño para unas sandalias modestas que estuvieron a punto de desaparecer cuando campesinos y obreros dejaron de utilizarlas. (…)

La familia Castañer lleva elaborando y vendiendo alpargatas toda la vida. Comenzaron a finales del siglo XVIII. No será, sin embargo, hasta 1927 cuando nazca la marca. Luis Castañer, un zapatero dedicado en sus horas libres a tocar el violonchelo, decide asociarse con su primo Tomàs Serra para abrir un taller artesanal de esparteñas en Banyoles (Gerona). Se inicia así una saga de telares, lona y yute.

El negocio marchaba bien. Los socios abren una fábrica en Figueres. Industrializan la producción. Tenían un público modesto, gentes de campo y proletarios que no podían permitirse calzar sus pies con unos zapatos más caros. Costaban menos de 10 pesetas de la época. Entonces, llegó el revés de la trágica y cruenta Guerra Civil española. El Gobierno de la República nacionalizó la fábrica, que se dedicó en exclusiva a producir para el ejército. Las máquinas no pararon y, tal vez, esto les permitió poder reponerse tras acabar la contienda y recuperar el negocio. Una mísera posguerra hizo de las alpargatas el único calzado asequible para grandes capas de la población.

Paradójicamente, la mejor situación económica estuvo a punto de hundir a los Cas-

a ☐ La empresa está a punto de cerrar.
b ☐ Nacimiento de la marca Castañer.
c ☐ Salto a las pasarelas.
d ☐ La familia Castañer empieza a fabricar alpargatas.
e ☐ Un revisor de tren presta su ayuda.
f ☐ Éxito entre los visitantes extranjeros.
g ☐ Su fabricación da trabajo a más de 200 personas.
h ☐ La fábrica se ve obligada a producir para el ejército.
i ☐ Creación de la cuña de madera.
j ☐ Encuentro con Yves Saint Laurent.
k ☐ Utilización del caucho en sus creaciones.
l ☐ Introducción de colores variados.

18b Vuelve a leer el artículo y contesta a estas preguntas.

1 ¿A qué se refiere la autora cuando dice que las alpargatas son un "clásico veraniego"? ¿Qué cosas te hacen a ti pensar en el verano? Piensa en objetos, sonidos, sabores, olores, etc.

2 ¿Por qué crees que se dice que los colores variados dan a las alpargatas un "toque mediterráneo"?

3 ¿A qué se refiere la frase del texto "la osadía tuvo su recompensa"?

18c Escribe un artículo sobre marcas o productos de tu país que también son conocidos fuera de sus fronteras o sobre las industrias más importantes.

tañer. La industrialización de los sesenta despoblaba los campos y aumentaba el nivel adquisitivo de los obreros. Coincide con el relevo generacional en la empresa. El matrimonio conformado por Lorenzo Castañer e Isabel Saura asume las riendas. Se resiste a cerrar.

Lorenzo e Isabel vislumbran una salida. Turistas nórdicos, hippies, artistas bohemios y estrellas de Hollywood han empezado a dejarse ver por la Costa Brava. La sencillez de las esparteñas les seducen. El matrimonio introduce nuevos colores, más allá del clásico blanco y negro. Dan a su calzado un toque mediterráneo.

El éxito, alcanzado entre los extranjeros, les da una idea salvadora. Hay que lanzarse fuera de España. Hay que recorrer ferias de artesanía en Europa. En una de ellas, en París, se produce el golpe de suerte. Era 1970. Tres jóvenes curiosean en el puesto del matrimonio. Uno de ellos les propone crear unas alpargatas con cuñas. Lleva meses buscando a algún artesano capaz de fabricarlas. Lorenzo e Isabel aceptan el reto. Le han dicho que sí al mismísimo Yves Saint Laurent.

Con la ayuda de unos fabricantes franceses, que contaban con una maquinaria más avanzada, los Castañer diseñan la horma. Luego, una primera cuña de madera. Pesaba demasiado. La solución la hallan en el caucho. Ya tienen el primer prototipo. Como no disponen de dinero para volver a París, pagan una propina a un revisor del Talgo que viajaba hasta la capital de las luces para que se las llevara al cuartel general del diseñador francés. La osadía tuvo su recompensa: sus alpargatas visten los pies de las modelos que presentan la colección de Yves Saint Laurent.

Hoy tienen seis fábricas en España, distribuidas entre Banyoles, la zona de Alicante y Aragón, que dan empleo a más de 200 trabajadores. Sus esparteñas se comercializan en 25 tiendas propias y en 800 puntos de ventas repartidos por Europa, América y Asia. Al frente, la tercera generación de este linaje de alpargateros. (…)

Extraído de *www.cincodias.elpais.com*

D ¿EN ESCENARIO, PAPEL O PANTALLA?

19a Clasifica los siguientes adjetivos según expresen un significado positivo, negativo o tengan un significado que dependa de la subjetividad de cada uno.

1 conmovedor/-ora
2 insuperable
3 tedioso/-a
4 desternillante
5 espeluznante
6 soporífero/-a
7 manido/-a
8 provocador/-ora
9 ingenioso/-a
10 sobrevalorado/-a
11 predecible
12 dramático/-a
13 retorcido/-a
14 soberbio/-a
15 pretencioso/-a
16 mediocre
17 terrorífico/-a
18 simplón/-ona

Significado positivo	Significado negativo	Significado subjetivo

19b ¿Cuáles de las palabras anteriores significan…?
1 aburrido/-a: _____
2 divertido/-a: _____
3 complicado/-a: _____
4 muy bueno/-a: _____
5 malo/-a: _____
6 común: _____

20 5 Escucha otra vez la entrevista a la actriz Aitana Sánchez-Gijón y di si las siguientes informaciones son verdaderas (V) o falsas (F).

1 ☐ Mario Vargas Llosa ha elegido Madrid para hacer el estreno internacional de su nueva obra.
2 ☐ Según Aitana Sánchez-Gijón, gracias al teatro podemos eliminar los problemas que nos rodean.
3 ☐ Para la entrevistada, la capacidad de imaginar historias es una habilidad que no todos los seres humanos poseen.
4 ☐ Según Aitana Sánchez-Gijón, pase lo que pase siempre nos podremos refugiar en lo más profundo de nuestra mente.
5 ☐ La entrevistadora dice que el teatro está pasando por un momento de gran manipulación.
6 ☐ Aitana Sánchez-Gijón admira la relación de los jóvenes con la tecnología.
7 ☐ La entrevistada critica que los nuevos medios fomenten una capacidad de concentración limitada.
8 ☐ Aitana Sánchez-Gijón valora positivamente que los nuevos medios sean una ayuda para modificar imágenes.

2 TIEMPO LIBRE

21 DELE A continuación tienes seis resúmenes de tesis doctorales sobre cine y literatura. Léelos y elige a qué texto corresponde cada enunciado. Hay ocho enunciados y seis textos: a dos de los textos les corresponderán dos enunciados.

ESTRATEGIAS PARA EL EXAMEN

Este ejercicio se corresponde con la Tarea 4 de la Prueba 1.
- Lee con atención el título de cada texto ya que te puede orientar sobre su contenido.
- Haz primero una lectura superficial de cada fragmento para obtener una idea general del contenido.
- Lee los enunciados y subraya las palabras clave para saber la información que necesitas.
- Haz una lectura más comprensiva de cada fragmento buscando la información clave. Ten en cuenta que aparecerá con otras palabras, sinónimos, etc.
- Recuerda que hay menos textos que enunciados, así que hay textos que se repiten en las respuestas.

A ☐ Esta tesis compara el diferente trato que dan a un mismo personaje dos manifestaciones artísticas.

B ☐ En esta tesis se han estudiado películas de más de un país.

C ☐ En esta tesis aparece reflejada la evolución de ciertos aspectos culturales de una sociedad.

D ☐ Esta tesis se dedica al estudio de un género determinado.

E ☐ Esta tesis se basa en una teoría planteada por otro estudioso de la materia.

F ☐ Según esta tesis, una película, aunque se base en un libro, constituye una obra independiente.

G ☐ Esta tesis pretende iniciar una discusión sobre el tema que propone.

H ☐ Esta tesis incluye el análisis detallado de varios textos concretos.

1 Medeas de cine: del texto teatral a la representación fílmica. Encarnación Fernández Gómez. Universidad Complutense de Madrid.
El objetivo de esta investigación ha sido demostrar cómo dentro del arte cinematográfico, a diferencia del literario, el personaje de Medea ha sido llevado a la pantalla desde la ausencia de significaciones condenatorias de carácter moral. Ciertamente, los más sobresalientes creadores cinematográficos que nos ocupan han dado vida a Medea aliándose con el personaje desde una profunda comprensión de esta figura mitológica en relación a lo inefable, esto es, como arquetipo imaginario productor de sentido: unido a lo simbólico, al silencio, al misterio y al arte. Subyace a esta investigación el intento por rastrear de dónde y cómo se origina aquello que llamamos personaje de Medea, con el objetivo de poner de manifiesto la significación del personaje en relación a su origen mítico, etnológico, antropológico y religioso.

2 Literatura y cine. El discurso narrativo fílmico. María del Rosario Neira Piñeiro. Universidad de Oviedo.
Esta tesis pretende llevar a cabo un estudio comparativo de las estructuras narrativas en el relato fílmico y literario, ciñéndose al análisis de cuatro cuestiones fundamentales: el narrador, el espacio, el tiempo y el punto de vista. Para ello, se ha partido de los estudios de semiología desarrollados a partir de los años sesenta, así como de las bases teóricas asentadas por la narratología. Para hacer esta investigación se ha trabajado con un corpus de películas de diferente director y nacionalidad para el análisis de las cuestiones citadas. Así, se han podido estudiar las características de la instancia narrativa y la confluencia de varios narradores en el film, la organización del espacio, la estructuración de tiempo, la construcción de una temporalidad subjetiva y los mecanismos disponibles para la expresión del punto de vista. Al mismo tiempo, se ha podido verificar la validez, en el ámbito cinematográfico, de ciertos conceptos procedentes de la teoría literaria.

3 Literatura y cine en Venezuela. Diana Medina Meléndez. Universitat Autònoma de Barcelona.
Nos hemos propuesto reflexionar y analizar el ámbito de las transposiciones fílmicas en el contexto del cine venezolano. En primer lugar, nos propusimos una investigación de carácter dialógico e intersistémico que permitiera establecer niveles del encuentro. Se evalúan los alcances de los diferentes criterios, juicios y concepciones más frecuentes sobre las transposiciones fílmicas considerando las interrelaciones entre los elementos del campo literario y del campo cinematográfico tales como producción, recepción, distribución y publicación-exhibición de los textos literarios y fílmicos. En el diseño de esta investigación nos planteamos una mirada transversal para explorar y ofrecer un marco desde el cual los análisis de las transposiciones fílmicas permitieran ir de los textos y sus modelos narrativos a sus contextos, tejidos por narrativas tan poderosas como los juicios en torno al deber ser de ciertos modos de expresión artística. Del mismo modo, esta investigación es una propuesta parcial y tentativa, desde la cual abrir el debate y el diálogo sobre las maneras en que las producciones narrativas interactúan y modelan los imaginarios culturales.

TIEMPO LIBRE 2

**4 Gonzalo Suárez: entre la literatura y el cine.
Ana Alonso Fernández. Universidad de Oviedo.**

El presente trabajo es un acercamiento al cineasta Gonzalo Suárez para mostrar la singularidad de un cine literario que aúna la palabra y la imagen, y en el que se utilizan recursos equiparables a los del discurso narrativo. De esta forma, en este estudio se analizan las unidades estructurales (narrador, modos del discurso, marco espacio-temporal) comunes a los textos escritos y a las imágenes. Asimismo, se analizan las adaptaciones al séptimo arte de textos precedentes. Suárez realiza adaptaciones libres, en las que recrea la atmósfera de los modelos, pero las dota de un sello personal. Las traslaciones de la literatura al cine hechas por Suárez parten de su concepción del séptimo arte como un medio en el que la imagen, a pesar de basarse en la palabra, posee un valor autónomo.

5 Literatura y cine de ciencia ficción. Perspectivas teóricas. Noemi Novell Monroy. Universitat Autònoma de Barcelona.

El propósito de esta tesis es explorar la ciencia ficción en la literatura y el cine. Su hipótesis central se localiza en la posibilidad de estudiar la ciencia ficción como un género en ambos medios de expresión. Esto requiere la investigación de la historia de la ciencia ficción en el cine y la literatura, así como el análisis y la confrontación de las diversas teorías surgidas alrededor del concepto de género; las diferencias entre los géneros literarios y cinematográficos; las diferencias entre la ciencia ficción y otros géneros limítrofes; la exploración de los estudios teóricos más importantes dedicados explícita y específicamente a la ciencia ficción; las diversas definiciones de la ciencia ficción; las más relevantes características de este género. A lo largo de la tesis se mencionan y examinan una amplia variedad de textos literarios y cinematográficos, y los capítulos teóricos incluyen, cada uno de ellos, un texto que es sujeto a un escrutinio detallado.

6 La teatralidad en el cine. Mario de la Torre Espinosa. Universidad de Granada.

El objetivo principal de esta tesis es el de afrontar la noción de teatralidad usando para ello, desde un punto de vista metodológico, la Teoría de los Polisistemas, y, como corpus, el cine de Pedro Almodóvar. Supone una reflexión teórica sobre la aplicabilidad de los supuestos enunciados por el profesor Even-Zohar, y el diseño y aplicación de una metodología de análisis que evidencie cómo actúan ciertas marcas de teatralidad en esta obra cinematográfica. Para ello abordamos la teatralidad en el cine del director manchego como consecuencia de su elección programática de ciertos elementos del repertorio –o repertoremas– cultural español desde los cincuenta hasta los noventa.

Extraídos de https://dialnet.unirioja.es

EN ACCIÓN

22 ¿Cuáles de las siguientes expresiones sirven para mostrar acuerdo, desacuerdo o discrepar? ¿Y para pedir explicaciones a tu interlocutor? Clasifícalas.

1 Sin duda.
2 A ver, yo creo que…
3 En cambio, yo diría que…
4 ¿A qué te refieres?
5 Claro, además…
6 Yo no lo creo.
7 Desde luego.
8 Puede que tengas razón, pero…
9 No, qué va. (coloquial)
10 Bueno, no sé, en mi opinión…
11 ¿Qué quieres decir con eso?
12 Sí, claro.
13 De ninguna manera.
14 Totalmente de acuerdo, de hecho…
15 Hmm, no sé si te entiendo.
16 ¡Pero, qué dices! (coloquial)

Mostrar acuerdo	
Mostrar desacuerdo	
Discrepar	
Pedir aclaraciones	

Recuerda

A diferencia de otras culturas, en el mundo hispanohablante **es bastante frecuente interrumpirse** durante una conversación sin que esto sea necesariamente considerado como mala educación. Para interrumpir se utilizan palabras como *Bueno,… / A ver,… / Pero…*

23 David e Iván están pensando qué regalarle a su amigo Luis por su cumpleaños. Completa el diálogo con indicativo o subjuntivo. Marca luego con diferentes colores las expresiones de acuerdo, desacuerdo y las que se usan para discrepar y proponer ideas.

David: Yo propongo que le **(1)** _____ (regalar, nosotros) una experiencia, algo tipo ir a hacer un deporte de riesgo.

Iván: Bueno, no sé… A pesar de que **(2)** _____ (estar) de moda hacer deportes de riesgo, yo no creo que a Luis le **(3)** _____ (interesar) probar algo así. Más bien tenemos que hacerle un regalo que lo **(4)** _____ (ayudar) a relajarse, ¿no? ¿Qué te parece que nos lo **(5)** _____ (llevar) a un balneario?

David: ¡Pero, qué dices! A ver, a mí eso me gustaría, pero a no ser que **(6)** _____ (haber) una discoteca al lado, no sé si a él le gustará.

Iván: Tienes razón. ¿Y si **(7)** _____ (salir, nosotros) el sábado y nos **(8)** _____ (pasar) el domingo en el *spa*?

David: Buena idea. Me parece perfecto.

3 MUNDO LABORAL

A PROFESIONES RARAS

1 Las siguientes personas hablan sobre su trabajo. Completa sus comentarios con las preposiciones necesarias (en ocasiones, hay más de una opción correcta). ¿Cuál crees que es la "profesión rara" que ejercen?

A

Profesión: (1)_____

¿Si me gusta mi trabajo? Estoy bastante contento. Antes trabajaba como camarero y hacía muchas horas (2)_____ poco dinero. Además, me había cansado de servir (3)_____ gente maleducada. Ahora no gano más que antes, pero mi trabajo consiste… ¡(4)_____ estar tumbado! Es un poco raro, pero si así contribuyo (5)_____ aumentar el bienestar de los clientes… De todas formas estoy pendiente (6)_____ que me confirmen que puedo trabajar también (7)_____ recepcionista.

B

Profesión: (1)_____

Pues en mi trabajo como auxiliar administrativa me encargo (2)_____ tramitar demandas, atender (3)_____ público, organizar papeleo… Me gusta mucho, pero cuando vi el anuncio del hotel, no pude resistirme (4)_____ escribirles porque siempre me ha gustado leer historias. Así que ahora me dedico (5)_____ esto unas horas a la semana. Normalmente leo (6)_____ los niños, pero de vez en cuando el servicio también es requerido (7)_____ algún adulto.

C

Profesión: (1)_____

La verdad es que mi trabajo tiene un nombre que suena muy bien, pero (2)_____ ese nombre se esconde una canguro que cuida (3)_____ los niños mientras sus padres disfrutan (4)_____ las vacaciones. En general me gusta, pero siempre tienes que contar (5)_____ que lleguen niños difíciles con deseos imposibles. De todas formas, ¡normalmente es peor lidiar (6)_____ los padres que con los hijos!

D

Profesión: (1)_____

Yo, en realidad, siempre había soñado (2)_____ ser astronauta. Me licencié (3)_____ Física e incluso me presenté (4)_____ las pruebas de la NASA. No conseguí entrar y tuve que renunciar (5)_____ mi sueño. Pero lo que hago ahora también me gusta mucho porque, como aficionado al esquí, echaba (6)_____ falta buena información sobre el estado de las pistas. Y ahora soy yo el que se encarga (7)_____ medir la profundidad, la dureza y otras características de la nieve.

2 Si un limpiador de chicles se encarga de limpiar los chicles de las calles, ¿a qué se dedican estas personas? Completa con el verbo o con el nombre de la profesión.

Verbo	Profesión (sustantivo)
	inspector
repartir	
	gestor
decorar	
	traductor

Verbo	Profesión (sustantivo)
	examinador
catar	
	diseñador
corregir	
	animador

MUNDO LABORAL 3

3 Señala en cada caso la partícula relativa adecuada. En alguna ocasión hay más de una opción posible.

1 **Quienes / Que / Los que** quieran realizar el chequeo médico que ofrece la empresa, tendrán que presentar la documentación antes del próximo martes.
2 Si después de la presentación aún tenéis dudas, por favor, preguntadme **que / lo que / lo cual** no entendáis.
3 Esta semana publicarán la resolución de la beca **a la que / a quien / a la cual** me presenté como candidato.
4 Las semanas **donde / en las cuales / quien** estaré de vacaciones habrá un becario ocupando mi puesto.
5 Los trabajadores **los cuales / que / quienes** se ocupan de la logística tendrán que hacer horas extra esta semana.
6 **Los que / Que / Quien** tenga hijos u otras obligaciones familiares podrá solicitar una reducción de jornada.

4 Transforma las frases utilizando una partícula relativa y una preposición. Tienes el principio de la nueva frase.

La empresa ha congelado el salario **a** varios trabajadores. Esos trabajadores van a iniciar una huelga la próxima semana.
Los trabajadores a los que la empresa ha congelado el salario van a iniciar una huelga la próxima semana.

1 Muchas empresas cuentan **con** servicio de guardería en sus oficinas. Este servicio de guardería resulta muy interesante para los padres.
El servicio de guardería _____

2 Julia fue contratada **para** un proyecto innovador. Ese proyecto fue todo un éxito.
El proyecto innovador _____

3 Mi hermano Rubén ha encontrado un empleo hace poco **en** una empresa multinacional. Esa empresa tiene su sede en Lima.
La empresa multinacional _____

4 Susana trabaja en un despacho con un gran ventanal. **Desde** ese despacho puede disfrutar de una vista excepcional.
Susana trabaja en un despacho _____

5 La junta directiva ha aprobado un nuevo reglamento. **Según** ese reglamento, los trabajadores podrán disfrutar de un día más de vacaciones al año.
La junta directiva ha aprobado _____

6 El departamento de marketing se ocupa **de** muchas tareas, pero su tarea principal es mejorar la imagen de la empresa.
La tarea principal _____

5a Lee las siguientes frases y decide cuál de las dos explicaciones se ajusta más a su significado.

1 Todos los opositores que obtuvieron una plaza en la última convocatoria lo celebraron por todo lo alto.
   a En el examen de la oposición todos los candidatos obtuvieron una plaza. En consecuencia, todos lo celebraron.
   b No todos los candidatos obtuvieron una plaza y solo aquellos que lo consiguieron pudieron celebrarlo.

2 Los trabajadores, que se sumaron a la huelga convocada por los sindicatos, protestaron por la posible bajada de salario.
   a Solo se sumaron a la huelga los trabajadores que temen la bajada de salario.
   b Todos los trabajadores se sumaron a la huelga porque la posible bajada de salario afecta a todos.

3 La becaria a la que contratamos para cubrir una baja ha hecho un trabajo impecable.
   a Contratamos a más de una becaria, pero solo una de ellas cubrió una baja.
   b Contratamos a una única becaria para cubrir una baja.

4 Los trabajadores de la construcción, que han visto cómo el paro en su sector crecía rápidamente, han decidido realizar cursos de formación para especializarse un poco más.
   a El paro solo ha afectado a algunos trabajadores y no todos van a hacer cursos de formación.
   b El paro ha afectado a todos los trabajadores y todos van a hacer cursos de formación.

5 El entrevistador, que destacó mi amplia experiencia en gestión de proyectos, fue bastante agradable conmigo.
   a En la entrevista solo había un entrevistador; este entrevistador fue muy agradable.
   b En la entrevista había más de un entrevistador, pero solo uno de ellos se fijó en mi experiencia en gestión.

3 MUNDO LABORAL

5b Ahora lee las siguientes informaciones y crea a partir de ellas una oración explicativa o especificativa, como en el ejemplo.

> Algunos candidatos llegaron tarde. Esos candidatos no fueron entrevistados por su falta de seriedad.
> *Los candidatos que llegaron tarde no fueron entrevistados por su falta de seriedad.*

1 Todos los miembros del equipo participaron en la reunión. Todos aportaron ideas muy novedosas y prácticas.

2 La empresa contaba con varios técnicos, pero solo uno resolvió el problema. Ese técnico recibió un aumento de sueldo.

3 Los limpiadores de chicle trabajan sin pausa. Todos están cansados de la irresponsabilidad de la gente.

4 Los investigadores de nieve trabajan en zonas montañosas. Se ocupan de controlar el estado de las pistas.

5 Solo algunos hoteles ofrecen el servicio de cuentacuentos. Estos hoteles suelen ser los preferidos de los padres.

Recuerda

Las **oraciones especificativas** ofrecen información esencial para identificar el antecedente y diferenciarlo de otros: *El chico que lleva la bufanda de cuadros es el nuevo comercial de la empresa* (hay varios chicos e identificamos a uno porque lleva una bufanda de cuadros).

Por el contrario, la información que aportan las **oraciones explicativas** no es necesaria para identificar o distinguir al antecedente; en este caso, en la lengua oral se hace una pequeña pausa antes y después de la oración explicativa y en la lengua escrita se escribe entre comas: *El nuevo dependiente, que ya ha recibido su uniforme, está conociendo a los compañeros en la sala de personal* (la información sobre el uniforme no es necesaria para identificar al dependiente).

6 Completa el texto introduciendo oraciones relativas con las siguientes informaciones. Presta atención al tiempo verbal y a los conectores y preposiciones que necesitas.

a celebrarse las jornadas
b trabajar cinco años en un instituto
c interesarse por el tema
d tener experiencia con ese tipo de entorno
e querer participar
f estar muy satisfecha con la organización
g incluir juegos y otras actividades colaborativas
h tener dificultades a la hora de integrarse en clase

En la escuela Gil de Biedma están organizando unas jornadas de integración para las que buscaban a un psicólogo **(1)** _____. Al final contrataron a Julián Lemos, **(2)** _____. El proyecto está dirigido especialmente a alumnos **(3)** _____ pero por supuesto está abierto a la participación de todos los alumnos **(4)** _____. El lugar **(5)** _____ será el gimnasio de la escuela. Habrá una gran variedad de actividades **(6)** _____. La directora, **(7)** _____, envió un correo electrónico a las familias diciendo que invitaban también a los padres y madres **(8)** _____ en la fiesta.

Recuerda

En las oraciones relativas se utiliza el **indicativo** cuando se habla de un **antecedente conocido**, y el **subjuntivo** cuando se habla de un **antecedente no conocido**: *Lorenzo trabaja en una zona a la que llega en dos horas, así que ahora está buscando un trabajo que le quede más cerca de casa. Buscó en diferentes periódicos, pero no encontró ningún anuncio que le convenciera.*

B LAS CLAVES DEL ÉXITO

7 ¿Cómo reaccionas ante las siguientes afirmaciones? Expresa tu opinión sobre ellas mostrando acuerdo o desacuerdo.

1 Hacer un año de voluntariado es algo que se valora en el CV.

2 La robotización acabará con muchos puestos de trabajo.

3 Prefiero ganar más dinero aunque el trabajo no me guste tanto.

4 El trabajo en equipo es más productivo que el individual.

5 Yo me siento realizada a través de mi trabajo.

MUNDO LABORAL 3

8 🔊 6 📄 **DELE** Vas a escuchar un fragmento de una ponencia de Yokoi Kenji en la que habla de lo que él considera la clave del éxito. Completa las anotaciones de la ponencia con los elementos que faltan. Necesitarás seis de los siguientes.

> la puntualidad - el funcionamiento de las empresas
> las empresas - complejo - la falta de puntualidad
> la disciplina - los niños - la creatividad - la inteligencia
> el mito - el caos de la pausa - miedo

1. A Yokoi Kenji, colombiano de origen japonés, se le transmitió desde pequeño _____ de que los japoneses eran muy inteligentes.
2. Antes de ir a Japón se imaginaba que _____ construían aparatos electrónicos a partir de cables en el pupitre.
3. Tenía _____ de no estar a la altura de sus compañeros de clase.
4. Se quedó muy sorprendido al ver que _____ se convertía en orden y disciplina cuando llegaba el profesor.
5. Entendió que la clave del éxito de las marcas japonesas a nivel internacional no era _____ de los japoneses, sino su disciplina.
6. Esta cualidad se refleja, por ejemplo, en _____.

ESTRATEGIAS PARA EL EXAMEN

Este ejercicio se corresponde con la Tarea 1 de la Prueba 2, que consiste en completar oraciones con frases o palabras a partir de un audio. Escucharás la audición dos veces.
- Lee las anotaciones con atención para saber de qué va a tratar la audición.
- Lee también los doce elementos e intenta identificar cuáles son similares, cuáles son antónimos o cuáles invitan a confusión.
- Durante la escucha, intenta localizar los pasajes que contienen la información de las anotaciones. En la audición quizás no se utilicen las palabras de las anotaciones, sino palabras de la misma familia, sinónimos…
- Después de escuchar y tener listas tus respuestas, comprueba que los fragmentos no se contradicen entre sí.

9a A continuación encontrarás las definiciones que el *Diccionario de la lengua española* de la Real Academia Española y el *Diccionario de uso del español* de María Moliner dan para algunas palabras. ¿Puedes decir a cuáles de las siguientes cualidades se refieren?

> empatía - motivación - iniciativa - constancia - proactivo/-a

1. _____: cualidad de la persona capaz de idear, inventar o emprender cosas.
2. _____: conjunto de factores internos o externos que determinan en parte las acciones de una persona.
3. _____: que toma activamente el control y decide qué hacer en cada momento, anticipándose a los acontecimientos.
4. _____: capacidad de una persona de participar afectivamente en la realidad de otra.
5. _____: firmeza y perseverancia del ánimo en las resoluciones y en los propósitos.

9b Crea ahora tú las definiciones para estas cualidades.

Adaptabilidad: _____

Autoconfianza: _____

Determinación: _____

10a ¿Qué cualidades crees que son necesarias para las siguientes profesiones? ¿Por qué?

> Piloto/-a: *capacidad de aprendizaje, porque hay que estudiar mucho para llegar a serlo. Adaptabilidad, porque los horarios de trabajo son muy cambiantes…*

1. Carpintero/-era: _____

2. Bailarín/-ina de ballet: _____

3. Hada madrina: _____

10b ¿Y qué cualidades son necesarias para la profesión que tú desempeñas o te gustaría desempeñar? ¿Por qué?

3 MUNDO LABORAL

11 Lee las siguientes respuestas de una entrevista de trabajo y formula las intervenciones del entrevistador.

• (1) _____
▪ Estudié Ingeniería Mecánica porque desde siempre me ha apasionado observar y estudiar el funcionamiento de cualquier tipo de mecanismo. Después de la carrera me fui a Alemania a hacer unas prácticas durante seis meses para ver cómo se trabaja allí y para aprender el idioma. Y luego volví a España para trabajar aquí.

• (2) _____
▪ Me gusta la empresa donde estoy, pero mi trabajo se ha vuelto un poco monótono y me apetece aprender cosas nuevas y afrontar nuevos retos.

• (3) _____
▪ Es una empresa con una gran experiencia en el sector ferroviario, que a mí me interesa mucho. Además, está desarrollando unos proyectos muy interesantes en algunos países de América Latina.

• (4) _____
▪ Sí, claro, la posibilidad de viajar es uno de los aspectos que me atrae de trabajar con ustedes.

• (5) _____
▪ Soy una persona analítica, me gusta observar, adelantarme a los problemas y, si ya han aparecido, buscarles una solución. Además, trabajo bien en equipo.

• (6) _____
▪ Soy demasiado exigente conmigo mismo/-a y con mi trabajo. Y no llevo muy bien que los compañeros no se impliquen o sean descuidados con el suyo.

• (7) _____
▪ ¿En cinco años? Pues me gustaría seguir trabajando con la motivación que tengo ahora y estar participando en proyectos interesantes.

• (8) _____
▪ Porque, como he dicho, soy una persona motivada, que se implica con su trabajo y que puede ayudarles a sacar adelante los proyectos en los que están trabajando.

12 Carlos acaba de graduarse y está buscando su primer empleo. Como todavía no sabe cómo escribir un correo de presentación, su estilo no es completamente adecuado. Léelo y corrige o cambia las palabras tachadas. Tendrás que usar un estilo de lengua un poco más elevado y preciso.

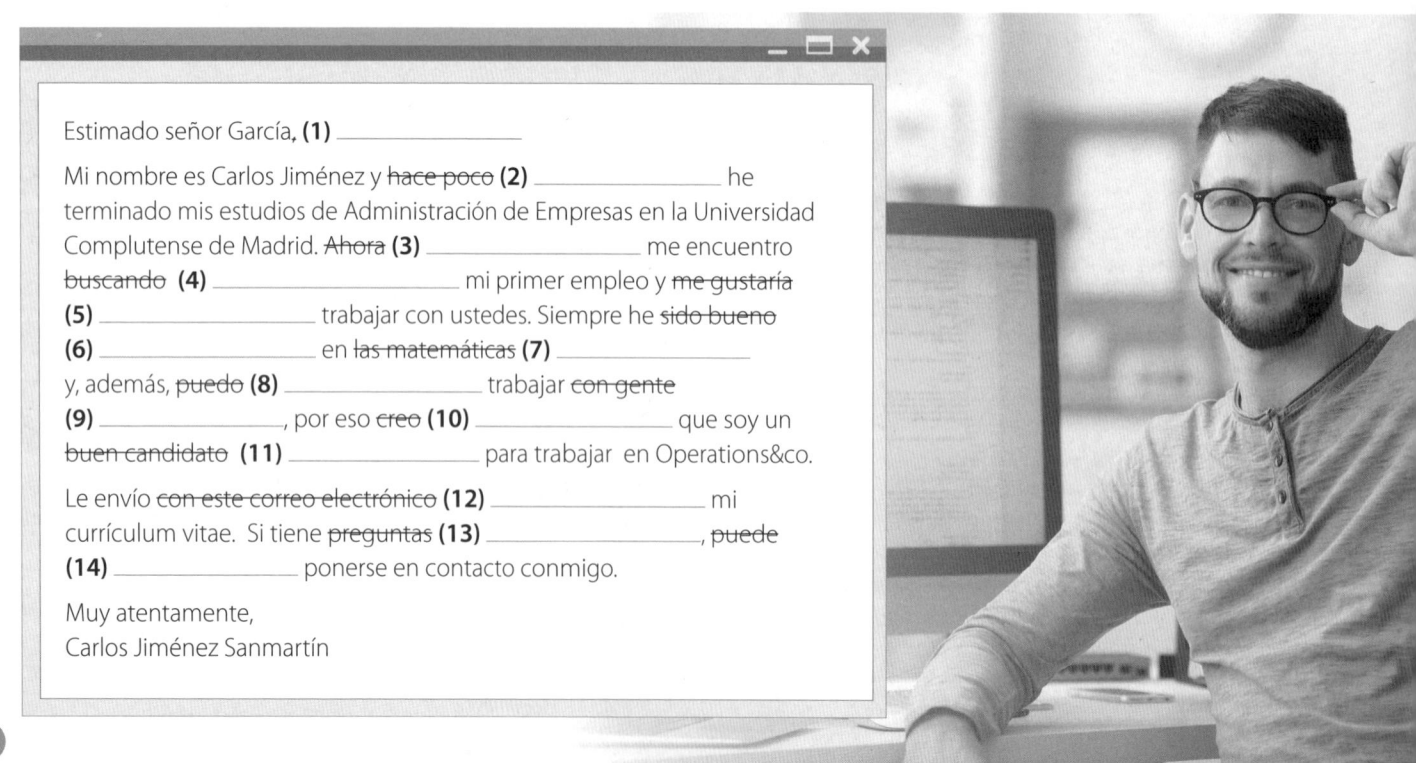

Estimado señor García, **(1)** _____

Mi nombre es Carlos Jiménez y ~~hace poco~~ **(2)** _____ he terminado mis estudios de Administración de Empresas en la Universidad Complutense de Madrid. ~~Ahora~~ **(3)** _____ me encuentro ~~buscando~~ **(4)** _____ mi primer empleo y ~~me gustaría~~ **(5)** _____ trabajar con ustedes. Siempre he ~~sido bueno~~ **(6)** _____ en ~~las matemáticas~~ **(7)** _____ y, además, ~~puedo~~ **(8)** _____ trabajar ~~con gente~~ **(9)** _____, por eso ~~creo~~ **(10)** _____ que soy un ~~buen candidato~~ **(11)** _____ para trabajar en Operations&co.

Le envío ~~con este correo electrónico~~ **(12)** _____ mi currículum vitae. Si tiene ~~preguntas~~ **(13)** _____, ~~puede~~ **(14)** _____ ponerse en contacto conmigo.

Muy atentamente,
Carlos Jiménez Sanmartín

MUNDO LABORAL 3

C CÓMO LLEVARSE BIEN CON EL JEFE

13a Lee el siguiente texto sobre cómo ser un buen jefe y elige el título más adecuado para cada sección. Hay un título que no necesitarás.

a Animar a la plantilla
b Cuando se te atraviesa un subordinado
c Cambiar condiciones laborales a un empleado
d Comunicar un error a un empleado y a un equipo de trabajo
e Premiar el trabajo de los empleados
f Reconocer un error propio ante tu plantilla

MEJORA COMO LÍDER

Nos hemos propuesto explicarte cómo tendrías que desenvolverte en situaciones reales en las que tienes que demostrar tu liderazgo.

(1) _____

La situación es esta: uno de tus empleados se ha equivocado a la hora de calcular el margen que os deja una de vuestras nuevas líneas de producto. "Para empezar, tienes que hacérselo saber en privado. La privacidad resulta clave", explica Marta Romo. (…)
"Cuando hay un error tienes que lograr que sea capaz de reconocerlo. Hay que llevarle a través de preguntas, para que él/ella sea quien lo acepte. Lo mejor es generar un entorno seguro en el que pueda reconocer que se ha equivocado. Si piensa que se le va a penalizar, se pondrá a la defensiva", añade. "Primero ofrece un *feedback* positivo, luego uno negativo y acaba con otro positivo. Esta retroalimentación es muy fácil de usar. Al mismo tiempo que entregas una crítica, refuerzas el buen comportamiento y pides mejoras en el comportamiento", añade Salinas Ruiz, *coach* independiente. (…)

(2) _____

Estabas absolutamente convencido de que había que comenzar a vender en el mercado alemán este mismo año, que no había que esperar hasta el año que viene, a pesar de que tus mandos intermedios te estaban recomendando lo contrario. Has dedicado recursos para preparar el lanzamiento que, finalmente, no ha sido posible y los has sacado de otros proyectos que tenían mayor viabilidad a corto y a medio plazo. Vamos, que quien se ha equivocado eres tú.
"Es potente ver a un jefe reconociendo un error: te da credibilidad y demuestra madurez. No obstante, el error tiene que servir para algo", resume Marta Romo, socia de la consultora BeUp. "Una de las claves ante el error, tanto de un compañero, como propio, es transformarlo en la pregunta: ¿Qué he aprendido? (…)

(3) _____

Amaia Helguera asegura que tienes que preguntarte: "¿Por qué quieres cambiarle? ¿Porque tiene otras capacidades? ¿Por necesidades de producción? Tienes que plantearlo de forma clara y concisa y reconociendo sus capacidades, enfatizando que cuentas con ella y valorando lo que ves en esa persona.
Hay que plantearlo como un reto. Si no puedes pagarle más, ofrécele recursos de la empresa y plantéalo como una fórmula de crecimiento profesional y personal. Si no puedes ajustar la parte presupuestaria, recurre al reconocimiento profesional". (…)

(4) _____

"Las personas necesitan ser escuchadas. Para motivar a un equipo, tiene que haber un momento en el que sus ideas y preocupaciones puedan ser escuchadas e, incluso, ejecutadas. Esto ayuda a que desarrollen un sentimiento de pertenencia. Las personas necesitan sentirse realizadas en el trabajo", indica Helguera.
¿Por dónde empezar? "Hablando de la parte positiva, de lo que se está haciendo bien, celebrar los éxitos… Y proponer acciones que nos saquen del trabajo: vamos a tomarnos algo fuera, vamos a salir del entorno laboral", propone Jericó. Además, "ofrece reconocimiento. Es conveniente tener un sistema mediante el cual, cada cierto tiempo, la persona obtenga un reconocimiento por su trabajo y sepa qué es lo que puede mejorar", plantea Romo.

(5) _____

¿Y si es el emprendedor el que tiene un conflicto con un empleado? Helguera te propone que te hagas esta pregunta: ¿Qué me está sucediendo para que yo entre en conflicto con una persona? "Haría primero una reflexión conmigo mismo antes de hablar con el empleado. Y luego pondría el problema encima de la mesa. Si tú tienes un conflicto con otra persona, lo más habitual es que ella también lo tenga contigo. ¿Por qué hay roces con esa persona?".
"Es clave respetar unas reglas mínimas: abordar los problemas, sin atacar a las personas. Si esto se respeta, se trata de ver luego el problema/conflicto desde distintas perspectivas y la intención positiva del punto de vista de la otra parte. Es cuestión de práctica", indica. (…)

Adaptado de *www.emprendedores.es*

13b Lee otra vez el texto y busca los verbos que normalmente acompañan a estos sustantivos o adjetivos.

1 _____ / _____ / _____ / _____ un error
2 _____ a la defensiva
3 _____ / _____ recursos
4 _____ realizado/-a
5 _____ / _____ reconocimiento
6 _____ / _____ / _____ un problema

3 MUNDO LABORAL

14 Elige para cada frase el verbo más adecuado de entre los propuestos y escríbelo en el tiempo correcto.

1 **destituir / dimitir**
   a La dirección decidió _____ al responsable de marketing debido a los malos resultados obtenidos en el trimestre anterior.
   b Adriana Ramírez _____ la semana pasada como directora de Recursos Humanos después de más de treinta y cinco años en ese cargo.

2 **renunciar / abdicar**
   a Tras más de cuarenta años en el trono, el rey _____ en su hija, que tomará posesión como monarca la próxima semana.
   b José Luis _____ ayer a un aumento de sueldo porque este conllevaría alargar su jornada laboral.

3 **despedirse / despedir**
   a Por culpa de la crisis, la empresa tuvo que cerrar y todos los trabajadores fueron _____.
   b El día en que Juan Salvador se jubiló, después de más de 30 años en la empresa, _____ de sus ya antiguos compañeros celebrando una comida.

4 **afrentar / afrontar**
   a Después de algunos meses, Tere dejó su trabajo porque su jefe la _____ continuamente delante de sus compañeros con comentarios poco adecuados.
   b En cuanto surge un conflicto, por pequeño que sea, lo tenemos que _____ inmediatamente porque podría crear problemas mayores.

5 **manifestar / manifestarse**
   a En la última reunión los sindicatos _____ su indignación ante las nuevas medidas propuestas por el Gobierno para el sector.
   b El martes pasado los funcionarios _____ en masa ante el anuncio de recortes en sus salarios.

6 **promover / promocionarse / promocionar**
   a Hoy en día es fundamental tener una marca distintiva con la que poder _____ y darse a conocer entre posibles clientes.
   b Desde el Gobierno se está intentando _____ el ahorro de gasolina entre los ciudadanos.
   c La empresa va a _____ a Marina Villar y a Pablo de la Rubia por el buen trabajo que han hecho.

7 **eludir / aludir**
   a Durante la rueda de prensa de ayer, el ministro de Trabajo _____ las preguntas de los periodistas.
   b En la rueda de prensa de mañana, la representante del sindicato _____ a la necesidad de colaboración de todas las partes para llegar a un acuerdo.

D LA FELICIDAD EN EL TRABAJO

15 Relaciona estas condiciones laborales con los siguientes ámbitos.

1 Condiciones económicas   2 Perspectivas de futuro   3 Formación
4 Atmósfera laboral   5 Conciliación de la vida familiar y laboral

a ☐ Jornada flexible
b ☐ Alta retribución
c ☐ Buen equipo de trabajo
d ☐ Posibilidad de promoción
e ☐ Afinidad con el jefe
f ☐ Horas extra no retribuidas
g ☐ Posibilidad de trabajar desde casa
h ☐ Reconocimiento del trabajador
i ☐ Asistencia a congresos
j ☐ Posibilidad de emprender una carrera en el exterior
k ☐ Permiso por paternidad / maternidad
l ☐ Asistencia a cursos

MUNDO LABORAL 3

16 Lee las siguientes frases y clasifica las expresiones y los conectores resaltados en negrita según su función.

1 **En definitiva**, esperamos que este año sea muy positivo para nuestra compañía.
2 Tendremos que proceder al despido de los trabajadores de la fábrica en Alicante **a menos que** consigamos un contrato que nos permita mantener esa planta abierta.
3 **Antes de nada**, me gustaría discutir los cambios en el presupuesto anual.
4 **Por lo que respecta a** los trabajadores de la oficina central, **nadie ignora que** son ellos los que mantienen a flote esta empresa.
5 Los números del primer trimestre no son muy buenos, **sin embargo** esperamos un incremento considerable durante el segundo trimestre **debido a** la firma de cuatro nuevos acuerdos.
6 **A mi juicio**, es necesario que a partir de ahora seamos más austeros en los gastos, **en otras palabras**, ¡tenemos que apretarnos el cinturón!
7 Este año hemos tenido pérdidas muy significativas, **de ahí que** los altos cargos de la empresa no vayan a recibir ninguna paga extra.
8 **Por descontado**, no se podrán realizar nuevas compras sin la aprobación de la gerencia.

a Indica el comienzo: *Antes de nada (Frase 3)*
b Cierra el texto o una parte: _____
c Contrasta o contraargumenta: _____
d Señala una causa: _____
e Señala una consecuencia: _____
f Presenta la condición necesaria para que se realice lo enunciado: _____
g Expresa un punto de vista: _____
h Señala seguridad y certeza: _____
i Confirma lo expresado: _____
j Anuncia aquello de lo que se va a hablar: _____
k Explica lo dicho anteriormente: _____

17 Elige el conector adecuado para cada frase.

1 _____ los recortes en la plantilla, muchos trabajadores se han quedado en la calle.
  a A causa de
  b Porque
  c Puesto que

2 _____ Mariana, la situación no podría ser peor.
  a En mi opinión
  b Según
  c A mi entender

3 Este mes tenemos jornada intensiva de verano; _____, trabajamos de ocho a tres y no hacemos pausa para la comida.
  a especialmente
  b por descontado
  c dicho de otro modo

4 Cuatro personas del departamento de contabilidad, _____, Jaime, Cristina, Lourdes y Raúl, trabajan ahora desde casa y solo vienen a la oficina un día a la semana.
  a pongamos por caso
  b en concreto
  c de esta forma

5 El departamento creativo funciona muy bien, _____ el de ventas es un desastre.
  a en cambio
  b a pesar de
  c ya que

6 Lo que ha explicado la señora Montalbán en la reunión es, _____, que no hay dinero para comprar sillas ergonómicas.
  a por un lado
  b en pocas palabras
  c no obstante

7 Alcanzaremos los objetivos mensuales ampliamente _____ ocurra una catástrofe.
  a con tal de que
  b si
  c salvo que

8 _____ los beneficios han aumentado, todos los trabajadores recibirán una paga extra.
  a A menos que
  b Ya que
  c Debido a

9 La semana de Navidad podremos teletrabajar _____ se cumplan los objetivos marcados para esos días.
  a excepto que
  b con tal de que
  c si

3 MUNDO LABORAL

18 A continuación tienes un artículo acerca del teletrabajo. Completa los huecos del texto con los conectores adecuados. Puede haber más de una solución.

> a continuación - además - a pesar de que - así - si - asimismo - no obstante - para empezar - por lo tanto

Cinco preguntas para saber si el teletrabajo es para usted

(1) _____ el teletrabajo trae grandes beneficios, existen algunas condiciones que hacen que no sea para todos. (…) **(2)** _____ les presentamos cinco preguntas que un futuro teletrabajador (o uno en ejercicio) debe hacerse para medir los impactos de esta modalidad laboral en su vida.

1 ¿Tengo claro qué es el teletrabajo, cuáles son sus implicaciones y cómo transformará mi vida?

La primera pregunta, aunque parezca obvia, no siempre tiene la respuesta más clara. **(3)** _____ se debe tener claro que el teletrabajo no es una profesión, es una modalidad laboral, lo que significa que más allá de la actividad que se desarrolle y para la cual se debe estar capacitado, esta se realizará bajo un contrato laboral o desde un emprendimiento personal, pero desarrollándose desde el hogar u otro sitio determinado a través de las tecnologías de la información y la comunicación. (…)

2 ¿Puedo realizar mis actividades sin necesidad de estar en la oficina?

(…) Analice sus tareas y especialmente la forma en que dependen de otros o son base para las actividades de los demás, en esa medida, identifique qué tanto pueden mediar las TIC, y **(4)** _____ la respuesta es superior al 70 %, es probable que pueda optar por un modelo de teletrabajo suplementario.

3 ¿Dispongo de un espacio adecuado para tener una oficina en casa?

(…) La mesa del comedor, la cama o un sofá cualquiera pueden ser lugares desde donde consultar el correo de forma esporádica o leer un periódico, **(5)** _____ no son los más recomendables para estar ocho horas cada día. Piense en los riesgos para su cuerpo antes de convencerse de que no le hace falta una oficina en casa. (…)

4 ¿Mi familia o personas con quienes convivo están dispuestas a apoyarme como teletrabajador?

Cuando una persona se convierte en teletrabajador lo primero que cambia es la rutina y la vida familiar en relación con el trabajo. **(6)** _____, una madre de familia ya no tendrá que salir de su casa y podría recoger a su hijo de la ruta escolar, pero esto no significa que ella no deba disponer del tiempo necesario para desarrollar sus tareas. Trabajar desde casa no significa convertirse en 'ama de casa' con tareas adicionales, es estar en capacidad de gestionar el tiempo y organizar las actividades de modo que puedan ser compatibles lo familiar y lo laboral.

(7) _____, es necesario contar con el apoyo de la familia o las personas con quienes se comparten los espacios porque para teletrabajar se requiere (al igual que en una oficina tradicional) gozar de tranquilidad, pocas interrupciones y respeto por el tiempo laboral. (…)

5 ¿No tengo tendencias depresivas, me adapto con facilidad a los cambios, soy autónomo, puedo gestionar mi tiempo y tengo buenas habilidades comunicativas?

Aunque gracias a la tecnología es posible mantenerse en contacto permanente con la oficina, esto no quiere decir que no se pierdan espacios de socialización únicamente posibles al compartir espacios físicos: las conversaciones a la hora del almuerzo, las celebraciones de cumpleaños y tantas otras actividades se verán reducidas para el teletrabajador, **(8)** _____ debe estar en capacidad de mantener sus vínculos a través de las pantallas.

(9) _____, entre las características principales de los teletrabajadores está la autonomía en la toma de decisiones y especialmente la gestión adecuada del tiempo y la comunicación, porque sin ellas cualquier persona es susceptible de caer en distracciones y terminar por ser improductivo a causa de la libertad que implica el teletrabajo. (…)

Adaptado de *www.mintic.gov.co*

MUNDO LABORAL 3

19a Las personas descritas a continuación pertenecen a distintas generaciones: X, Y y Z. ¿Podrías decir a cuál pertenece cada una?

CARLOS

Estudia Ingeniería Informática. Su pasión es la robótica y, desde que era pequeño, ha participado en concursos de ingeniería y ganado varios premios por sus creaciones. Está trabajando en un nuevo proyecto y ya ha contactado a varias empresas que se han mostrado interesadas en producir su invento. **Generación** _____

MARISA

Es abogada. Es una persona flexible y autónoma. Aunque no creció rodeada de las nuevas tecnologías, reconoce la importancia de las mismas y ha sabido adaptarse a ellas. Le gusta su trabajo, pero a veces le resulta difícil compaginarlo con su vida familiar. **Generación** _____

RAQUEL

Es periodista. Trabaja como independiente para diferentes publicaciones, a menudo simultáneamente, y su trabajo la lleva a investigar por todo el mundo, lo que le encanta. De su trabajo le gusta la autonomía que le proporciona y la posibilidad de interacción con diferentes personas de todo tipo. **Generación** _____

19b ¿Quién crees que ha dicho las siguientes afirmaciones?

	CARLOS	MARISA	RAQUEL
1 Sobre el trabajo:			
a "Busco trabajar en algo que me apasione y siempre tengo varios proyectos al mismo tiempo".	☐	☐	☐
b "Quiero un trabajo flexible que me permita compaginar mi vida profesional y familiar".	☐	☐	☐
c "Ir a la oficina, ¿qué es eso?".	☐	☐	☐
2 Sobre las nuevas tecnologías:			
a "Las nuevas tecnologías son una herramienta imprescindible y han cambiado enormemente la manera en que nos comunicamos".	☐	☐	☐
b "Aprendí con la era digital y creo que es vital para conseguir la igualdad laboral".	☐	☐	☐
c "No conozco una vida sin internet".	☐	☐	☐
3 Sobre su relación con el mundo:			
a "Me encanta viajar, cada verano intento descubrir un lugar nuevo. Este año iremos a Budapest".	☐	☐	☐
b "El mundo está en la red y desde la palma de mi mano puedo comunicarme con gente de todos los continentes".	☐	☐	☐
c "Me siento ciudadana del mundo y no me importaría irme a vivir una temporada a China, Australia, Cabo Verde…".	☐	☐	☐

3 MUNDO LABORAL

EN ACCIÓN

20 Sustituye las palabras subrayadas por otras más específicas que aparecen en el texto de la página 38 del libro del alumno.

1 La empresa quería <u>saber</u> quiénes eran los profesionales más felices.
2 Para el estudio fueron <u>entrevistadas</u> más de 2000 personas.
3 Los educadores <u>están en</u> la primera posición del *ranking*.
4 Los profesores y bomberos son los más felices, <u>pero</u> los españoles <u>piensan</u> que los más felices son los artistas y futbolistas.
5 Asimismo, los periodistas también <u>dicen</u> ser felices en su trabajo.
6 Los funcionarios <u>bajaron a</u> la décima posición en la lista de profesionales más felices.
7 Los datos <u>muestran</u> que la mayoría de los españoles están contentos con su profesión.
8 En relación con los datos de 2012, el número de personas felices <u>cambia</u> de siete a ocho españoles de cada diez.

21 A continuación tienes algunas ideas sobre cómo estructurar un informe y los recursos lingüísticos que puedes usar.

Estructura del texto

INTRODUCCIÓN
- Exposición del tema.
- Presentación de la estructura que tendrá el texto, si este es largo.

DESARROLLO
- Explicación del contenido que se ha planteado en la introducción.
- Presentación de datos y ejemplos.

CONCLUSIÓN
- Síntesis de la idea principal.
- Resumen de lo desarrollado en el texto.
- Conexión con la introducción, pero con algo novedoso.

Recursos lingüísticos y estilísticos

- Utiliza un lenguaje objetivo y formal.
- Divide las diferentes ideas en diferentes párrafos.
- Puedes hacer afirmaciones generales (*La crisis tuvo un gran impacto en la situación laboral de los jóvenes*), preguntas retóricas (*¿No sería el objetivo alcanzar un mercado laboral equitativo?*), hacer comparaciones (*La situación de los jóvenes en Italia es similar a la de España*), aportar ejemplos (*Por ejemplo, un trabajador de la empresa estatal de ferrocarril tiene veintitrés días de vacaciones*)…
- Ordena el texto utilizando diferentes conectores (puedes consultar la sección D de esta unidad).

Adaptado de *Plan Curricular del Instituto Cervantes*

Anota en qué parte de la estructura de un informe (introducción, desarrollo o conclusión) se encontrarían los siguientes fragmentos.

1 Del mismo modo que están desapareciendo algunas profesiones, se están creando también otras nuevas. _____
2 Primero se hablará de las causas de la subida del paro entre los jóvenes, a continuación de cómo esto repercute en su vida personal y, finalmente, de las medidas que ha tomado el Gobierno para resolver el problema. _____
3 En vista de lo expuesto se concluye que la mejora de las condiciones laborales contribuye a una sociedad más feliz. _____
4 El 32 % de las mujeres asegura no contar con ninguna ayuda para la realización de las tareas domésticas. _____
5 La incorporación de las nuevas tecnologías a todos los ámbitos de la vida está repercutiendo de manera decisiva en el mercado laboral. _____
6 Igualmente, en el ámbito de los servicios turísticos se encuentran muy malas condiciones de trabajo. _____
7 Es importante resolver la difícil situación laboral de los jóvenes, porque una juventud sin futuro significa una sociedad sin futuro. _____
8 Este cambio de tendencia parece imparable. Pero, ¿de verdad lo es? Los estudios no aportan datos decisivos. _____
9 La sociedad experimentó un gran cambio con la incorporación de la mujer al mercado laboral. _____
10 Y de todo ello se desprende que el hecho de haber cursado estudios universitarios no es una condición indispensable para desarrollar después una vida laboral exitosa. _____

Recuerda

- Antes de empezar a escribir, toma nota de las ideas y datos ordenando la información en un esquema o mapa mental.
- Al finalizar, lee el texto y comprueba que la estructura es ordenada y las ideas están bien organizadas y conectadas.
- Haz luego una nueva lectura para asegurarte de que el vocabulario, la gramática y la ortografía también son correctas.

4 EXPERIENCIA GASTRONÓMICA

A TRADICIÓN O INNOVACIÓN

1a Las siguientes palabras y expresiones están relacionadas con la cocina y los restaurantes. ¿Cuáles asocias a restaurantes de cocina tradicional? ¿Y cuáles con los de cocina de innovación?

> comensal - factor sorpresa - pretencioso/-a - precio elevado - lista de espera - experimentar - precios estratosféricos
> experiencia sensorial - modesto/-a - arte - precios asequibles - superchefs - estrellas Michelin - vanguardia - alta cocina
> prestigio internacional - premios - globo comercial - provocación - fogones - *gourmet* - degustación - menú del día

RESTAURANTE DE COCINA TRADICIONAL	AMBOS

RESTAURANTE DE COCINA DE INNOVACIÓN

1b Ahora selecciona entre las palabras anteriores las necesarias para completar las siguientes frases.

1. La nueva generación de _____ españoles viene pisando fuerte: además del reconocimiento y _____ que tienen, ya son varios los que han ganado alguna _____.

2. Muchos acusan a la cocina de _____ de ser muy elitista, ya que debido a sus _____ son muchas las personas que no se pueden permitir comer en este tipo de restaurantes.

3. En este restaurante organizan todos los viernes una _____ de sus platos a ciegas: apagan las luces y te cubres los ojos con una máscara para que así toda tu atención esté en la comida y la _____ sea mucho mayor.

4. Mi padre es un excelente cocinero porque desde pequeño se crio entre _____: sus padres regentaban un restaurante y él pasaba en la cocina casi todas las tardes.

5. El nuevo restaurante de la chef Ana María Mendibieta es tan exclusivo que solo acepta a doce _____ cada noche. Además, hay que reservar con mucha antelación, ya que la _____ supera los ocho meses.

6. Una de las cosas que más me gusta de los restaurantes tradicionales del casco antiguo es que todos ofrecen un _____ muy completo, ¡comes estupendamente y a _____! ¡10 € o 12 € por dos platos, café y postre!

2a En el programa de radio del libro del alumno (página 41) el locutor dice que el objetivo de la cocina moderna es que "su público, además de comer, deguste". ¿Cuál es la definición más adecuada de "degustar"?

a Probar un alimento o bebida y hacerlo con deleite.
b Probar un alimento o bebida en pequeñas cantidades.
c Tomar un alimento o bebida que a uno le gusta mucho.

4 EXPERIENCIA GASTRONÓMICA

2b Aquí tienes otros verbos que se usan con frecuencia cuando se habla de comer. Lee la definición y relaciónala con la palabra correspondiente.

1 Probar una bebida o comida para examinar su sabor o calidad, por ejemplo, un vino.
2 Hacer los movimientos necesarios con la lengua y los músculos de la garganta para que un alimento pase de la boca al estómago.
3 Tomar u obtener las sustancias necesarias para subsistir.
4 Hacer desaparecer completamente el hambre o la sed, después de haber comido o bebido lo suficiente.
5 Mover la boca para triturar la comida con los dientes y que así sea más fácil tragarla.
6 Darle a un organismo las sustancias necesarias para su conservación o desarrollo.

a Saciar
b Catar
c Tragar
d Masticar
e Nutrir
f Alimentarse

3 Mira la siguiente infografía sobre los hábitos de los españoles en la cocina y después completa las frases con los elementos comparativos que faltan.

LOS ESPAÑOLES FRENTE A LA COCINA
GUSTOS Y COSTUMBRES

HOMBRES Opinan
- Son autodidactas — 51 %
- En su casa cocinan ellos y su pareja — 43 %
- Dedican entre 3 y 6 horas a los fogones — 38 %
- Opinan que son ellos quienes mejor cocinan — 42 %
- Cocinarían más a menudo si tuvieran más tiempo — 40 %
- Prefieren guisos tradicionales frente a la cocina creativa — 79 %

MUJERES Opinan
- Su madre les enseñó a guisar — 51 %
- En su casa cocinan ellas — 64 %
- Dedican más de 6 horas a los fogones — 44 %
- Opinan que son ellas quienes mejor cocinan — 76 %
- Cocinarían más a menudo si tuvieran más tiempo — 41 %
- Prefieren guisos tradicionales frente a la cocina creativa — 74 %

DE 25 A 39 AÑOS Opinan
- Su madre les enseñó a guisar — 42 %
- En su casa cocinan ambos — 42 %
- Dedican entre 3 y 6 horas a los fogones — 38 %
- Tienen en cuenta el ahorro energético en la cocina — 43 %
- Opinan que comen saludablemente — 73 %
- Cocinarían más a menudo si tuvieran más tiempo — 44 %
- Prefieren guisos tradicionales frente a la cocina creativa — 72 %

DE 55 A 60 AÑOS Opinan
- Son autodidactas — 48 %
- En su casa cocina la mujer — 50 %
- Dedican más de 6 horas a los fogones — 40 %
- No les preocupa especialmente el ahorro energético en la cocina — 44 %
- Opinan que comen saludablemente — 84 %
- Cocinarían más a menudo si tuvieran más tiempo — 32 %
- Prefieren guisos tradicionales frente a la cocina creativa — 82 %

Extraído de www.cocinillas.elespanol.com

1 _Más_ hombres _____ mujeres reconocen ser autodidactas en la cocina.
2 Aproximadamente un 40 % de los encuestados cocina menos _____ _____ les gustaría.
3 Los menores de 40 años no dedican a la cocina _____ _____ seis horas.
4 Las mujeres dedican _____ tiempo a la cocina _____ dedican los hombres.
5 La cocina tradicional es casi _____ popular entre mujeres _____ entre hombres.
6 _____ personas entre 55 y 60 años _____ entre 25 y 39 años comen saludablemente.
7 _____ 75 % de las mujeres considera que cocinan mejor que sus parejas.
8 Las mujeres jóvenes cocinan menos _____ _____ cocinan las mayores de 55 años.

B A LA CARTA

4 "Isla flotante" o "Crujiente de berenjenas" son nombres de platos que se pueden encontrar en los menús de restaurantes de innovación. ¿Cuál crees que sería el equivalente de los platos tradicionales en uno de estos restaurantes? Relaciona los términos de las dos columnas.

Cocina tradicional
1 Empanadillas de atún
2 Albóndigas con patatas fritas
3 Flan
4 Croquetas caseras
5 Tortilla española

Cocina moderna
a Dim sum castellanos al horno de piedra con conserva de atún.
b Cuajada de yema de huevo y caramelo al baño María.
c Envoltura de bechamel en tempura al estilo de la abuela.
d Cuajada de huevo con secreto de cebolla y patata.
e Esferas de carne en su salsa y chips de patatas.

EXPERIENCIA GASTRONÓMICA 4

5 Clasifica los siguientes alimentos según la categoría a la que pertenezcan.

> algas - bacalao - berenjenas - calabaza - chipirones
> cigala - codorniz - dorada - espárragos - filete
> langosta - lenguado - mejillón - mollejas - pato
> pavo - pechuga - quinoa - setas - solomillo

Carne	Pescado y marisco	Vegetales

6 ¿Qué no pueden comer las siguientes personas? Tacha en cada caso la opción que no es posible.

1. Nacho es celiaco y por eso esta noche cenará **pasta fresca / revuelto de verduras / gambas al ajillo**.
2. Joan está intentando reducir su índice de colesterol por lo que va a desayunar **macedonia de frutas / una tostada con mantequilla y mermelada / leche con cereales integrales**.
3. Clara es vegetariana y hoy comerá **codorniz / pasta / acelgas**.
4. Edurne es vegana. Esta noche elegirá **berenjenas rellenas / una tabla de quesos / ensalada de quinoa**.

7a A continuación tienes un artículo sobre una pastelería especial en el centro de Madrid. Lee el texto y marca qué preguntas no se contestan en el artículo. Después contesta a las que sí tienen respuesta.

Celicioso: un paraíso sin gluten para los golosos madrileños

Una nueva pastelería ofrece repostería casera sin gluten en pleno corazón de la capital; el proyecto es el resultado de la creatividad de dos jóvenes emprendedores - AURORA VASCO

Vaya a la cocina y recuerde que no puede desayunar galletas. Acuda a un restaurante y pida solo ensaladas o alimentos a la plancha. Dígale a todos sus amigos que no puede beber cerveza. Es usted celiaco y esta es la rutina a la que se enfrenta todos los días.

Afortunadamente para los pacientes de enfermedad celiaca, las acciones anteriormente descritas han dejado de ser el "pan" de cada día. Con el paso del tiempo los celiacos se han ido incorporando a la vida cotidiana y han aumentado los negocios que se dedican a proporcionarles productos.

Celicioso es uno de estos lugares. Esta pastelería situada en pleno corazón madrileño (calle Hortaleza, 3) pretende dar un paso más allá en la repostería sin gluten. Santi, su propietario, es un celiaco de 26 años y sabe a lo que se enfrenta. A él le diagnosticaron la enfermedad en las Navidades de 2009, y reconoce que no se ha acostumbrado a ella. "Me pilló ya mayor y había descubierto las cervezas saliendo con amigos", recuerda, y confiesa que al ser un "goloso empedernido" le costó adaptarse a su nueva dieta.

Santi dice que lo que lleva peor de su nueva alimentación es no comer pan. "El pan que venden para celiacos es incomestible si no lo calientas", se lamenta. Su negocio quiere romper esa barrera y ofertan pan de elaboración propia.

Aunque Celicioso nació como un negocio preeminentemente repostero, han añadido algunos productos que se salen de esta tendencia. Así, en su local se puede encontrar un pequeño apartado en el que descansan pan de molde, lasañas de carne o incluso cervezas alemanas y belgas sin gluten.

La calidad de los productos que se venden en su local se debe a Claudia. La pastelería es la gran pasión de esta americana de 23 años que desde pequeña ha vivido sumergida en el mundillo del azúcar. "De pequeña ya le vendía tartas a las vecinas", reconoce.

Claudia defiende la repostería americana frente a la española, de la que dice que es poco innovadora. "Aquí no se sale de la tarta de Santiago y las magdalenas", afirma. Y es que viendo el escaparate de Celicioso uno se da cuenta de que el color es algo que abunda en las mesas americanas. *Cupcakes* azules, amarillas o rosas son algunos de los dulces que adornan sus vitrinas.

Una vez dentro del local "adornado desviándose de la estética de las tradicionales pastelerías" los mostradores enseñan una variedad de lo más apetecible. *Brownies* de chocolate, tarta de plátano con *toffee* o tarta de zanahoria son algunas de ellas. La de zanahoria está entre los productos más vendidos, junto con el pan de plátano y nueces y la tarta de lima.

Precisamente la tarta de lima es la preferida de Claudia, que reconoce haberle cogido "el punto a esto de cocinar sin trigo". Declara que al principio le costaba trabajar sin gluten porque todo se quedaba seco enseguida, pero ahora no hay postre que se le ponga por delante.

De hecho, dada la habilidad repostera de Claudia, Santi se está planteando abrir nuevas líneas de negocios ofreciendo productos sin azúcar y sin lactosa. "Viene mucha gente preguntando si tenemos cosas sin azúcar o sin proteína de la leche, así que igual dentro de poco nos ponemos a hacerlos", declara a la vez que recuerda que sus *cupcakes* de chocolate y su tarta de Santiago no llevan lactosa. "Son los únicos productos que no llevan mantequilla", dice Claudia.

Extraído de www.abc.es

1. ¿Dónde se sitúa la pastelería?
2. ¿Cuándo se fundó?
3. ¿Qué motivó al propietario a montar este negocio?
4. ¿Cuántas personas trabajan en la pastelería?
5. ¿En Celicioso hay productos que no sean de repostería?
6. ¿Venden productos sin lactosa?
7. ¿Por qué le gusta a Claudia la repostería de EE. UU.?
8. ¿Cuál es el producto más caro?
9. ¿Cuáles son las dificultades de cocinar sin gluten?
10. ¿Qué perspectivas de futuro tienen?

4 EXPERIENCIA GASTRONÓMICA

7b ¿Cuáles de estas valoraciones crees que se refieren a Celicioso? ¿Por qué las otras no corresponden a esta pastelería? Marca los pasajes que te han ayudado a descartarlas.

1. ☐ "Menú del día a 9,90 € con cuatro opciones de primero y cuatro de segundo. El gazpacho de sandía sorprendentemente rico. Las tartas del postre realmente apetecibles. La gran cantidad de comida es para dejarte satisfecho. Los camareros simpáticos y diligentes. Puedes pedir menú hasta, al menos, las 17 horas, más que socorrido. La mesa de la entrada: espectacular, situada entre la calle y el local, disfrutas de estos días de clima maravilloso".

2. ☐ "Me parece una gran idea que haya un bar tan bien decorado y con el rollo *muffin*-café tan céntrico para las personas celiacas (aunque también hay para no celiacos). El precio es un poco elevado para lo que es en sí y siempre está lleno".

3. ☐ "Tres estrellas y digo por qué: este, para mí, es otro local igual que las decenas que se han abierto en Madrid siguiendo el maremoto (que no ola) de gastrobares que tienen todos el mismo aspecto, los mismos platos, una carta inmensa de vinos y los mismos precios. Vamos, que poca novedad".

4. ☐ "Conocí este sitio porque tengo una amiga intolerante al gluten, y la verdad es que me sorprendió muy gratamente. Los pasteles están de muerte, probé el *brownie*, las galletas de chocolate y el *cupcake* de zanahoria, riquísimos todos. La gente es muy agradable y recibes muy buena atención, como debe ser. Bastante bien de calidad precio. Lo recomiendo, ¡yo repetiré!".

5. ☐ "¿Quién no ha comido la mejor napolitana de todo Madrid, en el mejor sitio de Madrid y en el más antiguo? Pues eso, una maravilla".

6. ☐ "Ve y déjate aconsejar. Nunca pude imaginar disfrutar tanto a un precio tan reducido. El servicio, de lujo. Ropa vieja, solomillo, gambones, croquetas, ¡todo riquísimo! Volveré a probar sus cócteles".

Extraído de *www.yelp.es*

8 Completa la siguiente opinión sobre un restaurante con los adjetivos de la lista en la forma correcta. Puede haber más de una posibilidad.

> exquisito/-a - esmerado/-a - impresionante - decepcionado/-a
> impecable - merecido/-a - sublime - inolvidable

El sábado pasado visitamos finalmente el restaurante Casa Romaldo. Habíamos escuchado comentarios muy positivos de amigos, y la verdad es que no quedamos (1) _____. La fama que tiene es ciertamente (2) _____. Desde el momento en que pusimos pie en el local, el servicio fue (3) _____, con una atención (4) _____ como ya no se encuentra en muchas partes. La decoración es, en general, sencilla pero el frondoso jardín en el centro del comedor es (5) _____. Y si hablamos de la comida, el menú tiene una selección (6) _____ de carnes y pescados. Pero por supuesto, mi debilidad son los postres, y tengo que decir que la tartaleta de pera y frutos de otoño es de una delicadeza (7) _____. Sin lugar a dudas, fue una experiencia (8) _____.

EXPERIENCIA GASTRONÓMICA 4

9a Para introducir las declaraciones de una persona el verbo más común es *decir,* pero podemos utilizar otros. Busca en el texto del ejercicio 7a otros seis verbos que cumplen la misma función.

1 _____ 4 _____
2 _____ 5 _____
3 _____ 6 _____

9b Completa estas frases con los verbos anteriores. Piensa en cuál se adapta mejor al contexto y presta atención al tiempo verbal. Puede haber más de una opción.

1 Javier _____ que no le gusta el chocolate, pero _____ que es el único entre sus amigos.
2 El propietario del local _____ que los ladrones se llevaron unos 10 kilos de pasteles.
3 "Era mi restaurante favorito y ahora no sé dónde celebraré mi cumpleaños", _____ un cliente tras el cierre del establecimiento.
4 "Aquí es donde Julieta y Víctor celebraron su boda", _____ Violeta.
5 Gerardo Rosales _____ que la alimentación sin gluten ha incrementado enormemente su calidad de vida.

Recuerda

Los llamados **verbos de habla o declarativos** sirven para introducir las palabras de una persona de manera directa (*Carolina cuenta: "Comimos en un restaurante peruano"*) o indirecta (*Carolina ha contado que comieron en un restaurante peruano*). Es importante el uso de verbos de habla diferentes, especialmente en el lenguaje escrito, ya que su uso adecuado enriquece el texto, evitando la repetición y aportando matices de entonación, intención, etc., a las declaraciones que se transmiten.

10 Fíjate en los pronombres marcados en las siguientes frases. ¿Cuáles de ellos son dativos de interés, es decir, no son gramaticalmente necesarios para la frase?

1 ☐ Este menú es increíble… ¡**Me** lo comería todo!
2 ☐ **Nos** ha dicho muchas veces que no le gusta el pollo.
3 ☐ Fuimos a comer a un restaurante carísimo, ¡y Miguel **me** invitó a todo!
4 ☐ ¿**Te** has leído bien la receta antes de empezar a cocinar?
5 ☐ Jimena **se** sabe la carta de postres de este restaurante de memoria, ¡y los ha probado todos!
6 ☐ Al llegar Lidia del trabajo, Paco **le** prepara un café.
7 ☐ Nicolás, ¿**te** acabaste toda la tarta de zanahoria que había en la nevera?
8 ☐ Estuvimos hablando tanto tiempo que, cuando empezamos a comer, se **nos** había enfriado la sopa.

11 Por ser un alimento básico de la dieta de muchos países de habla hispana, el español tiene muchas expresiones relacionadas con el pan. ¿Qué crees que significan las siguientes?

1 Llamar al pan pan y al vino vino.
2 Ser el pan de cada día.
3 Ser más largo que un día sin pan.
4 Ganarse el pan.
5 Ser pan comido.
6 Estar más bueno que el pan.
7 Pan para hoy, hambre para mañana.
8 A falta de pan, buenas son tortas.

a ☐ Ser muy guapo o atractivo.
b ☐ Ser extremadamente fácil.
c ☐ Llamar a las cosas por su nombre, sin rodeos.
d ☐ Ser aburrido o de demasiada duración.
e ☐ Ganarse el sustento, ganarse el sueldo.
f ☐ Ser un beneficio a corto plazo, pero no a largo.
g ☐ Formar parte de la rutina, algo que sucede diariamente.
h ☐ Es mejor conformarse con lo que se tiene y no esperar nada mejor.

C URBANO Y SANO

12a 🔊 7 La secretaría de Medio Ambiente de la Ciudad de México quiere promover la creación de huertos urbanos entre sus ciudadanos y ha hecho un breve publirreportaje sobre el tema. Escúchalo y contesta a las siguientes preguntas.

1 ¿Qué beneficios tiene un huerto urbano a nivel familiar?
_____

2 ¿Qué se puede plantar en él?
_____

3 ¿Qué beneficios tiene un huerto urbano a nivel social?
_____

4 ¿Qué se puede aprender en los talleres de la Secretaría?
_____

5 ¿Qué acción llevan a cabo el primer domingo de cada mes?
_____

12b Tienes un amigo que tiene una pequeña terraza en su casa. Escríbele un correo electrónico proponiéndole que haga en ella un huerto urbano.

4 EXPERIENCIA GASTRONÓMICA

13 Observa las fotos. ¿Qué técnica culinaria crees que muestra cada una?

> flambear - espolvorear - exprimir - trocear - aderezar
> rebozar - escurrir - rallar - marinar - untar

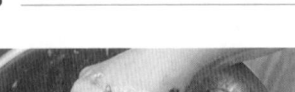

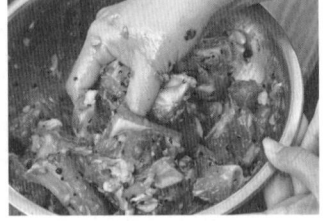

1 _____
2 _____
3 _____
4 _____
5 _____
6 _____
7 _____
8 _____
9 _____
10 _____

14 Completa estos extractos de recetas de cocina con el verbo que falta. Utiliza el infinitivo, el participio o el imperativo de usted.

> aderezar - añadir - caramelizar - escurrir - marinar
> espolvorear - rallar - exprimir - extender
> rebozar - regar - rellenar - trocear - untar

1 Mientras la carne enfría un poco, _____ la fuente con mantequilla y coloque en ella los pimientos. A continuación _____ los pimientos con la carne.

2 Deje _____ el solomillo en la salsa durante toda la noche en la nevera.

3 _____ las rodajas de tomate en huevo y pan _____. Fríalas en aceite abundante y _____ bien el aceite cuando las saque de la sartén.

4 _____ el tofu en dados de aproximadamente un centímetro de grueso.

5 Deje _____ la cebolla a fuego lento durante unos 30 minutos. _____ más azúcar si lo considera necesario.

6 _____ un poco de harina sobre la superficie de trabajo y luego _____ la masa sobre ella.

7 No _____ la ensalada hasta el momento de servirla para que no se empape.

8 _____ el zumo de medio limón y _____ con él el pescado.

15 ¿Qué podemos hacer con los siguientes alimentos? Escribe el nombre de los alimentos de la tabla detrás de los verbos correspondientes.

> la pasta - el queso - la cebolla - la lima - el pollo
> el calabacín - la manzana - el pimiento - la mermelada

1 Caramelizar: _____

2 Escurrir: _____

3 Exprimir: _____

4 Rallar: _____

5 Rebozar: _____

6 Rellenar: _____

7 Trocear: _____

8 Untar: _____

EXPERIENCIA GASTRONÓMICA 4

16 ¿Qué combinaciones te parecen más frecuentes? Une los elementos de las dos columnas.

1 un puñado de	a azafrán en polvo
2 un chorro de	b nueces picadas
3 un pellizco de	c zumo de lima
4 unas gotas de	d vino blanco
	e pasas
	f esencia de naranja
	g coñac
	h canela

17 A continuación tienes las listas de ingredientes para hacer dos salsas. ¿Qué cantidades crees que se necesitan para hacerlas?

puñadito - cucharadita - gotas - pizca (x2)
cucharada (x3) - vaso

SALSA VINAGRETA HISTORIADA
- 2 huevos duros
- 1 _____ (de los de agua) de aceite fino
- 1 _____ sopera de vinagre
- 1 _____ sopera de perejil picado
- 2 _____ (de las de café) de mostaza
- Una _____ de sal

SALSA MAYONESA VERDE
- 1 huevo entero
- zumo de ½ limón (más o menos)
- ¼ litro de aceite (puede ser algo más)
- 1 _____ de hojas de perejil
- 2 _____ soperas de alcaparras
- 2 pepinillos en vinagre picados
- Unas _____ de color verde
- Una _____ de sal

Adaptado de Simone Ortega, *1080 recetas de cocina*

18 Piensa en un plato que sepas cocinar especialmente bien y escribe la receta en tu cuaderno. ¡No olvides incluir la lista de ingredientes!

D COCINA CON ÉXITO

19 Marca la palabra correcta para formar una expresión.

1 El prólogo es una **presentación / aclaración / declaración** de intenciones de lo que pretende la autora con su libro: demostrar la influencia de la industria alimentaria en la forma de alimentación de la sociedad.
2 Después de haber abierto dos bares con poco éxito, con el tercero Alejandro por fin **rompió / salvó / acabó** el maleficio y en su local ahora hay gente a todas horas.
3 El lanzamiento del robot de cocina Mixus no había sido muy exitoso, pero las ventas **remontaron / cambiaron / empezaron** cuando Eva Benzal lo utilizó en su programa.
4 Chile y Argentina son probablemente los máximos **casos / exponentes / ejemplos** de la viticultura latinoamericana, pero también en otros países como México, Perú o Brasil hay zonas vinícolas.
5 Nuria y Graciela por fin van a **poner / hacer / llevar** a cabo su proyecto de abrir una tienda para los amantes de la repostería. Venderán todo lo necesario para hacer postres en casa.
6 Nadie pensaba que un batido de verduras crudas pudiera convertirse en una moda, pero estas bebidas empezaron a **arremeter / arrastrar / arrasar** cuando personas famosas hicieron publicidad de sus supuestos beneficios.
7 Mi idea de hacer pasta fresca en casa resultó un experimento **liado / fallido / fiable**. Está claro que no tengo buena mano para la cocina.
8 Cuando el cocinero Omar Finol pidió renunciar a su estrella Michelin por el estrés que le provocaba, muchos críticos se le echaron **arriba / abajo / encima**.

20 Contesta a las siguientes preguntas.

1 ¿Qué acciones realizas al día sin ser consciente de que las haces?
_____

2 ¿Qué truco de cocina has aprendido de tu padre o de tu madre?
_____

3 ¿Conoces a alguna persona especialmente dicharachera?
_____

4 ¿Puedes nombrar algún equipo de fútbol o baloncesto de tercera división de tu país?
_____

5 ¿Cuál ha sido la decisión más trascendente que has tomado en tu vida?
_____

4 EXPERIENCIA GASTRONÓMICA

21a 📄 **DELE** Un canal de televisión va a estrenar próximamente un programa en el que los niños son los cocineros. Pretende enseñarles a preparar platos sencillos y fomentar desde la infancia el interés por una alimentación sana. Con el fin de promocionar el programa, están buscando una imagen para la publicidad impresa y, después de descartar muchas, tienen que elegir una de estas cuatro:

¿Cuál te parece a ti la más adecuada? Piensa en lo que te gusta y no te gusta de cada una y haz una grabación de voz (por ejemplo, con el móvil) en la que lo expliques. Para tu elección deberás tener en cuenta los siguientes criterios:

- que se adecue a la finalidad del programa,
- que resulte atractiva para el público infantil y para sus padres/madres,
- que sea una buena foto,
- que refleje la importancia de una alimentación equilibrada en los niños.

21b Escucha tu grabación. Fíjate en los aspectos que puedes mejorar, toma nota de ellos y haz una nueva grabación. Puedes mandársela a tu profesor.

21c Si tienes la posibilidad, discute con un compañero qué foto es la más adecuada hasta que lleguéis a un acuerdo. Puedes usar las expresiones y estrategias que ya has practicado en el tema 2 (página 25). Haced una grabación y mandádsela a vuestro profesor.

ESTRATEGIAS PARA EL EXAMEN

Este ejercicio se corresponde con la Tarea 3 de la Prueba 4. En ella tendrás que discutir con el examinador y llegar a un acuerdo para elegir entre diferentes fotos, anuncios, carteles, titulares de periódico…
- Asegúrate de entender la tarea y los criterios que regirán la decisión.
- Mira las imágenes o lee los pequeños textos propuestos y piensa cuáles se adecuan mejor a los criterios.
- Durante la conversación tendrás que mostrar acuerdo, desacuerdo, interrumpir… Utiliza para ello los recursos vistos en la página 25.
- Intenta meterte en tu papel para que la discusión sea más natural.
- Recuerda que lo importante es hablar, no es necesario que expreses tu opinión personal.

22 En el texto *Tele a fuego lento* (página 47 del libro del alumno) aparecen diferentes palabras relacionadas con el mundo de la televisión. ¿Puedes decir a cuál de esos términos se refieren estos enunciados? No necesitarás todos.

> emitir - la cámara - la emisión - la presentadora
> el programa - Televisión Española - televisivo
> las teles autonómicas - mediático - el famoseo
> la puesta en escena - el concurso culinario
> horario de máxima audiencia - la periodista

1. En la radio también se usa este término, pero en el teatro se utilizaría la palabra "función": _____
2. Palabra que puede referirse a un objeto o a una persona: _____
3. Expresión que procede del mundo del teatro: _____
4. Esta palabra tiene una connotación negativa: _____
5. Momento en el que más gente ve la tele: _____
6. Con esta palabra calificamos algo de lo que se habla mucho en los medios de comunicación: _____
7. Esta persona también puede trabajar en la radio o prensa: _____
8. Esta palabra también puede referirse a un folleto en papel que enumera las partes de un evento: _____

¿LO SABÍAS? Los televisores empezaron a formar parte de la vida de los españoles en los años 60. Se veían en los bares, en los teleclubs y poco a poco fueron llegando también a los hogares.
A la primera cadena existente, la pública Televisión Española (TVE), pronto se le sumó un segundo canal, TVE2. En los años 80 vieron la luz diferentes televisiones autonómicas (Euskal Telebista, TV3, Televisión de Galicia) y los canales de televisión privada Antena 3, Tele 5 y Canal+ empezaron a emitirse a principios de los 90. Desde finales de los 90, unidos al desarrollo de la televisión digital, no han dejado de aparecer nuevos canales de televisión.

EXPERIENCIA GASTRONÓMICA 4

EN ACCIÓN

23 Para describir la cocina de un determinado país o región podemos abordar los siguientes aspectos.

- Ingredientes y sabores
- Platos típicos
- Valor nutritivo
- Historia
- Importancia en el mundo

A continuación vas a leer una descripción de la comida peruana. Marca en el texto en qué líneas se habla de los aspectos anteriores.

La cocina peruana es una de las más variadas del mundo. Esto se debe, en parte, a la herencia de los diferentes pueblos que le han dado forma a lo largo de los siglos. Productos básicos como la papa, el maíz, el ají (pimien-
5 to), el maní (cacahuete), los pescados y los mariscos ya eran consumidos incluso antes del período inca. Siglos más tarde, los conquistadores españoles trajeron consigo otros ingredientes como el pollo, la carne de res (ternera) o de cerdo y frutas cítricas. Además, la gastro-
10 nomía peruana fue influenciada por grupos llegados desde África, Italia, China o Japón.
Pero la diversidad de esta cocina se debe también a que cuenta con tres regiones geográficas muy diferentes: la costa, la sierra y la selva, que proporcionan una
15 gran variedad de ingredientes frescos.
Al ser un país pesquero, el pescado es abundante y se prepara con imaginación. Probablemente el plato más conocido internacionalmente sea el ceviche, elaborado con pescado o marisco marinado con limón. De la
20 cocina de la sierra, un plato típico es el cuy asado y en la región de la selva se pueden probar muchas carnes y pescados preparados a la brasa.
La cocina peruana, sabrosa, saludable y rica en proteínas, es reconocida internacionalmente como una de
25 las más importantes del momento y ha sido galardonada hasta en cinco ocasiones con el World Travel Award al mejor destino culinario del mundo.

24a ¿Cuáles de estos adjetivos relacionas con las siguientes cocinas del mundo?

picante - calórica - sofisticada - ligera - especiada
fresca - agridulce - grasosa - elaborada - sosa
pesada - exótica - saludable - sencilla - nutritiva

Tailandesa	
India	
Libanesa	
China	
Mexicana	
Francesa	
Japonesa	
Italiana	

24b Si la cocina de tu país no está en la tabla, ¿con qué adjetivos la describirías?

_____
_____

25 Completa los minidiálogos con los recursos para debate presentados en la página 48 del libro del alumno.

- La comida japonesa es como un soplo de brisa marítima.
- ¿**(1)** _____ que es "como un soplo de brisa marítima"?

- No soporto la comida picante, y además creo que es malísima para la salud, de hecho…
- **(2)** _____ la comida picante no solo no es mala para la salud, sino todo lo contrario, es buena para la circulación.

- Quizás no te gusta la comida italiana, pero ¿**(3)** _____ es probablemente la cocina más popular internacionalmente?
- Sí, estoy de acuerdo.

- De la cocina libanesa me encanta el falafel, que es muy fácil de comer, porque lo puedes comer en todas partes, ¿no? Lo venden en muchos puestos en la calle, y también lo pueden comer los vegetarianos… **(4)** _____
- Sí, sí, creo te entiendo, a mí también me parece una comida muy… ¿práctica?

- La comida francesa tiene mucha fama, pero **(5)** _____ ahora está un poco pasada de moda.
- Esa puede ser tu opinión, pero Francia tiene una tradición culinaria excelente y sus técnicas son estudiadas en todo el mundo.

45

5 ALTERNATIVAS AMBIENTALES

A CURIOSIDADES DE LA NATURALEZA

1 Completa el siguiente esquema con estas palabras.

> arácnidos - águila - equinodermos - cigala - mamíferos - moluscos
> vertebrados - mosquito - reptiles - anfibios - lubina

ANIMALES

(1) _____

- (2) _____ — Ejemplo: **seres humanos**
- Aves — Ejemplo: (5) _____
- (3) _____ — Ejemplo: **serpientes**
- Peces — Ejemplo: (6) _____
- (4) _____ — Ejemplo: **ranas**

Invertebrados

- (7) _____ — Ejemplo: **caracol**
- (8) _____ — Ejemplo: **tarántulas**
- (9) _____ — Ejemplo: **estrella de mar**
- Crustáceos — Ejemplo: (10) _____
- Insectos — Ejemplo: (11) _____

2 Marca la palabra que no pertenece al grupo.

1. antena / cresta / bozal / cuerno
2. establo / manada / gallinero / corral
3. collar / reptar / galopar / trepar
4. bandada / manada / banco / pezuña
5. correa / bozal / cuadra / collar
6. nadar / reptar / rugir / galopar

3a Relaciona los animales con el verbo que describe el sonido que hacen.

1. el león
2. el gato
3. la rana
4. el pájaro
5. la gallina
6. el perro
7. la oveja
8. el gallo

a. balar
b. cantar
c. croar
d. ladrar
e. maullar
f. rugir
g. cacarear

3b ¿A qué animal del apartado anterior corresponden las siguientes onomatopeyas?

- Quiquiriquí
- Croac
- Miau
- Beee
- Guau
- Pío pío

4a 🔊 8 📄 **DELE** Escucha el fragmento de una conferencia de Isabel Behncke, una primatóloga chilena que ha estudiado a los bonobos en el Congo y habla sobre la importancia del juego en la vida de las personas. Escúchalo dos veces y toma notas de las ideas principales.

ALTERNATIVAS AMBIENTALES 5

4b Ahora escribe en tu cuaderno un texto expositivo sobre el tema: resume el contenido del fragmento e incluye al final tu opinión.

ESTRATEGIAS PARA EL EXAMEN

Este ejercicio se corresponde con la Tarea 1 de la Prueba 3. En ella escucharás dos veces una presentación o discurso y después tendrás que redactar un texto expositivo o argumentativo de entre 220 y 250 palabras. En él deberás incluir un resumen de las ideas principales que has escuchado y tu opinión.
- Al tomar notas, no copies citas literales ni frases completas, sino ideas generales.
- Puedes utilizar la segunda audición para comprobar las notas que tomaste durante la primera y añadir detalles.
- Cuando escribas el texto, utiliza una estructura clara y ordenada, y separa en párrafos las distintas partes del texto (introducción, exposición y conclusión).
- Se trata de un texto formal, así que utiliza un vocabulario y conectores apropiados al registro, evitando las repeticiones e intentando ser preciso.
- En tu valoración puedes estar de acuerdo o no con las ideas expuestas en el audio, pero tienes que justificar el porqué.

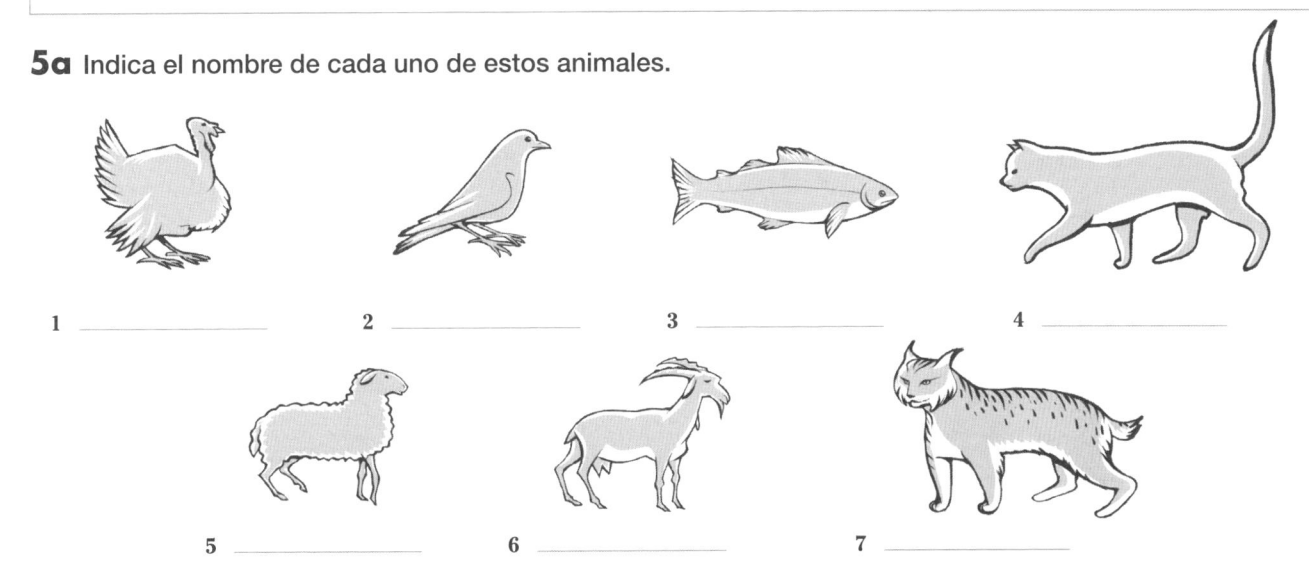

5a Indica el nombre de cada uno de estos animales.

1 _____ 2 _____ 3 _____ 4 _____

5 _____ 6 _____ 7 _____

5b Las siguientes expresiones contienen nombres de animales. Observa su significado y complétalas con los animales del apartado anterior.

1 Tener _____ (pl.) en la cabeza: ser un idealista iluso.
2 Estar como una _____: estar loco.
3 Ser cuatro _____ (pl.): ser muy poca gente.
4 La edad del _____: adolescencia.
5 Ser un _____: ser muy listo.
6 Sentirse como _____ en el agua: sentirse muy a gusto en un lugar o ambiente.
7 Ser la _____ negra: ser una persona que no encaja con las demás. Tiene una connotación negativa.
8 Ser un _____ gordo: ser una persona importante o con mucho dinero.

5c Ahora completa estas frases con la expresión que mejor se adapte.

1 Desde que tiene quince años, mi hija está un poco difícil. Estoy deseando que se le pase _____ y empiece a sentar cabeza.
2 María no quería ir al campamento medioambiental de verano, pero ahora está encantada. _____ allí y no quiere volver a casa.
3 Los incrédulos decían que _____, pero al final conseguimos impedir la construcción del complejo hotelero en la playa de las tortugas.
4 Anita _____ para los negocios. Hace poco empezó una línea de cosméticos naturales que está teniendo mucho éxito.
5 La conferencia sobre la pesca indiscriminada de atún en el Atlántico fue muy interesante. Es una pena que no hubiera más gente: _____ en una sala enorme.
6 A Remedios no le gustó que su hijo se fuese por el mundo a luchar por el medio ambiente. Para ella él _____ de la familia por no tener un trabajo fijo.
7 ¡Manuela, tú _____! ¿Cómo se te ocurre irte dos meses de voluntaria al Amazonas?
8 ¿No conoces a Luis Santoro? Es _____ de la industria petroquímica, lo controla todo.

47

5 ALTERNATIVAS AMBIENTALES

6 A continuación tienes dos fragmentos de unos poemas que describen animales. ¿De qué animal habla cada uno? Elige entre las fotos siguientes. (Los asteriscos sustituyen el nombre del animal).

A

* del aire
¡qué hermosa eres!
* del aire
dorada y verde.
Luz de candil…
* del aire,
quédate ahí, ahí, ahí.
No te quieres parar,
pararte no quieres…
* del aire,
dorada y verde.
Luz de candil…
* del aire,
quédate ahí, ahí, ahí.
quédate ahí.
* ¿estás ahí?

Federico García Lorca

B

(…)
El hombre quiere ser pescado y pájaro,
la serpiente quisiera tener alas,
el perro es un león desorientado,
el ingeniero quiere ser poeta,
la mosca estudia para golondrina,
el poeta trata de imitar la mosca,
pero el *
quiere ser solo *
y todo * es *
desde bigote a cola,
desde presentimiento a rata viva,
desde la noche hasta sus ojos de oro.
(…)

Pablo Neruda

¿LO SABÍAS?

Pablo Neruda (Chile, 1904 - 1973) recibió en 1971 el Premio Nobel de Literatura "por una poesía que, con la acción de una fuerza elemental, aviva el destino y los sueños de un continente", en palabras de la Academia.
Otros autores hispanos galardonados con el premio fueron los españoles José Echegaray (1904), Jacinto Benavente (1922), Juan Ramón Jiménez (1956), Vicente Aleixandre (1977) y Camilo José Cela (1989), la chilena Gabriela Mistral (1945), el guatemalteco Miguel Ángel Asturias (1967), el colombiano Gabriel García Márquez (1982), el mexicano Octavio Paz (1990) y el peruano Mario Vargas Llosa (2010).

B GUERREROS DEL MEDIO AMBIENTE

7a Completa las siguientes frases con las palabras o expresiones del cuadro en la forma correcta.

> panel solar - cambio climático - reforestar
> especie autóctona - incendio forestal
> extracción - desarrollo sostenible
> medida preventiva - producto orgánico
> temblor de tierra - pesticidas - provocar

1. El Ministerio de Medio Ambiente ha tomado este otoño numerosas _____ para evitar las inundaciones, ya que desde hace unos años el _____ ha aumentado la probabilidad de lluvias torrenciales.
2. Debido a las _____ mediante *fracking* realizadas en los últimos días, se ha registrado un aumento de los _____ en la zona.
3. Aparentemente, el incendio fue _____ a causa de un cigarrillo mal apagado.
4. Algunos _____ usados tradicionalmente en agricultura han sido prohibidos por los problemas de salud que se estaban observando en la población.
5. Como el precio de los _____ es superior al de los supermercados tradicionales, muchos consumidores no compran este tipo de alimentos.
6. El pasado verano murieron varios ejemplares de lince ibérico por culpa de los _____, que destruyeron los bosques en los que vivían.
7. En vista del ahorro que se puede obtener con las energías renovables, muchos vecinos han optado por instalar _____ en sus tejados.
8. Gracias al comercio justo y al _____ muchas comunidades indígenas han podido sobrevivir.
9. Dado que la introducción ilegal de nueva fauna y flora podría acabar con las _____, los controles en las fronteras se han intensificado.
10. El Ayuntamiento va a _____ la zona de bosque, porque esta se vio muy afectada por los últimos incendios.

7b Vuelve a leer las frases anteriores y subraya en cada una de ellas la causa. Marca, además, el conector.

Recuerda

La **causa** puede expresarse en la **oración principal** o en la **oración subordinada**, y normalmente va introducida por una conjunción o locución. Puedes revisarlas en la página 147 del libro del alumno.

ALTERNATIVAS AMBIENTALES 5

8 Transforma las siguientes frases utilizando el conector causal indicado. Realiza los cambios necesarios y pon atención al orden en que se construye la nueva frase.

1 Un vertido tóxico ha contaminado el agua y no se podrá beber hasta que la planta purificadora la filtre por completo. (como)

2 Cada vez son más las personas que prefieren usar coches eléctricos porque su precio ha bajado mucho y su autonomía ha aumentado. (gracias a)

3 Después de los temblores de la semana pasada muchos habitantes han dejado sus hogares por miedo a posibles réplicas. (en vista de)

4 Gracias al aumento de la conciencia ecológica, cada vez más marcas están comercializando productos orgánicos. (dado que)

5 Muchas personas llevan una dieta vegetariana porque les preocupan los niveles de contaminación y el trato a los animales de las explotaciones ganaderas. (debido a)

6 Como forma parte de mis principios, no me cuesta seguir la regla de las cuatro erres: rechazar, reducir, reutilizar y reciclar. (por)

9 🔊 9 Vas a escuchar una entrevista sobre el asesinato de activistas medioambientales en Honduras. Marca en cada caso la opción correcta.

1 Berta Cáceres recibió el Premio Goldman…
  a a título póstumo por su defensa del río Gualcarque.
  b por su activismo a favor del río Gualcarque.
  c tras recibir también el Premio Nobel.

2 El pueblo lenca…
  a ha defendido su río desde tiempos ancestrales.
  b desapareció cuando desapareció su río.
  c ha conseguido salvar su río.

3 Según Hugo Hernández, es triste que…
  a solo se valore el trabajo de los activistas cuando estos son asesinados.
  b el Gobierno no dedique los fondos necesarios para el desarrollo hidroeléctrico de la región.
  c Berta Cáceres muriera sin conocer el final de su lucha.

4 Según el entrevistado, no se puede dar una cifra exacta de activistas ambientales asesinados…
  a debido a la falta de transparencia por parte del Gobierno en relación a las cuestiones ambientales.
  b debido a que muchos de estos asesinatos se han escondido detrás de otras cifras.
  c debido a que la cifra es tan baja que no hay estadísticas suficientes.

5 La Comisión Interamericana de Derechos Humanos…
  a señala al Gobierno de Honduras como principal responsable del asesinato de Berta Cáceres.
  b ha actuado como mediador entre el Gobierno de Honduras y la ONG Mundubat.
  c pidió al Gobierno de Honduras que pusiera los medios necesarios para proteger a Berta Cáceres.

6 Según Hugo Hernández, el Gobierno de Honduras…
  a ha ayudado a las empresas que iban en contra del pueblo lenca.
  b ha aplicado facilidades jurídicas para garantizar la protección de los activistas.
  c ha recibido ayudas de las empresas hidroeléctricas.

5 ALTERNATIVAS AMBIENTALES

C VIDAS ALTERNATIVAS

10a DELE A continuación tienes un artículo de opinión sobre la relación entre la vida rural y la ecología. Lee el texto y completa los huecos con la opción correcta.

¿QUÉ ES MÁS "ECOLÓGICO": VIVIR EN EL PUEBLO O LA CIUDAD?
Pedro Linares

La vuelta al pueblo. Esta idea resuena mucho en aquellos que tenemos una conciencia medioambiental más acentuada, **(1)** _____ posiblemente a dos razones principales: una, las ganas de bajarnos del tren acelerado de la vida moderna, (…) de reducir nuestra huella en el planeta, de vivir más ecológicamente, y de disfrutar más de la vida. Y otra, más primal, la de acercarnos más a la naturaleza, como decían el otro día en la tele unos hermanos que se están construyendo unas casas ecológicas en Valdemorillo.
(…)
El problema es que el romanticismo que nos lleva a desear volver a la naturaleza y a vivir en el campo no necesariamente nos conduce a **(2)** _____ de la situación medioambiental de nuestro planeta. **(3)** _____ (al menos para mí, porque soy de los que querrían vivir en el campo), es mucho más respetuoso con el medio ambiente vivir en una gran ciudad (y preferiblemente en un rascacielos) que en el campo (…).
Efectivamente, **(4)** _____ se empeñen algunos por idealizar los campos y **(5)** _____ las ciudades, en general, vivir en el campo implica más desplazamientos (y por tanto más gasto de energía en transporte), más gasto energético en calefacción, **(6)** _____ estar las viviendas más dispersas, y más consumo de energía en la construcción, por la misma razón.

Por supuesto, puede haber excepciones, y al final todo depende mucho de cómo se construya y de cómo se viva. De hecho, muchas veces el romanticismo nos lleva a tratar de ver de color de rosa la opción de vivir en el campo: defendemos que vamos a **(7)** _____ los desplazamientos y teletrabajar. Pero eso también lo podemos hacer en la ciudad. O proponemos construir las casas con el menor gasto de energía posible y sin querer hacerlas más grandes. O consumir más responsablemente. Igual, eso también se puede hacer en la ciudad. Así que, lo miremos **(8)** _____ lo miremos, la ciudad siempre será más "ecológica". A igualdad de circunstancias, los bloques de pisos son mucho más eficientes.

Por supuesto, no todo es tan bueno de vivir en la ciudad, **(9)** _____ tal como son ahora. Las ciudades alienan (a mí al menos) y hacen que tu vida sea más corta y peor por la contaminación y el estrés. Eso **(10)** _____ son costes que tendremos que poner en la balanza junto con los beneficios para el medio ambiente de vivir en ellas. Pero por otra parte, también hay que ser consciente de que, en general, tenemos algo idealizada la vida en la naturaleza: cuando nos planteamos vivir en el campo, muchos pensamos en una casita rodeada de bosque o montañas o al borde del mar. Pero claro, eso solo es posible si son pocos los que lo hacen. Si todos los habitantes de las ciudades cambiaran su vivienda por una en el campo, la idílica naturaleza sería muy distinta. La verdad es que nuestra vida está repleta de **(11)** _____, y esta es una más.

¿Qué hacer? Pues, si la montaña no va a Mahoma, Mahoma tendrá que ir a la montaña. **(12)** _____ la ciudad es la respuesta más racional a nuestras preocupaciones ambientales, pero también dados nuestros impulsos "románticos", tendremos que tratar de **(13)** _____ en lo posible ambas cosas. Tendremos que eliminar los problemas de la ciudad: reducir la contaminación, el estrés, el tráfico, aumentar las zonas verdes (y por supuesto poner macetas en nuestras ventanas) y convertirlas de verdad en ciudades "ecológicas". (…) Pero tenemos que ser conscientes de que al final, en **(14)** _____ entre racionalidad y romanticismo, es la primera la que nos permitirá ganar la guerra del medio ambiente.

Extraído de *www.soitu.es*

ESTRATEGIAS PARA EL EXAMEN

Este ejercicio se corresponde con la Tarea 5 de la Prueba 1.
- Lee el texto sin mirar las opciones y piensa qué tipo de palabra es necesaria en cada caso y qué significado aporta. Cuando leas las opciones, será más fácil descartar alguna.
- Presta atención a posibles combinaciones de palabras que sean frecuentes.
- Cuando en las opciones aparezcan verbos, fíjate en las preposiciones que los acompañan. A veces el verbo sería correcto, pero no con la preposición que sigue.
- Cuando las opciones son conectores, analiza cuál es la relación entre las ideas que se presentan (condición, causa, consecuencia, etc.).
- Además, fíjate en las formas gramaticales que acompañan al hueco. Que el verbo esté, por ejemplo, en indicativo o subjuntivo puede ayudarte a eliminar alguna de las opciones.

1. a debido
   b a pesar de
   c en particular

2. a un argumento
   b una mejora
   c una visualización

3. a Desgraciadamente
   b Por suerte
   c De hecho

4. a porque
   b si
   c por mucho que

5. a ampliar
   b demonizar
   c describir

6. a sin
   b al
   c como

7. a repartir
   b realizar
   c minimizar

8. a donde
   b a donde
   c por donde

9. a al menos
   b por suerte
   c efectivamente

10. a en consecuencia
    b al fin y al cabo
    c sin pensarlo

11. a sorpresas
    b coincidencias
    c incoherencias

12. a Visto que
    b Para que
    c Por lo que

13. a solucionar
    b conciliar
    c contrastar

14. a la relación
    b el espacio
    c la batalla

ALTERNATIVAS AMBIENTALES 5

10b Imagina que eres un residente de una ecoaldea como las descritas en las páginas 54 y 55 del libro del alumno y escribe un comentario con tu opinión sobre este artículo.

_____
_____
_____
_____
_____
_____
_____
_____

11a Completa las siguientes frases con la forma del verbo adecuada: infinitivo, indicativo, subjuntivo o gerundio.

1. Se me pone la carne de gallina _____ (ver) cómo se trata a los animales en algunos zoos.
2. Me emociona que cada vez más gente _____ (concienciarse) de la importancia de conservar el medio ambiente.
3. Se me rompe el corazón cuando _____ (leer) acerca de las terribles condiciones en las que viven muchos animales en las granjas de producción cárnica.
4. Me entristezco al _____ (pensar) que muchas especies animales se han extinguido a causa de la caza indiscriminada.
5. A Julián le irrita que la gente no _____ (reciclar) correctamente.
6. Siento impotencia _____ (escuchar) a algunos políticos negar las evidencias científicas del cambio climático.

11b Transforma las frases anteriores utilizando la estructura que se indica entre paréntesis, sin cambiar el significado.

(cuando) _Se me pone la carne de gallina cuando veo cómo se trata a los animales en algunos zoos._

a (me emociono + gerundio de *saber*) _____

b (al) _____

c (me entristece + subjuntivo) _____

d (Julián se irrita cuando) _____

e (al) _____

12 ¿Cómo crees que reaccionarían estas personas ante las distintas situaciones? ¿Cómo reaccionarías tú? Escríbelo utilizando las expresiones de las páginas 149 y 150 del libro del alumno.

Montse, 53 años, no le preocupa el cambio climático y cree que las medidas ecologistas impiden el desarrollo económico.

Damián, 25 años, estudiante vegano de Ciencias Ambientales. No va a ningún sitio sin su bicicleta.

1. Los gobiernos de algunos países se han desmarcado de los acuerdos sobre el clima y no controlarán las emisiones.
   Montse: _____
   Damián: _____
   Tú: _____

2. Las principales ciudades prohibirán la circulación de coches en el centro.
   Montse: _____
   Damián: _____
   Tú: _____

3. Activistas de varias ONG se enfrentan al portavoz del Gobierno tras el anuncio de implantar impuestos a las placas solares.
   Montse: _____
   Damián: _____
   Tú: _____

5 ALTERNATIVAS AMBIENTALES

D CAMBIAR EL MUNDO

13 Lee las siguientes frases. ¿Qué significan los verbos subrayados? Marca la opción correcta.

1 Es necesario que <u>asumamos</u> el reto de abastecernos de energías renovables y cerremos las centrales nucleares.
   a dejar sin efecto
   b hacerse cargo de algo, aceptarlo
   c dar autenticidad o mostrar aprobación con el nombre y apellidos

2 En los pueblos de la comarca del Meza se están <u>firmando</u> peticiones para que el tren de alta velocidad no pase por la zona.
   a realizar, ejecutar
   b renunciar a algo
   c dar autenticidad o mostrar aprobación con el nombre y apellidos

3 Los vecinos quieren <u>llevar a cabo</u> la construcción de un huerto urbano en el patio interior del edificio.
   a realizar, ejecutar
   b renunciar a algo
   c comprender, interiorizar

4 Los ciudadanos pueden hacer mucho por el medio ambiente, desde <u>prescindir de</u> bolsas de plástico y envoltorios a reducir el consumo de productos con aceite de palma.
   a dejar sin efecto
   b hacerse cargo de algo, aceptarlo
   c renunciar a algo

5 El terremoto tuvo unas consecuencias dramáticas en la región. A muchos les costó <u>asimilar</u> que, al perder sus casas, lo habían perdido todo.
   a renunciar a algo
   b comprender, interiorizar
   c realizar, ejecutar

6 El Ayuntamiento pretende <u>rescindir</u> el convenio que tiene con la empresa +bici porque esta no ha cumplido con el acuerdo de poner 2000 bicicletas a disposición de los ciudadanos.
   a comprender, interiorizar
   b dar autenticidad o mostrar aprobación con el nombre y apellidos
   c dejar sin efecto

14 Elige en cada caso la opción adecuada y completa las frases.

1 **asimilar / asumir**
   a En vista del poco interés del Ayuntamiento por limpiar los parques, los vecinos decidieron _____ la responsabilidad de llevar a cabo las tareas de limpieza.
   b Las provincias han tenido muchas dificultades para _____ los últimos cambios en la legislación medioambiental.

2 **rescindir / prescindir**
   a Muchas investigaciones actuales se enfocan en cómo _____ de la gasolina y fabricar coches eléctricos que garanticen las prestaciones de los convencionales.
   b Si la explotación minera no cumple con la normativa medioambiental, el Gobierno se verá obligado a _____ el contrato.

3 **reafirmar / confirmar / firmar**
   a Los representantes de las ONG animalistas han _____ que el próximo sábado se celebrará una manifestación en contra de las corridas de toros.
   b Los ministros de Medio Ambiente de distintos países latinoamericanos han emitido un comunicado en el que _____ su intención de reducir las emisiones de CO_2.
   c El Gobierno acaba de _____ un acuerdo con la oposición para destinar más fondos públicos a la protección de las especies autóctonas.

4 **acoger / hacer acopio / recoger**
   a Después de las celebraciones en la playa, los empleados de limpieza hicieron un gran esfuerzo para _____ en poco tiempo toda la basura tirada en la arena.
   b Muchos ciudadanos se han ofrecido a _____ a las familias que han tenido que abandonar sus casas por la proximidad del incendio.
   c Algunos gobiernos instan a sus ciudadanos a _____ de provisiones de comida y bebida cuando se anuncia la llegada de un huracán.

5 **colección / recolección**
   a El Ayuntamiento ha instalado puntos de _____ de residuos orgánicos en varias zonas del centro de la ciudad.
   b De niño, Dani siempre presumía de su _____ de piedras. Tanto le gustaba que finalmente estudió Geología.

ALTERNATIVAS AMBIENTALES 5

15a Sustituye los marcadores discursivos de las frases por otros de igual significado.

> no obstante - es decir - desde luego - igualmente - ante todo - en efecto - en consecuencia

A

La calidad del agua de la Playa del Camal era pésima, <u>ahora bien</u> **(1)**, esta situación ha cambiado en los últimos años gracias a los esfuerzos del Ayuntamiento que han consistido, <u>antes que nada</u> **(2)**, en desviar los residuos que llegaban a ella. <u>Asimismo</u> **(3)** se ha llevado a cabo una limpieza profunda de la arena y se ha mejorado el acceso a la playa. <u>Por consiguiente</u> **(4)**, ha pasado a ser uno de los destinos favoritos de los habitantes de la zona.

1 _____
2 _____
3 _____
4 _____

B

Queremos recuperar las orillas del río Limo y hacer de ellas una zona de esparcimiento para los habitantes de Hachar, <u>esto es</u> **(5)**, crear un espacio donde los lugareños puedan pasar su tiempo libre en contacto con una naturaleza limpia. Será necesaria la colaboración de todas las asociaciones de vecinos y, <u>por supuesto</u> **(6)**, la de las instituciones locales. Y aunque, <u>efectivamente</u> **(7)**, no será tarea fácil convencer al Ayuntamiento de la necesidad de esta acción, sacaremos adelante nuestro proyecto.

5 _____
6 _____
7 _____

15b Completa ahora estas frases con los marcadores discursivos del apartado anterior.

1 Por todos son conocidas las consecuencias nefastas del calentamiento global. _____, todavía hay gente que decide ignorar este problema.
2 La pobreza energética debería encabezar las agendas de los líderes mundiales, ya que afecta _____ a las personas con menos recursos.
3 El número de personas que se ha mudado a ecoaldeas ha aumentado enormemente en los últimos años. _____ lo ha hecho el de aquellos que renuncian al coche.
4 _____, gracias al trabajo de científicos de todo el mundo, la concienciación sobre el peligro del cambio climático es mayor que hace algunos años, pero todavía queda mucho por hacer.
5 La deforestación del Amazonas sigue avanzando. _____ no solo el pulmón del planeta está menguando, sino que también muchas especies están desapareciendo.
6 Los bomberos han confirmado que el incendio fue _____ provocado por una barbacoa en el bosque.
7 Las últimas investigaciones muestran que sí es posible reducir el agujero de la capa de ozono. _____, la solución está en nuestras manos.
8 Una de las herramientas para luchar contra el cambio climático es, _____, la educación. Si conseguimos concienciar a toda la población, todavía hay esperanza de salvar el planeta.

5 ALTERNATIVAS AMBIENTALES

EN ACCIÓN

16a Relaciona los siguientes problemas del medio ambiente con sus causas.

Problemas

1. Contaminación del aire _____
2. Contaminación de mares y ríos _____
3. Contaminación del suelo _____
4. Vertederos desbordados _____
5. Extinción de especies animales _____
6. Deforestación de la Amazonía _____
7. Pérdida de la biodiversidad _____

Causas

a. Extracción de petróleo y su transporte en barcos en mal estado
b. Despilfarro en el uso de envoltorios
c. Caza indiscriminada
d. Actividad industrial
e. Plantaciones de soja y palma
f. Vertido de residuos al agua
g. Uso de pesticidas
h. Exceso de tráfico
i. Abuso del consumo de carne
j. Introducción de especies exóticas
k. Aumento de la cantidad de vuelos comerciales
l. Construcción de carreteras

16b ¿Cuáles de las siguientes ideas pueden ayudar a resolver los problemas anteriores?

a. Prohibición de la venta de pieles, marfil… _____
b. Fomento de una agricultura más biológica. _____
c. Mejora del transporte público. _____
d. Reducción al mínimo del embalaje de los productos. _____
e. Aumento de la protección forestal. _____
f. Apuesta por las energías renovables. _____
g. Eliminación de las bolsas de plástico. _____
h. Mayor nivel y control de las plataformas y barcos petroleros. _____
i. Fomento de un menor consumo de carne. _____
j. Introducción de un "impuesto verde" a los vuelos. _____
k. Endurecimiento de las penas por vertido de residuos al agua. _____

17a Lee la siguiente petición. ¿A qué problema medioambiental se refiere? ¿A qué causa de las mencionadas en el ejercicio anterior se atribuye?

¡Este aire nos va a matar!

Carta a los responsables de Transporte y de Medio Ambiente en la Alcaldía

En los últimos años los niveles de polución en el aire de nuestra ciudad no han dejado de crecer. Esto se debe ante todo al aumento de la población, que ha supuesto un aumento del parque móvil de la ciudad. En consecuencia, algunos días ya a primera hora de la mañana se puede observar en el cielo una niebla blanquecina que se va haciendo más oscura a lo largo del día.

Esta contaminación tiene efectos directos sobre nuestra salud, ya que provoca, entre otros, irritaciones en los ojos y afectaciones en las vías respiratorias. Nuestra vida diaria también se ve alterada a causa de este aire, porque en muchas ocasiones nos vemos obligados a quedarnos en casa para evitar respirarlo. Y, por supuesto, como todos sabemos, los gases CO_2 contribuyen al calentamiento de la atmósfera, lo cual tiene consecuencias desastrosas para el planeta.

Por estos motivos consideramos fundamental que la Alcaldía haga algo para abordar este fenómeno en nuestra ciudad. Exigimos que, por un lado, se tomen medidas inmediatas que reduzcan la cantidad de coches en la ciudad, como la instauración de restricciones en el tráfico en hora punta o limitaciones en la velocidad. Además, a medio plazo, es fundamental realizar una mejora del sistema de transporte público, dotándolo de más líneas, más frecuencia y más carriles exclusivos. Y, finalmente, pedimos que se peatonalicen más calles y se construyan más parques que hagan nuestra ciudad más verde y nos permitan recuperarla para el disfrute de los ciudadanos y no solo de los vehículos.

FIRMA AQUÍ _____

17b Lee otra vez la petición y anota en qué orden figuran los siguientes elementos en la carta.

a. _____ Destinatario
b. _____ Consecuencias del problema
c. _____ Petición a los lectores
d. _____ Causas del problema
e. _____ Propuesta de solución
f. _____ Exposición del problema
g. _____ Objetivo final de la campaña

18 Piensa tú ahora en un problema medioambiental que te preocupe especialmente y escribe una petición para reunir firmas y cambiar la situación. Sigue en tu carta el esquema de la del ejercicio anterior.

6 EDUCACIÓN

A EQUIPAJE DE MANO

1a 🔊 10 Vas a escuchar el fragmento de un monólogo sobre la escuela que Dante, un humorista argentino, hace en un programa de televisión hispano de Estados Unidos. ¿Cuáles de las siguientes cosas aprendidas en la escuela menciona?

1 ☐ disecar una rana
2 ☐ hacer la voltereta lateral 
3 ☐ elementos de la tabla periódica 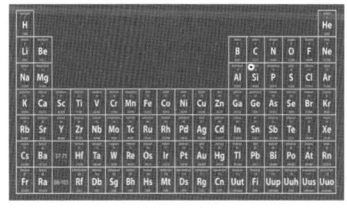
4 ☐ tocar la flauta 
5 ☐ los conjuntos 
6 ☐ nombres de montañas y ríos 
7 ☐ la raíz cuadrada 
8 ☐ germinar un frijol 
9 ☐ sumar, restar, multiplicar y dividir 

1b 🔊 10 Escucha nuevamente la audición y relaciona las cosas aprendidas en la escuela por el humorista con sus comentarios sobre ellas.

EN LA ESCUELA…
1 disecó una rana.
2 pasó meses germinando un frijol.
3 aprendió los conjuntos vacíos.
4 aprendió a sumar, restar, multiplicar y dividir.
5 aprendió a resolver la raíz cuadrada.
6 la profesora de Matemáticas le ponía problemas.

SU OPINIÓN AL RESPECTO:
a Fue bueno para explicarle a su madre que un 0 en Matemáticas tenía ahora un nombre más moderno.
b Debería ser un tema voluntario.
c Él ya tenía suficiente con los suyos.
d Sería más práctico aprender a comerse un camarón.
e No resulta útil para tener pareja.
f Hubiese sido bueno aprender también a pedir un crédito.

¿LO SABÍAS? En Estados Unidos, 41 millones de personas hablan español como lengua materna y 11 millones son bilingües de inglés y español, lo que lo convierte en el segundo país con mayor número de hispanohablantes, después de México. La importancia de esta comunidad ha impulsado la creación de numerosos medios de comunicación en español: canales de televisión (Univisión, Telemundo…), periódicos (*La Opinión*, *El Nuevo Harald*…), radios, etc.

EDUCACIÓN

2 Para la celebración de su aniversario, la escuela en la que estudiaste está pidiendo a sus exalumnos que manden un relato de los recuerdos que tienen de aquella época. ¿Qué cosas te gustaban a ti? ¿Cuáles no? Escribe en tu cuaderno tu relato, en el que puedes abordar los aspectos mencionados en el libro del alumno (página 60).

> **Recuerda**
>
> Para **describir personas u objetos** en el pasado, así como para hablar sobre **costumbres o hechos habituales** en el pasado usamos el **pretérito imperfecto**:
>
> *Me encantaban los libros nuevos a principio de curso. Olían a tinta, tenían la tapa todavía brillante y estaban tan limpios…*
>
> *Después de clase volvía a casa caminando con mis amigas. Hablábamos de tonterías, nos reíamos… Era uno de los mejores momentos del día.*

3a El pretérito imperfecto tiene otros usos además de los que ya conoces. Fíjate en estos ejemplos.

1 Me parece que no llegas a tiempo, porque el plazo de inscripción <u>acababa</u> ayer.
2 ¿<u>Estabas</u> estudiando? Es que tengo que preguntarte una cosa urgente.
3 ¡Claro que no puedes salir con tus amigos! ¿No <u>tenías</u> un montón de deberes?
4 El profesor sustituto <u>empezaba</u> la próxima semana, ¿no?
5 ¡María! ¿No <u>estabas</u> en el otro grupo? ¡Qué bien que estemos juntas!

¿Cuál de los siguientes valores tiene el imperfecto en cada una de las frases anteriores?

a Imperfecto de excusa: se usa a modo de disculpa cuando se interrumpe una acción. **Frase** _____
b Imperfecto de sorpresa (normalmente en la forma negativa): se usa cuando se presenta una circunstancia que desconocíamos. **Frase** _____
c Imperfecto de censura (normalmente en la forma negativa): se usa para recriminar un comportamiento. **Frase** _____
d Imperfecto de cita (en lugar de presente o futuro): se usa cuando el hablante no asume completamente la información que proporciona y da la impresión de que cita lo dicho por otra persona. **Frase** _____
e Imperfecto de cita (en lugar de indefinido): se usa cuando el hablante no asume completamente la información que proporciona y da la impresión de que cita lo dicho por otra persona. **Frase** _____

3b ¿Qué dirías en las siguientes situaciones? Usa el imperfecto con los valores anteriores.

1 Quieres invitar a tu amiga Eva al teatro mañana. La llamas y contesta al teléfono, pero estaba durmiendo la siesta.
_____
_____

2 Un compañero de trabajo te pregunta cuándo salió el jefe de viaje a Quito. Tú no estás seguro pero crees que salió el jueves.
_____
_____

3 Encuentras en casa unos libros de la biblioteca. Tu compañero de piso tenía que haberlos devuelto.
_____
_____

4 Crees que el próximo viernes hay un maratón de películas argentinas en el cine, pero no estás seguro. Lo comentas con un amigo.
_____
_____

5 Tu pareja te pregunta si vuestros hijos han recibido ya el boletín de notas. Tú crees que se lo van a dar mañana.
_____
_____

6 En teoría, tu amigo Santiago está de viaje por el Altiplano Andino pero, de repente, te lo encuentras por la calle.
_____
_____

EDUCACIÓN 6

4a Clasifica los siguientes adjetivos según el sentido al que hacen referencia. Hay algunos que se pueden usar para dos o más sentidos. Utiliza el diccionario si desconoces alguna palabra.

> estridente - sobado/-a - borroso/-a - ronco/-a
> penetrante - insípido/-a - pegajoso/-a
> aromático/-a – sabroso/-a - nítido/-a

vista	oído	gusto	tacto	olfato

4b Completa ahora estas frases con los adjetivos que acabas de trabajar.

1 En el laboratorio de mi colegio había un olor tan _____ a productos químicos, que creo que, solo por eso, nunca me gustó la asignatura de Química.

2 Después de las clases de plástica todos acabábamos con las manos sucias y _____, así que luego nos pasábamos horas en el baño para lavarlas.

3 Nunca me gustó quedarme en el comedor, la comida me resultaba muy _____. En cambio a mi hermano le encantaba.

4 Imagínate, veinte niños de diez años tocando la flauta. Aquello no era música, sino un sonido _____ que debía de ser difícil de soportar.

5 A veces el profesor de Educación Física no llevaba gafas. Yo creo que entonces veía _____ y por eso nos corregía menos cuando hacíamos los ejercicios.

6 Algunos libros de la biblioteca estaban bastante _____ después de tantas generaciones usándolos y, justamente por eso, tenían un encanto especial.

7 Frente al instituto había una fábrica de comida para bebés que desprendía unos olores muy _____: a papilla de fruta, de cereales…

8 La profesora de Historia de tercer curso, con aquella voz _____ que tenía, imponía mucho respeto entre todos nosotros.

9 Una noche fuimos al instituto para observar las estrellas. La imagen que veíamos a través del telescopio no era muy _____, pero fue una experiencia inolvidable.

10 En las pausas disfrutaba un bocadillo muy _____ que me preparaba mi padre por las mañanas.

5a A continuación tienes unas frases con expresiones que hacen referencia a alguno de los cinco sentidos. ¿Qué crees que significan? Haz hipótesis y compruébalas luego con las soluciones.

1 Antes de entregar el trabajo tienes que mirarlo con lupa para comprobar que no contiene ningún error tipográfico.
_____

2 Durante la excursión perdimos de vista por unos momentos a Silvia y Sabela. ¡Qué susto! Finalmente aparecieron. Se habían quedado atrás recogiendo flores.
_____

3 Era fascinante escuchar al profesor de Historia contando las anécdotas más privadas de los diferentes reyes. Entonces los alumnos éramos todo oídos.
_____

4 ¿Pero cómo se le ocurre a Ismael levantarle la voz a un profesor? De verdad, ¡hay chicos que son unos auténticos maleducados!
_____

5 Por mi cumpleaños mis compañeras prepararon unas galletas que estaban para chuparse los dedos. ¡Lo malo es que se acabaron enseguida!
_____

6 ¡El examen estaba chupado, mamá, creo que voy a sacar una buena nota!
_____

7 Durante sus primeros años como director iba de duro y era muy exigente con alumnos y profesores, pero con el paso de los años se fue ablandando y acabó siendo muy querido por todos.
_____

8 Desde que cambiamos a Hugo de guardería va todo como la seda. Antes teníamos un gran problema por las mañanas porque no quería ir y lloraba.
_____

9 El sótano del colegio huele a humedad que tira para atrás, pero parece que no hay dinero para arreglar los daños causados por las pasadas lluvias.
_____

10 Qué raro, ¡el aula está vacía! ¿Dónde están mis compañeros? Esto me huele a chamusquina… ¿Será que el examen no es aquí?
_____

57

6 EDUCACIÓN

5b ¿Existen expresiones similares en tu idioma? Escribe tú ahora una frase con cada una de las expresiones.

1 Mirar o leer algo con lupa: _____

2 Perder algo o a alguien de vista: _____

3 Ser alguien todo/-a oídos: _____

4 Levantarle la voz a alguien: _____

5 Estar algo para chuparse los dedos: _____

6 Estar algo chupado (coloq.): _____

7 Ir alguien de duro/-a (coloq.): _____

8 Ir algo (suave) como la seda: _____

9 Oler algo o alguien que tira para atrás (coloq.): _____

10 Oler algo a chamusquina: _____

6 Relaciona los fragmentos de los dos cuadros para obtener frases completas. Presta atención a que los conectores consecutivos sean correctos.

1 Su madre escuchaba mucha música clásica, de…
2 Empezó a ir a clases de música tan…
3 Su dedicación a la música siempre fue tal,…
4 Se acostumbró a tocar en público desde muy pequeña, en…
5 Aunque no era mala alumna, las otras asignaturas nunca le interesaron tanto…
6 La aceptaron en el conservatorio de Lima, o…
7 Se había preparado mucho para la prueba de admisión, así es que…
8 Hay mucha competencia en ese mundo,…

a ☐ como para pensar en hacer una carrera que no fuera la de Música.
b ☐ conque tendrá que seguir ensayando duramente.
c ☐ pronto que casi aprendió a tocar el piano antes que a hablar correctamente.
d ☐ nadie se sorprendió de que la hubieran aceptado.
e ☐ ahí que, desde muy pequeña, Rosalía estuviera familiarizada con los grandes compositores.
f ☐ consecuencia no suele ponerse nerviosa antes de los conciertos.
g ☐ que todos estaban convencidos de que llegaría lejos como pianista.
h ☐ sea que tendrá como profesora a la gran Maribel Misol.

7 En las siguientes frases falta el conector o una parte del conector consecutivo. Léelas y complétalas con una de estas posibilidades.

> en - por - lo tanto - ahí que - tan - tanto - luego - de

1 El presupuesto dedicado a educación es bajo, por _____, tenemos un sistema educativo de baja calidad.
2 Los grupos son demasiado numerosos, _____ consecuencia, los profesores se sienten desbordados por la cantidad de trabajo que tienen y la dificultad de manejar a un grupo tan grande.
3 El número de pedagogos contratados es _____ bajo que resulta prácticamente imposible atender la diversidad en las aulas.
4 El reconocimiento de los profesores en la sociedad ha bajado muchísimo en los últimos 50 años, _____ es normal que a veces se sientan desmotivados sobre el trabajo que hacen.
5 Los métodos utilizados por algunos profesores son poco actuales, _____ consiguiente, no consiguen motivar a los alumnos por los nuevos temas.
6 La formación continua recibida por los profesores es escasa, _____ modo que les resulta difícil estar al día en cuanto a métodos pedagógicos.
7 Muchos padres no inculcan en sus hijos unas normas básicas de comportamiento, de _____ en las aulas haya problemas de falta de disciplina.
8 A pesar de la falta de medios, muchos profesores ponen _____ empeño en su trabajo, que años después son recordados con cariño por sus exalumnos.

EDUCACIÓN 6

8 Une las siguientes frases usando el conector causal o consecutivo que se propone.

Celia pudo estudiar lo que quiso. Tuvo unas notas brillantes en el instituto. (o sea, que)
Celia tuvo unas notas brillantes en el instituto, o sea, que pudo estudiar lo que quiso.

1 Sandra se fue al extranjero en verano para trabajar. Quería ganar dinero para pagar su máster. (por lo tanto)

2 Berta tuvo a los catorce años una muy buena profesora de Física. Más tarde decidió estudiar esta carrera. (tan… que)

3 Tanto Lucas como Simón se han formado en el ámbito de la informática. La razón es quizás que en su casa los ordenadores siempre han estado muy presentes. (debido a que)

4 Roberto vio que no necesitaba una carrera para tener éxito en su trabajo. Decidió no estudiar. (conque)

5 A Carlota le gustaba la nueva ciudad, pero la carrera de Ingeniería Industrial no la convencía. Cambió de especialidad después de un año. (no es que… sino / de manera que)

6 A pesar de estudiar una carrera técnica, Hernán estaba muy interesado en la música. Completó su currículum académico con asignaturas de esta rama. (de ahí que)

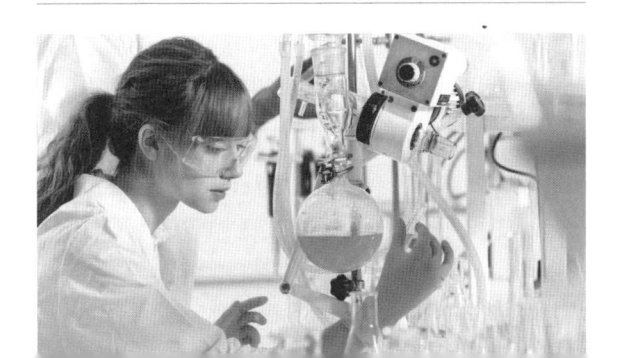

B LA EDUCACIÓN PROHIBIDA

9 ¿Cómo se pueden decir de otra manera las expresiones subrayadas? Relaciona las frases con los elementos del cuadro.

1 Una característica que llama la atención es que no hay notas.
2 Los alumnos llegan a tener un mejor conocimiento de sí mismos.
3 Es fundamental una gran participación de los padres en la vida escolar.
4 Incluso los alumnos más jóvenes ayudan a resolver situaciones difíciles.
5 Algunos tipos de escuela fomentan más que otros las relaciones entre las personas.
6 Estudiantes y personal participan cuando hay que decidir algo.
7 Los alumnos aprenden experimentando y probando cosas.
8 Estas escuelas parten de la base de que los alumnos no son iguales entre sí.

a ☐ hay diferencias individuales entre los alumnos
b ☐ en la solución de conflictos
c ☐ llevan a cabo un aprendizaje vivencial
d ☐ la implicación
e ☐ en la toma de decisiones
f ☐ los vínculos humanos
g ☐ autoconocimiento
h ☐ la ausencia de calificaciones

10 A continuación tienes unas situaciones en las que tienes que expresar tu preferencia. ¿Cuál de las opciones eliges? Toma nota en tu cuaderno.

1 Quieres hacer un curso de Lengua: ¿en línea o presencial?
2 Tienes que decidir a qué colegio va tu hijo: ¿público o privado?
3 Tienes que hacer un taller para obtener más créditos: ¿de Periodismo o del Medio Ambiente?
4 En el curso de español vais a escuchar una canción: ¿una de pop actual o una de un cantautor más clásico?
5 Necesitas libros: ¿los compras nuevos, de segunda mano o los tomas prestados de la biblioteca?

Recuerda

Para **expresar preferencia** se pueden usar las expresiones que tienes a continuación. El uso de **indicativo** o **subjuntivo/condicional** dependerá del **grado de posibilidad** de tener que realizar la elección:

- Si tengo que elegir… / Si me dan a elegir… / Si puedo elegir…: *Si puedo elegir entre un curso en línea y uno presencial, me quedo con el en línea; Si tuvierais que elegir entre Matemáticas y Lengua, ¿qué preferiríais?*
- Me quedo con… / Me decido por… / Opto por…: *Finalmente nos decidimos por el colegio Atahualpa; Yo opto / optaría por la visita al museo de la ciudad.*
- No cambio… por nada del mundo: *No cambio / cambiaría a mi profesor por nada del mundo. Estoy muy contento con él.*

6 EDUCACIÓN

11 Algunas personas que estudiaron o están estudiando en escuelas de enseñanza alternativa hablan sobre su experiencia. Completa sus testimonios con las palabras que faltan en la forma correcta. ¿Puedes decir a qué método educativo se refiere cada uno?

despertarles - enseñar - estimular - jugar - sensibilizar

A

Gabriel García Márquez, escritor. Método _____Montessori_____

El consuelo fue que en Cataca habían abierto por esos años la escuela Montessoriana, cuyas maestras **(1)** _____ los cinco sentidos mediante ejercicios prácticos y **(2)** _____ a cantar. Estudiar era algo tan maravilloso como **(3)** _____ a estar vivo. Aprendí a apreciar el olfato, cuyo poder de evocaciones nostálgicas es arrasador. El paladar, que afiné hasta el punto de que he probado bebidas que saben a ventanas, panes viejos que saben a baúl, infusiones que saben a misa… No creo que haya método mejor que el Montessoriano para **(4)** _____ a los niños en las bellezas del mundo y para **(5)** _____ la curiosidad por los secretos de la vida…

Extraído de la autobiografía *Vivir para contarla*

asistencia - barro - máquina - personal - videojuegos

B

Graciela Olmedo Bravo, recién graduada. Método _____

Un día normal en esta escuela es completamente diferente al resto de las escuelas. Al llegar y antes de irse, cada alumno firma en unas hojas de **(1)** _____. Lo que haga cada día dependerá de lo que le apetezca. Puede leer, jugar a **(2)** _____, trabajar con una **(3)** _____ de coser, tocar la guitarra, escribir una historia, hacer una figura de **(4)** _____, jugar en el jardín… Y si necesita ayuda para algo, puede preguntar a los otros chicos o al **(5)** _____.
Ahora que me gradúo sé que podré aprender lo que quiera o necesite saber para mis estudios o mi trabajo y que puedo conseguir lo que me proponga.

compartir - considerar - expresarse - investigar - memorizar - relacionarse

C

Lorena Muñoz Contreras, alumna de secundaria. Método _____

A mí no me gustaba nada ir a la escuela, pero en este instituto estoy muy contenta. Aquí se trabaja de forma diferente. Con este método los alumnos no **(1)** _____ lo que dice el profesor, sino que **(2)** _____ en libros, internet, revistas y razonamos. Luego **(3)** _____ nuestras ideas en la mesa. Las discusiones con los compañeros nos dan la posibilidad de **(4)** _____ otras ideas. Yo siento que todo esto me ayuda a ser crítica y objetiva, también aprendo a **(5)** _____ correctamente y a **(6)** _____ con otras personas. Creo que todo esto me va a ayudar mucho en el futuro.

artistas - entusiasmo - intereses - perseverancia - personalidad - ventajas

D

Samuel Cerezo del Río, ingeniero. Método _____

Mis padres no querían que perdiéramos el **(1)** _____ que tienen los niños por todo. Por eso estudiamos con este método donde se trabajan especialmente las áreas artística y humanista, pero no para formar **(2)** _____, sino para desarrollar de forma más completa la **(3)** _____. Por ejemplo, cada alumno recibía un instrumento y, al aprender a tocarlo, desarrollábamos la **(4)** _____.
El paso a la universidad me costó solo al principio. Me aburría en las clases. Además, tenía **(5)** _____ diferentes a los de mis compañeros. ¡Debía de ser el único en la facultad que había tejido una bufanda o construido una vidriera! De todas formas, haber estudiado con este método me ha aportado muchas **(6)** _____.

12a DELE A continuación encontrarás un artículo sobre el que deberás hacer una presentación de entre tres y cinco minutos. En la presentación tendrás que hablar sobre los siguientes puntos: tema central, ideas principales y secundarias, comentarios sobre las ideas principales e intención del autor, si procede. Lee el texto y toma notas sobre el contenido.

Homeschooling: 4000 familias en España practican la formación escolar en casa

NOELIA GARCÍA

El *homeschooling* o educación en el hogar es una forma de enseñar y motivar el aprendizaje de los niños en el hogar, dejando este proceso a cargo de los padres, tutores legales o algún miembro de la familia. (…)

Aunque en España tiene poco calado, las entidades que realizan esta práctica estiman que hay entre 2000 y 4000 familias ejerciendo el aprendizaje en el hogar. Lo que comenzó como algo de un grupo marginal, se ha convertido en un gran competidor en el mercado educativo.

Hay países como Australia, Chile o Bélgica con libertad educativa que tienen permitida (y regulada) la educación en familia, algunos que no lo regulan ni lo persiguen como sucede en España (donde sí ha habido denuncias por la no escolarización, pero son muy pocas las familias que llegan a juicio y aún menos las que obtienen sentencias condenatorias); y otros en los que está prohibida y perseguida por las autoridades. También países como Alemania o Bulgaria en los que está permitido solo en casos especiales como vida itinerante o discapacidad. Los padres deciden practicarlo tras una intensa reflexión sobre la educación y una experiencia negativa con la escolarización. Por ello, el perfil de las familias que educan en el hogar es plural.

Lomce, escolarización

Ofrecer una educación al margen del sistema oficial, como ocurre en España, implica riesgos. Desde el punto de vista normativo, la Lomce, en su artículo 4.1, dice que "la enseñanza básica a la que se refiere el artículo 3.3 de esta Ley es obligatoria y gratuita para todas las personas". Este artículo indica que "la educación primaria y la educación secundaria obligatoria constituyen la educación básica". Y en el artículo 4.2 de la Lomce se estipula que "la enseñanza básica comprende diez años de escolaridad y se desarrolla, de forma regular, entre los seis y los 16 años. La escolarización es obligatoria y tiene todo el respaldo de la comunidad educativa y del Estado". La obligatoriedad de escolarizar existe. Nuestra normativa no reconoce el *homeschooling* para que los padres puedan sustituir la escolarización obligatoria por la educación de sus hijos en el domicilio.

(…) Sonia Martínez, profesora del Departamento de Educación de la Universidad Europea, asegura que "en algunos países como Eslovaquia se permite la educación en casa entre los seis y los diez años; y en República Checa hasta el equivalente a nuestro 3º de la ESO. En otros países no se especifican edades, aunque suele estar vinculado a la etapa preuniversitaria". "La clave está en la regularización, sobre todo cuando está vinculada a la obtención de certificación y al cumplimiento de un plan de estudios", continúa.

Sin embargo, las entidades que abogan por este tipo de aprendizaje (Tribu de Madres Conscientes, Coordinadora Catalana pel Reconeixement i la Regulació del *Homeschooling* o Asociación por la Libre Educación) indican que les ampara la Constitución española, en su artículo 27.1 y 27.3. Desde la Asociación para la Libre Educación, indican que "antes la ley hablaba de educación obligatoria, si bien no indicaba en ningún lugar que esa educación tuviera que darse necesariamente en la escuela, lo cual generaba una ambigüedad que, a su vez, daba pie a un vacío legal. Sin embargo, la Lomce sí indica 'escolarización obligatoria'. No obstante, a pesar de esto, la Constitución, que está por encima de cualquier ley, sigue amparando la libertad de educación".

Personalización

Sus defensores aseguran que la mayor ventaja del *homeschooling* es que la educación que recibe el menor es totalmente personalizada, más tiempo en familia, aprendizaje basado en intereses personales, respeto a los ritmos del menor… La desventaja es que requiere una gran inversión de tiempo que afecta a la disposición laboral de las familias. Y sobre todo la falta de reconocimiento por parte de la Administración. No obstante, las titulaciones se pueden adquirir de diversas formas, como por ejemplo examinarse por libre a cierta edad.

Por el contrario, Anpe, el sindicato de docentes de la enseñanza pública, indica que "tarde o temprano los niños que no acuden a la escuela van a necesitar homologar sus contenidos si quieren continuar sus estudios". "Además, se ofrece al alumno un espacio social en el que comenzar su relación con los demás. En el seno de una familia es difícil transmitir al niño todas las enseñanzas necesarias para desenvolverse en una sociedad desarrollada y cambiante". Asimismo, hacen una defensa de la figura del docente. "No es lo mismo saber que saber enseñar. Los profesores son profesionales que han recibido formación en Pedagogía, Didáctica, Psicología y son especialistas en materias y etapas educativas. Es complicado que un padre tenga todos estos conocimientos a la hora de enseñar a sus hijos".

Extraído de *www.eleconomista.es*

12b Tras preparar las notas, graba tu presentación. Podrás consultar las notas durante la presentación, pero deberás expresarte libremente, sin leer.

6 EDUCACIÓN

12c Escucha la grabación varias veces fijándote cada vez en un aspecto diferente:

- Estructura (es ordenada, comienza por el tema central, enumera claramente las ideas…)
- Pronunciación (clara y correcta) y entonación (velocidad y pausas adecuadas, no monótona)
- Vocabulario (es adecuado y no se repiten constantemente las mismas palabras)
- Gramática (verbos con preposiciones, terminaciones de los adjetivos…)

A continuación vuelve a realizar la grabación mejorando los aspectos que no te han convencido.

ESTRATEGIAS PARA EL EXAMEN

Este ejercicio se corresponde con la Tarea 1 de la Prueba 4. Dispones de 20 minutos para preparar las tres tareas de esta prueba. El texto que tienes que leer consta de entre 750 y 850 palabras.

- Fíjate en el título del texto, probablemente te dé una idea sobre el tema que trata.
- En una primera lectura, hazte una idea general sobre el contenido.
- Vuelve a leer el texto marcando cuáles son las ideas principales y secundarias de las que habla.
- Haz un esquema de esas ideas anotando palabras clave, no frases completas.
- Al hacer la presentación puedes seguir el siguiente orden: tipo de texto, tema central, ideas principales, comentarios sobre esas ideas, ideas secundarias, finalidad del autor al escribir ese texto.
- Durante la presentación puedes utilizar recursos lingüísticos como: *El texto es un artículo/estudio que trata de…; Otra idea que presenta es…; Por el contrario,…; Además la autora señala que…; A modo de conclusión…*
- Practica esta tarea siguiendo siempre un mismo método, así ganarás rapidez. Además, si te acostumbras a ordenar tu discurso siempre de la misma forma y a usar determinadas expresiones, te resultará más fácil hacer la presentación el día del examen.

12d **DELE** Ahora tienes que realizar una nueva grabación en la que expreses y justifiques tu opinión sobre el tema del texto. Para ello contesta o rebate las siguientes preguntas e ideas.

- ¿Cuál es tu opinión sobre el tema? ¿Puedes explicar por qué?
- Muchos niños sufren estrés en el colegio. Además no reciben una educación personalizada.
- Los niños que reciben educación en casa, ¿cómo pueden incorporarse al sistema si, por ejemplo, quieren estudiar?
- ¿Deben los padres tomar la decisión de cómo son educados sus hijos o la sociedad a través de sus leyes?

Quizás puedas hacer esta grabación con un compañero, de forma que debatáis vuestras opiniones. Tal vez le puedas mandar las grabaciones a tu profesor.

ESTRATEGIAS PARA EL EXAMEN

Este ejercicio se corresponde con la Tarea 2 de la Prueba 4. En ella tendrás que mantener una conversación con el examinador en la que expliques tu opinión sobre el tema del texto de la Tarea 1, contestes a sus preguntas y/o rebatas sus comentarios si no estás de acuerdo con ellos.

- Expresa tu opinión sobre las distintas ideas que plantea el texto. Quizás estés de acuerdo con algunas, pero no con todas.
- Aclara por qué estás o no de acuerdo, por qué te interesa el tema o por qué es un tema interesante en la actualidad…
- Puedes apoyarte en lo que tú ya sabías sobre el tema, citar ejemplos…
- Utiliza recursos como: *A mi entender,…; Me da la impresión de que…; Resulta increíble…; (No) comparto esa idea; No se puede decir que…; Tengo mis dudas (al respecto).*
- También en esta tarea, cuando practiques, trata de interiorizar determinadas estructuras para expresar opinión de manera que te sientas más seguro en el examen.

C LOS ENIGMAS DEL CEREBRO

13a ¿Qué es para ti "ser inteligente"? ¿Con cuál de las siguientes definiciones estás más de acuerdo? ¿Podrías añadir una quinta definición que se ajuste a lo que significa "ser inteligente" para ti?

1. Ser inteligente significa tener una gran cantidad de conocimientos de diferentes disciplinas; es tener siempre la respuesta correcta y una gran capacidad para memorizar datos, hechos y fechas.
2. Ser inteligente significa saber estar y desenvolverse con éxito en situaciones muy diferentes; es saber comprender a las personas e interactuar con ellas.
3. Ser inteligente significa tener la capacidad para resolver operaciones matemáticas complejas sin usar calculadora; es poder imaginar el espacio desde diferentes perspectivas.
4. Ser inteligente significa tener un cociente intelectual muy alto.
5. _____
_____
_____
_____

EDUCACIÓN 6

13b 🔊 11 Escucha este programa de radio sobre las inteligencias múltiples y contesta a las preguntas.

1 Según el programa, ¿cuántas inteligencias distingue el psicólogo Howard Gardner?
   a Cuatro   b Cinco   c Seis   d Siete
2 ¿Cuál de las siguientes inteligencias no está recogida por la clasificación de Gardner?
   a Inteligencia interpersonal   c Inteligencia naturalista
   b Inteligencia artística   d Inteligencia espacial
3 Con su teoría sobre las inteligencias, Howard Gardner…
   a ha recibido reconocimiento académico internacionalmente.
   b ha recibido de momento reconocimiento académico en la universidad de Harvard.
   c obtuvo su primer reconocimiento académico en el año 2011.
   d ha obtenido reconocimiento académico exclusivamente en Norteamérica.
4 Según la teoría de Gardner, si una persona es buena resolviendo puzzles es porque tiene una buena…
   a inteligencia emocional.
   b inteligencia corporal-cinestésica.
   c inteligencia espacial.
   d inteligencia naturalista.
5 En 2011 el psicólogo Howard Gardner recibió el Premio Príncipe de Asturias…
   a de las Artes.
   b de Comunicación y Humanidades.
   c de las Letras.
   d de las Ciencias Sociales.

¿LO SABÍAS?

Los Premios Princesa de Asturias (Premios Príncipe de Asturias hasta 2014) son unos prestigiosos galardones que entrega anualmente la Fundación Princesa de Asturias en Oviedo (España), en un acto presidido por los Reyes de España. Este galardón premia a personas, proyectos o instituciones que hayan destacado en las áreas de Artes, Comunicación y Humanidades, Cooperación Internacional, Deportes, Ciencias Sociales, Letras, Concordia e Investigación Científica y Técnica. Algunos de los merecedores del premio han sido el novelista mexicano Juan Rulfo (1983), S. M. Husein I de Jordania (1995), el filósofo alemán Jürgen Habermas (2003), el programa Fulbright (2014) o la selección de rugby de Nueva Zelanda (2017).

13c Las siguientes expresiones coloquiales se utilizan para comentar la inteligencia de una persona. Clasifícalas según su significado positivo (P) o negativo (N).

☐ ser un/-a cerebrito
☐ no tener dos dedos de frente
☐ tener pocas luces
☐ ser astuto/-a
☐ ser un poco corto/-a
☐ no ser muy despierto/-a
☐ ser listo/-a
☐ ser un poco tonto/-a
☐ ser más listo/-a que el hambre

14 Elige la opción correcta para cada caso.

1 Tradicionalmente, los hombres han mostrado una mayor **inclinación / incitación** hacia las profesiones técnicas que las mujeres. Afortunadamente, la balanza empieza a equilibrarse.
2 Los límites del cerebro no están claros todavía, por lo que muchas teorías están basadas en **predisposiciones / presunciones**.
3 Uno de los efectos secundarios que produce el consumo de drogas es la **alteración / emisión** de las imágenes que llegan al cerebro.
4 Nuestros recuerdos nunca son completamente fieles a la realidad, ya que siempre combinan hechos reales con **reestructuraciones / fabulaciones** propias.
5 Nuestras experiencias vitales, es decir, qué vemos, con quién hablamos, qué comemos, etc., nos afectan cognitivamente **deformando / reestructurando** nuestro cerebro.
6 Debido a los trastornos psicológicos que sufre desde pequeño, en ocasiones tiene una visión **distorsionada / inventada** de las cosas que pasan a su alrededor.
7 Las investigaciones sobre las conexiones cerebrales que quería desarrollar la doctora García tuvieron que ser **predispuestas / pospuestas** por falta de financiación.
8 El cerebro registra actividad en zonas diferentes cuando decimos la verdad y cuando **imaginamos / charlamos**. Así es más fácil identificar las mentiras.

D SUPERHÉROES DE CARNE Y HUESO

15 Contesta a las preguntas sobre el texto "Superhéroes" de las páginas 66 y 67 del libro del alumno.

1 Algunas personas del texto…
   a nacieron con capacidades especiales.
   b se superaron a sí mismas gracias a la tecnología.
   c ayudaron a otras personas a superar sus déficits.
2 Ben Underwood se orientaba gracias a…
   a su olfato.   b su oído.   c su tacto.
3 El déficit de miostatina provoca…
   a una agilidad extraordinaria.
   b una flexibilidad extrema.
   c una enorme fuerza.
4 Wim Hof es capaz de resistir a temperaturas muy bajas…
   a controlando su sistema circulatorio.
   b controlando su sistema nervioso.
   c controlando su respiración.
5 Según el texto, Isao Machii…
   a tiene excepcionales reflejos.
   b es un excelente tirador.
   c posee un control mental extraordinario.

6 EDUCACIÓN

16 Completa las citas célebres con estas palabras o expresiones vistas en el texto "Superhéroes" de las páginas 66 y 67 del libro del alumno.

> chasquidos - hazañas - de carne y hueso
> ceguera - déficit - aprendiz

1 "La monarquía es un _____ democrático que sufrimos por herencia". Joaquín Sabina, cantautor y poeta español (1949).
2 "Eres maestro de lo que has vivido, artesano de lo que estás viviendo y _____ de lo que vivirás". Richard Bach, escritor estadounidense (1936).
3 "Las revoluciones las hacen los hombres _____ y no los santos y todas acaban por crear una nueva casta privilegiada". Carlos Fuentes, escritor mexicano (1928).
4 "A veces lamento hablar en español: escuchado desde la otra orilla debe de ser algo incomparable, lleno de _____ y latigazos (…)". Alfonso Reyes Ochoa, escritor mexicano (1889).
5 "Hay una condición peor que la _____, y es ver algo que no es". Thomas Hardy, escritor inglés (1840).
6 "La locura es el origen de las _____ de todos los héroes". Erasmo de Rotterdam, humanista holandés (1466).

17 Completa las siguientes frases condicionales con la forma adecuada del verbo.

1 De _____ (aprobar) todas las asignaturas del curso, me iré en verano a pasar un mes a Inglaterra.
2 Me parece bien que ofrezcamos un curso de percusión, mientras no _____ (afectar) a las clases que se enseñan al lado.
3 De no haber cometido tantas faltas de ortografía, _____ (sacar, usted) un 10 en el examen de Biología de la semana pasada.
4 Esta semana no me encuentro muy bien. Si algún compañero pudiera prestarme unos buenos apuntes de las clases, _____ (quedarme) en casa.
5 _____ (ser) como es, siempre tan interesada por lo que pasa en el mundo, no me extraña que Lidia se haya apuntado al taller de Política.
6 Maribel ayudaba a Benjamín con las Matemáticas, a cambio de que él la _____ (ayudar) con la Historia.
7 Si el año pasado no _____ (hacer, nosotros) el curso voluntario de introducción, este año _____ (tener, nosotros) más dificultades.
8 No _____ (hacer) el doctorado a no ser que encuentre un tema que me apasione.

18 Reescribe en tu cuaderno las frases utilizando los conectores o estructuras propuestos. Presta atención a la forma del verbo que se necesita. Puedes consultar las páginas 152 y 153 del libro del alumno.

> Tiene que estudiar Filosofía más seriamente para conseguir aprobar el curso. (a no ser que)
> *No conseguirá aprobar el curso, **a no ser que** estudie Filosofía más seriamente. / **A no ser que** estudie Filosofía más seriamente, no conseguirá aprobar el curso.*

1 Quizás es necesario traer más sillas para la conferencia, podemos traerlas de las aulas. (de + infinitivo)
2 Cuando se realiza un simulacro de incendio, los profesores tienen que conducir a los alumnos al patio. (en caso de que)
3 Los alumnos no pueden presentarse a la recuperación de un examen sin tener un justificante escrito. (salvo que)
4 Para no tener problemas con esta asignatura debes prestar atención en clase y hacer los deberes. (siempre y cuando)
5 Debes tener un título de máster para poder presentarte a esa plaza. (solo si)
6 Con un mínimo de seis estudiantes podremos crear el grupo. (con tal de que)

EN ACCIÓN

19 Completa las siguientes frases con los signos de puntuación que faltan (coma, dos puntos, punto y coma y comillas latinas o inglesas).

1 La partícula a no ser que es una conjunción condicional.
2 Cuando el escritor García Márquez empezó a ir a la escuela Montessori descubrió que estudiar era algo maravilloso.
3 ¿Quieres saber qué recuerdos tengo del colegio? Pues bien para que lo sepas lo odiaba.
4 En su monólogo Dante dice Después de aprender a sumar y restar yo pensaba Ahora me van a enseñar a pedir un crédito en el banco.
5 He aprendido a tocar un instrumento he dedicado horas a la lectura de los clásicos y he tejido un jersey de lana por consiguiente he desarrollado la perseverancia la concentración y la capacidad de hacer cosas con las manos.
6 Si te dieran a elegir ¿harías en verano un curso intensivo de español en tu ciudad o te irías a un país hispanohablante para practicar allí la lengua y conocer la cultura?
7 En las clases de ciencias hacíamos cosas maravillosas salíamos a recoger plantas hacíamos carreras en el patio para medir el tiempo la distancia y la velocidad… ¡Era fantástico!
8 El humorista cuenta que aprendió los conjuntos y la raíz cuadrada y que nunca le sirvieron para nada.

EDUCACIÓN 6

20a Lee este artículo que recoge ejemplos curiosos de errores de puntuación que alteran el significado de la frase.

No, me gusta este titular: comas que lo cambian todo

JAIME RUBIO HANCOCK

La coma, esa pequeña mancha de tinta, puede cambiar el sentido de una frase. Como en este titular, (…) de *El Diario Montañés*.

> Pablo Alborán, reina en la música española

A pesar de que la frase no es gramaticalmente incorrecta, la coma cambia por completo el significado. Algo parecido a lo que ocurre con estos dos ejemplos que encontramos en *Paper Papers*. Uno de *El País*, para que no se diga:

> AGUIRRE, DIMITE
>
> Don Juan, agoniza

Aquí la coma convierte un simple enunciado en una orden. Una orden CRUEL. Aun así, hay que mencionar que las comas también pueden resultar heroicas, como se aprecia en este cartel que subraya la importancia de usarlas con los vocativos:

> *Vamos a comer niños.*
> *Vamos a comer, niños.*
> *La coma salva vidas*

Desde Fundéu, Judith González nos cuenta que muchas de las consultas que reciben sobre puntuación son precisamente sobre estas comas, las del vocativo. González explica que la puntuación "nunca es fácil" porque, aunque es cierto que "hay comas que no son obligatorias", otras "pueden cambiar el sentido de la frase o simplemente son incorrectas".

Otras dudas habituales que suelen llegar a Fundéu son el uso de la coma y la conjunción "y", la coma en las enumeraciones, la coma en los encabezamientos de las cartas y la coma en las oraciones causales, entre otras, incluyendo el ejemplo clásico para los adjetivos:

> Los soldados, cansados, volvieron al campamento.
> Los soldados cansados volvieron al campamento.

Perdón imposible: guía para una puntuación más rica y consciente es el título de un libro de J. A. Millán, que en su blog recogió errores similares. (…) La ausencia de comas convierte este cartel en una advertencia innecesaria, aunque vete a saber lo que llevan los cigarrillos hoy en día.

> Prohibido fumar gas inflamable

Otro anuncio, extraído del blog *Dificultades gramaticales*, nos recuerda que las comas evitan ambigüedades:

> GOICOECHEA
> Línea de cremas para piernas de uso diario

Sí: "Línea de cremas para piernas de uso diario". Aunque imagino que hubo pocas confusiones acerca de si era conveniente usar las piernas cada día, la coma hubiera ayudado a aclarar que el uso diario es para la crema (…).

Adaptado de *https://verne.elpais.com*

20b Corrige la puntuación de estas frases aparecidas en el artículo para que transmitan el mensaje adecuado.

1 Pablo Alborán, reina en la música española

2 Don Juan, agoniza

3 Prohibido fumar gas inflamable

4 Línea de cremas para piernas de uso diario

6 EDUCACIÓN

20c Elige cuál de las dos frases expresa el significado de la derecha. ¿Cuál es el significado de la otra?

A
1. Vamos a comer niños.
2. Vamos a comer, niños.

a. Niños van a ser comidos.
b. _____

B
3. Los soldados, cansados, volvieron al campamento.
4. Los soldados cansados volvieron al campamento.

c. Solo volvieron los que estaban cansados.
d. _____

C
5. No comáis grasas animales.
6. No comáis grasas, ¡animales!

e. Se recomienda que no se consuman grasas y se insulta a los interlocutores.
f. _____

21a ¿Recuerdas los diferentes temas de los que trata la unidad 6? Completa el organigrama con los elementos de la lista. Además, tendrás que añadir tus propias aportaciones en algunos huecos.

> desarrollo del cerebro - funcionamiento del cerebro - métodos alternativos de enseñanza
> aforismos sobre educación - recuerdos de la escuela - teoría de las inteligencias de Gardner
> Montessori - Harkness - recuerdos de un humorista argentino - el profesor César Bona

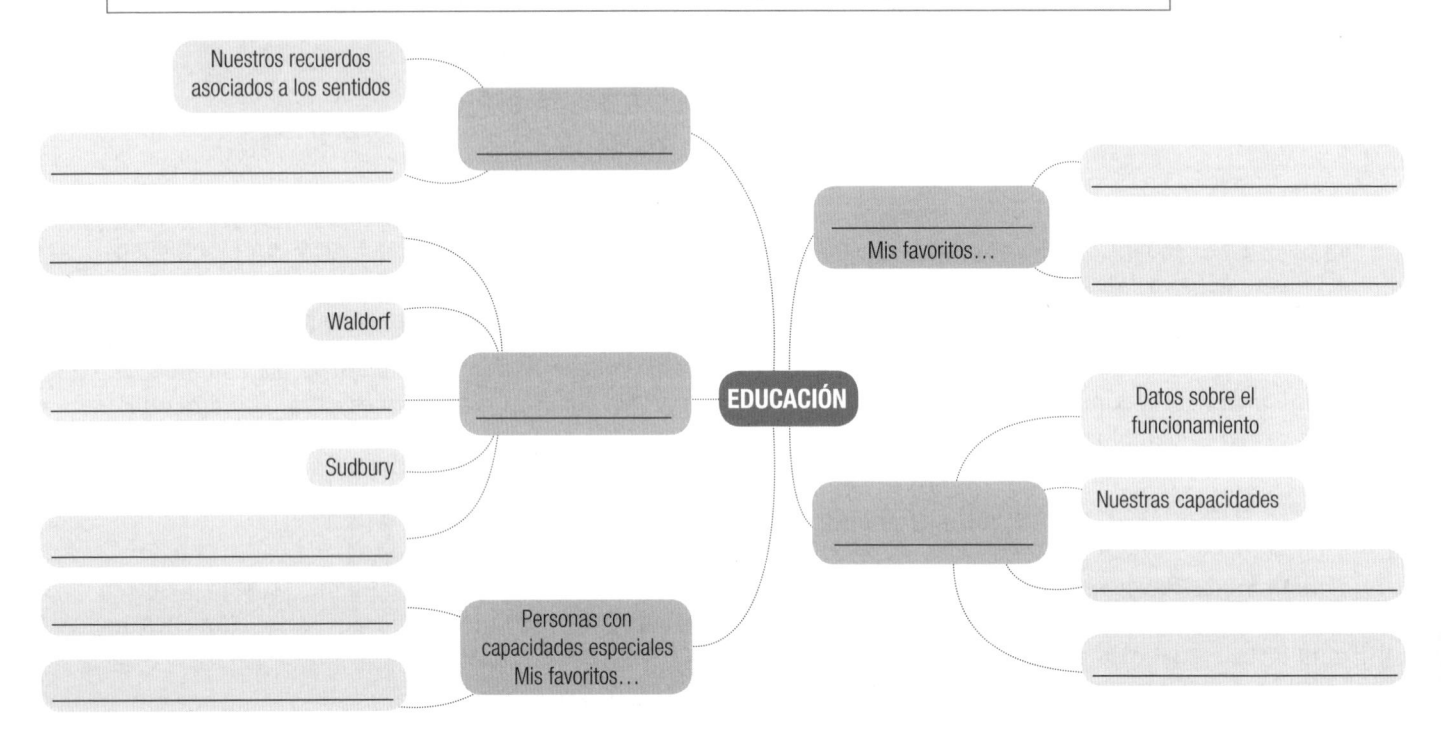

- Nuestros recuerdos asociados a los sentidos
- Waldorf
- Sudbury
- Personas con capacidades especiales / Mis favoritos…
- Mis favoritos…
- Datos sobre el funcionamiento
- Nuestras capacidades

EDUCACIÓN

21b Asocia ahora las siguientes informaciones con el tema al que correspondan.

1. El sistema educativo debería atender a los distintos tipos de inteligencia porque en cada alumno predominará una diferente.
2. Los alumnos intercambian ideas en torno a una mesa sobre los diferentes temas que están tratando y que investigan previamente con ayuda de libros o de internet.
3. A causa de enfermedades o después de mucha práctica, algunas personas disponen de capacidades únicas como, por ejemplo, moverse sin ayuda a pesar de no ver.
4. En la escuela deberían enseñarse cosas más prácticas porque lo que se aprende en ella no resulta útil para la vida diaria.
5. Existen mitos que la ciencia ha desmentido, por ejemplo, no es verdad que a partir de una edad no se aprenda o que los hombres sean mejores que las mujeres en matemáticas.
6. Los alumnos participan en la realización de proyectos y para llevarlos a cabo tienen que hablar y opinar, con lo que desarrollan la capacidad de expresarse correctamente.

21c Con ayuda del esquema, prepara ahora una presentación de entre tres y cinco minutos que resuma la unidad. Recuerda que solo tendrás tiempo para los temas más importantes.

7 PAISAJES URBANOS

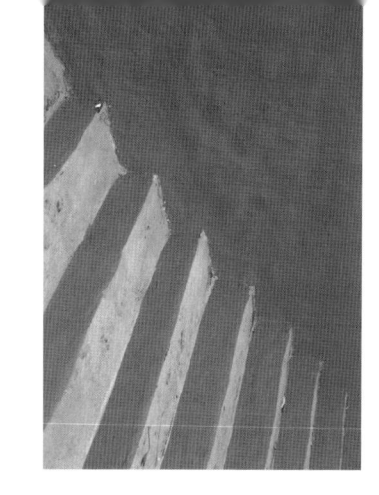

A EDIFICIOS DEL FUTURO

1a Urbe, del latín *urbs, urbis*: ciudad. A continuación tienes una serie de palabras de la misma familia léxica que *urbe*. ¿Podrías decir qué tipo de palabra son y relacionarlas con su definición?

1. [i] urbanismo: *sustantivo*
2. ☐ urbanizar: _____
3. ☐ urbanización: _____
4. ☐ urbanidad: _____
5. ☐ urbanita: _____
6. ☐ urbano/-a: _____
7. ☐ urbanamente: _____
8. ☐ urbanizable: _____
9. ☐ urbanístico/-a: _____
10. ☐ urbanista: _____

a 1. Zona residencial con diferentes edificios y, normalmente, servicios comunes (garaje, parque, piscina, etc.). 2. Acción y efecto de urbanizar.
b Persona muy acostumbrada a la ciudad y a su estilo y ritmo de vida.
c Perteneciente o relativo a la ciudad.
d De manera atenta, con buenos modos.
e Preparar un terreno construyendo calles, edificios y otros elementos como farolas, aceras o bancos.
f Persona especializada en urbanismo.
g Zona o terreno en el que es posible o está permitido construir.
h Comportamiento caracterizado por unos buenos modales, cortesía, atención.
i Disciplina que se dedica al desarrollo y la planificación de las ciudades.
j Perteneciente o relativo al urbanismo.

1b Completa las frases con las palabras anteriores.

1. Muchos ciudadanos prefieren vivir en una _____ a las afueras de la ciudad e ir cada día al centro para trabajar.
2. Rosa es una _____ convencida y no se puede imaginar viviendo en ningún otro sitio, y mucho menos en algún lugar sin cines o metro.
3. Ildefonso Cerdá fue el _____ que diseñó la cuadrícula del plano de la ciudad de Barcelona.
4. Uno de los concejales fue acusado de corrupción _____ al recibir pagos ilegales de empresas de construcción a cambio de favorecer sus proyectos.
5. En la conferencia sobre _____ a la que asistí la semana pasada, los ponentes compararon la distribución de los servicios y las viviendas en diferentes grandes ciudades.
6. En los últimos años el número de huertos _____ ha crecido sin parar: los tejados de los edificios o las macetas de casa son dos opciones donde poder cultivar verduras en la ciudad.
7. Saludar a los demás, dar las gracias o pedir perdón son ejemplos básicos de _____.
8. Por suerte, espacios verdes tan céntricos como el parque de El Retiro en Madrid no son _____ y, por ley, no se podrá construir nada.
9. Si los participantes en la reunión quieren que los tomen en serio, deberán comportarse _____, y no gritar cuando escuchan una idea que no les gusta.

7 PAISAJES URBANOS

2 Marca en las siguientes frases la opción que tiene un significado diferente o que no es correcta en ese contexto.

1. El congreso "Retos de las grandes urbes sudamericanas", que ha sido organizado por urbanistas colombianos **con el auxilio de Venezuela / con el apoyo de Venezuela / con la colaboración de Venezuela / con participación venezolana**, se celebrará entre los días 6 y 8 del próximo mes.
2. En **el frente / la fachada / la columna / la pared exterior principal** del Palacio de Congresos cuelga ya un gran cartel anunciando el congreso.
3. Los organizadores **echaron a andar / emprendieron / pusieron en marcha / llevaron a cabo** el proyecto hace un año.
4. El Hotel Cuatro Soles **albergará / hospedará / rechazará / acogerá** a la mayoría de los participantes en el congreso.
5. Uno de los objetivos es presentar propuestas para **reducir / mejorar / optimizar / perfeccionar** los sistemas de transporte público.
6. En su ponencia, la doctora Jimena Dopico mostrará ejemplos de edificios públicos que funcionan plenamente con energía **renovable / sostenible / limpia / clara**.
7. A su vez el doctor Xosé Lois Martínez, con una **ambiciosa / dilatada / amplia / gran** experiencia en gestión ambiental, dirigirá una mesa redonda con el título "Naturaleza en la ciudad".
8. Este encuentro espera ser **el arranque / la salida / el punto de partida / el inicio** de una colaboración más extensa que facilite el intercambio de ideas entre las grandes ciudades de los diferentes países.

3 Completa las siguientes frases con el conector temporal correcto. En ocasiones, hay más de una opción válida. Puedes consultar la página 154 del libro del alumno.

1. _____ el *boom* de la construcción, muchos albañiles se quedaron en el paro.
2. Tenemos mucho menos contacto con Daniel _____ se mudó a la otra punta de la ciudad.
3. Tenemos que asegurarnos de que tenemos todos los permisos en regla _____ empezar a construir.
4. _____ las ciudades estén completamente saturadas, muchos se darán cuenta de los abusos que hemos estado cometiendo durante años.
5. Empezaremos a tener problemas de ruido y polvo en la zona _____ empiecen a construir la urbanización.
6. Las asociaciones de personas afectadas por las hipotecas abusivas no dejarán de protestar _____ todo el mundo pueda tener acceso a una vivienda digna.
7. _____ puedo, me voy al pueblo de mis abuelos para desconectar de esta ciudad.
8. Maricarmen tuvo mucha suerte porque _____ terminó la carrera de Arquitectura encontró trabajo en un estudio muy bueno.
9. _____ las energías renovables se utilizaran con tanta frecuencia, los edificios autosuficientes sonaban a ciencia ficción.
10. Los bomberos llegaron enseguida, _____ producirse el derrumbe del edificio.

4 Completa ahora estas frases con infinitivo, indicativo o subjuntivo.

1. Me gusta vivir aquí; antes que _____ (trasladarse) a otra ciudad, prefiero renunciar a un trabajo mejor y quedarme en el que estoy.
2. Te he traído un regalito para tu piso nuevo pero, antes de que lo _____ (abrir), ya te digo que se puede cambiar.
3. Después de que Nacho y Luna _____ (comprar) su casa, empezaron a subir los precios de las viviendas.
4. Tras _____ (pensárselo) mucho, decidimos deshacernos de parte de nuestras pertenencias e ir a vivir a un piso más pequeño.
5. Carlos no va a estar muy contento cuando _____ (ver) las reformas que llevaron a cabo sin preguntarle.
6. El nuevo centro comercial va a ser un problema. Tan pronto como lo _____ (construir), empezarán a cerrar las tiendas del centro.
7. Cristóbal me llamó por teléfono nada más _____ (enterarse) de que me mudaba a su ciudad.
8. El perro se pone a ladrar y a dar saltos de alegría cada vez que _____ (oír) a gente llegando a casa.
9. Mientras _____ (vivir) con nosotros, tendréis que mantener vuestra habitación limpia, aunque no os guste.
10. Desde que _____ (terminar) la carrera, Pablo y Miguel han participado ya en varios proyectos juntos.

PAISAJES URBANOS 7

5 Reescribe las siguientes frases sin cambiar su significado utilizando estos conectores temporales.

> a medida que - siempre que - antes que - mientras - solo cuando - tan pronto como

1 Prefiero vivir en un piso sin ventanas a tener que limpiar cada dos semanas toda una pared de cristal.

2 Es necesario que el Ayuntamiento nos dé las licencias para que podamos empezar a construir cuanto antes.

3 Seguiremos mejorando el aspecto y la calidad de vida de nuestro pueblo, si en el futuro trabajamos como hasta ahora.

4 Solo en caso de que hubiera elecciones, atendería el Ayuntamiento la petición de los vecinos de arreglar la plaza.

5 Si no damos prioridad a la circulación de bicicletas y transporte público, no reduciremos el tráfico en la ciudad.

6 Se están construyendo cada vez más edificios cerca del mar y nos estamos quedando sin costa.

6a ¿Qué ves en las imágenes? Marca la opción correcta.

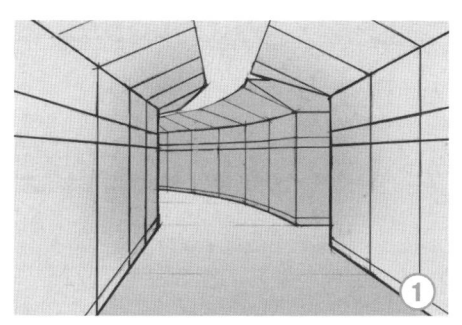

1
a ☐ un corredor
b ☐ una columna

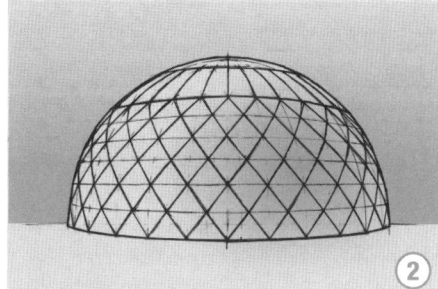

2
a ☐ un globo
b ☐ una cúpula

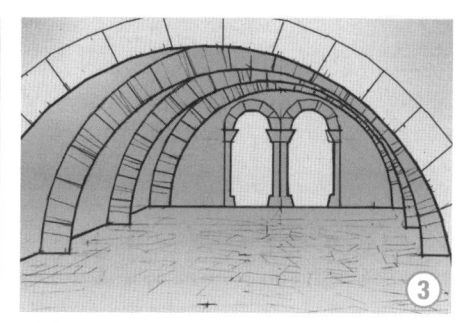

3
a ☐ una bóveda
b ☐ un tejado

4
a ☐ un tímpano
b ☐ una fachada

5
a ☐ una cristalería
b ☐ una vidriera

6
a ☐ un bloque de viviendas
b ☐ un parque de viviendas

7
a ☐ el techo de un edificio
b ☐ la cubierta de un edificio

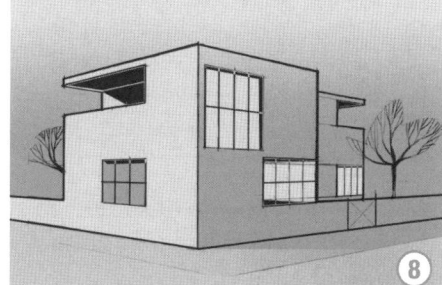

8
a ☐ una casa de dos plantas
b ☐ una casa de planta baja

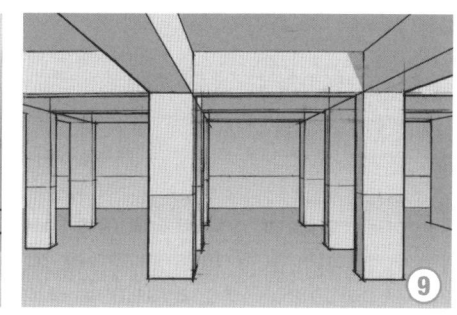

9
a ☐ columnas
b ☐ pasarelas

69

7 PAISAJES URBANOS

6b Las siguientes fotos muestran edificios considerados clásicos arquitectónicos de la modernidad. ¿Puedes relacionar cada edificio con su descripción? Faltan las descripciones de dos de ellos.

A Capilla de los Santos Apóstoles del Gimnasio Moderno, Bogotá, Colombia (Juvenal Moya Cadena, 1956) ___
La capilla se diseña en respuesta a las iglesias clásicas en las que las columnas impiden observar el ritual. Su arquitecto adopta propuestas de Oscar Niemeyer. La planta del edificio es una cruz griega, con cuatro brazos de igual longitud cubiertos por bóvedas. En el centro se halla el altar con una cubierta en forma de cúpula. Tanto la cúpula como los tímpanos de las bóvedas los conforman enormes vidrieras que hacen que el interior se llene de color.

C Biblioteca Nacional Mariano Moreno, Buenos Aires, Argentina (Clorindo Testa, Francisco Bullrich y Alicia Cazzaniga, 1992) ___
El edificio se encuentra en el céntrico barrio de la Recoleta. El proyecto fue realizado en 1961 pero no fue ejecutado hasta años más tarde. En los sótanos se encuentran los depósitos de libros; la planta baja integra el parque de alrededor, creando un espacio para actividades al aire libre; en las plantas altas están las salas de lectura, rodeadas de ventanas, lo que las convierte también en mirador. El hormigón armado de que está hecho el edificio queda a la vista. Esto es una característica del estilo brutalista, de auge entre 1950 y 1970.

B Palmas 555, Ciudad de México (Juan Sordo Madaleno, José Adolfo Wiechers y José Ignacio de Abiega, 1975) ___
La torre cuenta con dos plantas para uso comercial y nueve dedicadas a oficinas. Cada entreplanta la constituye una placa colocada de tal forma que el edificio adquiere un perfil en zigzag. La fachada de los niveles de las oficinas está formada por ventanas. Con esta estructura, las placas impiden la penetración de los rayos solares pero dejan libre la vista sobre la ciudad. Además, en el sótano hay un estacionamiento. El edificio tiene un diseño y una forma únicos en la arquitectura moderna mexicana.

D Población Quebrada Márquez, Valparaíso, Chile (Pedro Goldsack, 1949, declarada Patrimonio de la Unesco en 2003) ___
Este proyecto, construido en barrio Puerto, cercano a la zona comercial y turística, surgió en una época de crecimiento del país ante la necesidad de albergar a las clases populares que llegaban a la ciudad en busca de trabajo. El conjunto consta de diferentes bloques que se adaptan al trazado de la calle Márquez y a los desniveles de la ladera. El elemento visual más característico de los edificios son los corredores exteriores comunes a cada planta, que sirven de punto de encuentro e intercambio entre los vecinos.

6c A continuación tienes algunos datos sobre los edificios no descritos en el apartado b. ¿Te animas a hacer tú la descripción en tu cuaderno? Puedes buscar información o más fotos en internet para hacerte una mejor idea de cómo es el edificio.

- Foto 3: Iglesia Cristo Obrero, Atlántida, ciudad costera de Uruguay (Eladio Dieste, 1952)
- Foto 4: Árbol para Vivir, Lechería, Venezuela (José Fructoso Vivas Vivas, 1994). Edificio de viviendas con vistas a la Bahía de Barcelona.

B INTERVENCIONES URBANAS

7a Completa la tabla con las palabras que faltan. Encontrarás algunas de ellas en el libro del alumno.

Verbo	Sustantivo	Adjetivo
vandalizar		
	la degradación	
		destrozado
	la degeneración	
arruinar		
	el deterioro	
		reincidente
	el maltrato	

7b Marca ahora en cada frase la opción adecuada.

1 Durante la noche se han producido unos actos **ruinosos / vandálicos / maltratadores** que han tenido como resultado **la degradación / el vandalismo / el destrozo** de escaparates y mobiliario urbano.
2 De ser uno de los parques más bonitos de la ciudad **ha deteriorado / ha sido arruinado / ha degenerado** en un punto de encuentro entre traficantes y consumidores de droga.
3 Me da mucha pena que la casa de mis abuelos, desde que está inhabitado, se haya ido **deteriorando / maltratando / destrozando** con el paso del tiempo.
4 Es un barrio muy **destrozado / degradado / ruinoso** donde la población muestra altos índices de alcoholemia, fracaso escolar y desempleo.
5 En nuestra calle hay un grafitero **ruinoso / maltratador / reincidente.** Cada vez que los dueños limpian las rejas de sus tiendas, él, o ella, las vuelve a pintar.
6 Durante las fiestas de la ciudad, los árboles y plantas del Parque de Santa Margarita sufren **el maltrato causado / la ruina causada / la degeneración causada** por las grandes concentraciones de gente que hay allí.
7 • ¿Pero quién ha tirado todos los contenedores?
  ▪ Han sido **unos reincidentes / unos degradados / unos degenerados** que parece que no tenían nada mejor que hacer.
8 La llegada masiva de turistas **maltrata / arruina / degenera** el carácter idílico de algunos pueblos.

8 Selecciona la posición del adjetivo más adecuada.

1 El **antiguo** matadero **antiguo** de Madrid ha sido transformado en un centro cultural.
2 El Ayuntamiento de la ciudad convocó un concurso público para la remodelación de la calle Pajaritos, pero solo se presentó una **única** propuesta **única**.
3 La teoría de las ventanas rotas comenzó en **pobres** barrios **pobres** y marginales.
4 Nadie conoce con seguridad la identidad del artista urbano Banksy, aunque corren **ciertos** rumores **ciertos** sobre quién puede ocultarse detrás de ese apodo.
5 Los vecinos se volcaron en el proyecto y propusieron numerosos **simples** cambios **simples** para hacer la plaza más agradable.
6 Con motivo de la celebración de los Juegos Olímpicos, se realizaron **grandes** obras **grandes** para acondicionar y preparar la ciudad para el acontecimiento.
7 Hace unas semanas, la UNESCO incluyó los **reales** jardines **reales** en su lista de monumentos Patrimonio de la Humanidad.

9 ¿Qué dirías en las siguientes situaciones? Fíjate en la posición del adjetivo.

1 Vas caminando por la calle con tu marido y te encuentras con un amigo al que conoces desde hace mucho, pero al que hace tiempo que no ves. ¿Cómo se lo presentas a tu marido?
  a Mira, Darío, este es mi amigo viejo Julián.
  b Mira, Darío, este es mi viejo amigo Julián.
2 Estás intentando abrir un negocio. Para ello necesitas reunir mucha documentación, pedir permisos y estás un poco cansado de todo el proceso. ¿Qué dices?
  a ¡Papeleo dichoso!
  b ¡Dichoso papeleo!
3 Una amiga acaba de mudarse y quiere contratar a un decorador. Tú contraste a uno hace años y quedaste encantado. ¿Cómo lo recomiendas a tu amiga?
  a Mira, Helena, este es el número del decorador del que te hablé. Es un tío buenísimo.
  b Mira, Helena, este es el número del decorador del que te hablé. Es muy buen tío.
4 Estás visitando la zona donde te criaste, que ha cambiado mucho: está abandonada, todos los edificios están en ruinas y ya no vive nadie allí. ¿Qué dices?
  a ¡Qué pena! No queda ni un alma triste.
  b ¡Qué pena! No queda ni una triste alma.
5 Lees en una revista que a la inauguración del club náutico han asistido personas de la nobleza, la televisión, el mundo del deporte... ¿Qué comentario haces?
  a ¡Anda! Parece que a la inauguración ha ido toda la sociedad alta.
  b ¡Anda! Parece que a la inauguración ha ido toda la alta sociedad.

7 PAISAJES URBANOS

10 El blog *Salta Conmigo* cuenta cómo el arte urbano está ayudando a recuperar un barrio de Ferrol (España). Ordena los fragmentos del texto.

La ruta de las Meninas de Canido en Ferrol (por ahora sin Banksy)

A _1_ (…) "Me encanta pensar en cómo una idea accidental se puede convertir en algo tan bonito como esto y revitalizar un barrio entero". Fran, nuestro taxista, nos confesó que era un vecino de toda la vida del barrio de Canido de Ferrol y que estaba enamorado de ese proyecto nacido de forma accidental de la mano de Eduardo Hermida. (…)

B ____ Lo que de verdad importa es que, casi milagrosamente, con ellas ha renacido el barrio. Un barrio que vuelven a visitar los turistas y, sobre todo, que vuelven a disfrutar los vecinos. Un barrio en el que van surgiendo nuevos pequeños negocios, en el que los niños salen a jugar a la calle y en el que los adultos se vuelven a encontrar en los bares de la plaza del Cruceiro para tomar el vermú. Un barrio en el que ya los vecinos no se van y, de hecho, llega alguno nuevo. (…)

C ____ Y sí, en Ferrol hasta había un muro blanco "reservado para Banksy". Estaba claro que no habría ido: un artista reivindicativo y misterioso como él no iba a seguirle el juego a una marca comercial. Pero ¿y toda la gente que pasó a hacerse una foto delante del muro reservado para Banksy? Una victoria para la ciudad. (…)

D ____ Las meninas se han convertido en la nueva identidad del barrio de Canido. Tanto que ahora, cuando se vuelven a pintar –o a retocar las antiguas– se monta una gran fiesta en la ciudad. (…)
Este año las meninas de Ferrol han sido más mediáticas que nunca… incluso fuera de España. Todo ello gracias a… ¡una marca de cerveza gallega! ¿Qué tiene que ver una cerveza con las meninas de Canido?

E ____ En lo alto de la ciudad, Canido ha sido desde siempre un barrio popular y, como tal, fue uno de los que más sufrió la crisis en Ferrol. Esa crisis de los astilleros de la que también nos habló Fran, la que había dejado a tanta gente sin trabajo y que los había empujado en su búsqueda lejos de ella. Casas abandonadas, degradación, un ambiente triste y desalmado: ese era el entorno con que convivían sus vecinos hace tan solo unos 10 años. (…)

F ____ Podrás encontrarte desde tres meninas desnudas y embarazadas hasta una menina percebeira pasando por una menina jugadora de baloncesto. ¡Ver para creer! Y no solo hay paredes pintadas con acrílico o con espray, también mobiliario urbano, cerámica, decoración de las tiendas… ¡cualquier forma de representarlas es buena!

G ____ En la fiesta nos encontramos con representantes de la concejalía de Turismo de Madrid… Y escuchamos voces del interés de construir una ruta cultural europea. Las meninas de Canido han tenido tanto éxito que parece que van a ser hasta "exportadas". ¿Cuál será el nuevo barrio que renacerá por el mundo gracias a la genialidad de esa primera idea peregrina de Eduardo Hermida?

H ____ Uno de esos vecinos era Eduardo Hermida, un artista que, a pesar de los problemas de su barrio, le seguía teniendo un cariño especial. No quería abandonarlo, pero quería que dejara de vivir en este estado de permanente melancolía. Así, un buen día, en el año 2008, se le ocurrió pintar en una pared una menina. Sí, una reinterpretación en clave contemporánea de una de las protagonistas del celebérrimo cuadro de Velázquez. Y una bonita mancha de color en un barrio gris.

I ____ Pues, en su campaña, buenísima, por cierto –vengo del mundo del marketing y me ha fascinado– "se dirigían" a Banksy. Sí, al que probablemente sea el artista callejero más célebre del mundo –y posiblemente el cantante de Massive Attack–. El "objetivo": invitarle a pintar una menina en Ferrol. La campaña, en exteriores y en prensa, se hizo en diferentes países de Europa como Reino Unido, Italia y Francia.

J ____ Sea como fuere, desde ese día de 2008, las meninas no han hecho más que multiplicarse en ese barrio tan auténtico de Ferrol. Meninas de todos los tamaños, colores y con todo tipo de mensajes, también reivindicativos, ¡que para eso el arte callejero es tan libre!

Extraído de *https://saltaconmigo.com*

¿LO SABÍAS? En su obra *Las meninas* (1656), Velázquez presenta el momento en que la infanta y sus damas de compañía irrumpen en su taller mientras está retratando a los reyes, Felipe IV y Mariana de Austria. En un espejo al fondo de la sala se puede ver el reflejo de estos. Además el autor se pinta a sí mismo trabajando. *Las meninas* es una de las obras más famosas del Siglo de Oro español y puede contemplarse en el Museo del Prado de Madrid.

C PROBLEMAS EN LA VIVIENDA

11 Reescribe las siguientes frases cambiando la parte en negrita por una de las siguientes expresiones.

> desahuciar - una avería - falleció - embargar - hipoteca - aislamiento - encareciendo

1 Un albañil **murió** cuando estaba trabajando en las obras de construcción de la nueva biblioteca municipal.

2 Mi primera casa no tenía **protección** frente al frío y cuando llegó el invierno lo pasé fatal, ¡no había quien aguantara esas temperaturas dentro de casa!

3 Hay **un problema** en las tuberías de mi edificio y por eso el agua caliente no llega bien a todas las casas. Espero que lo arreglen pronto.

4 El banco va a **echar de su casa** a mis vecinos del sexto porque no pueden pagar su **crédito para la casa**.

5 El aumento de los pisos turísticos está **haciendo que suba el precio de** los alquileres para los habitantes de esa ciudad.

6 El juez va a **retener** el coche del político acusado de corrupción hasta que este pueda devolver el dinero o sea declarado inocente.

12 ¿Cuál de las siguientes palabras no está relacionada con su serie?

1 aumentar - multar - encarecer - dispararse
2 tubería - plomos - grifo - fontanero
3 techo - pared - parqué - gotera
4 aislamiento - embargo - hipoteca - desahucio
5 gotear - atascarse - arreglar - agrietarse
6 plomos - interruptor - cable - albañil
7 humedades - grifos - goteras - grietas
8 enchufe - electricista - tubería - cortocircuito
9 grieta - albañil - fontanero - electricista
10 reparar - solucionar - averiar - arreglar

13 Relaciona los problemas de la vivienda con sus posibles soluciones. En alguna ocasión hay más de una posibilidad. Puedes añadir tu propia solución.

1 _____ Si tienes una tubería atascada,…
2 _____ Si se ha levantado el parqué,…
3 _____ Si se saltan los plomos,…
4 _____ Si un grifo gotea,…
5 _____ Si no funciona una lámpara,…
6 _____ Si hay goteras en el techo,…

a puedes echar coca-cola por el desagüe.
b quita la parte que esté dañada y vuelve a cubrir todo con nueva masilla.
c existen unas cintas tapagoteras con las que podrás tapar el lugar por donde entra el agua.
d asegúrate de que la bombilla no está fundida.
e regula la temperatura de la casa para que desaparezca la humedad.
f comprueba que no hayan saltado los plomos.
g asegúrate de cerrarlo bien.
h arregla las tejas por donde ha podido entrar el agua.
i desmóntalo y apriétalo con una llave inglesa.
j quizá se haya estropeado el interruptor.
k apaga algunos de los electrodomésticos que estés usando en ese momento.
l tal vez tengas que levantarlo completamente y poner un suelo nuevo.
m puedes usar un desatascador.
n _____

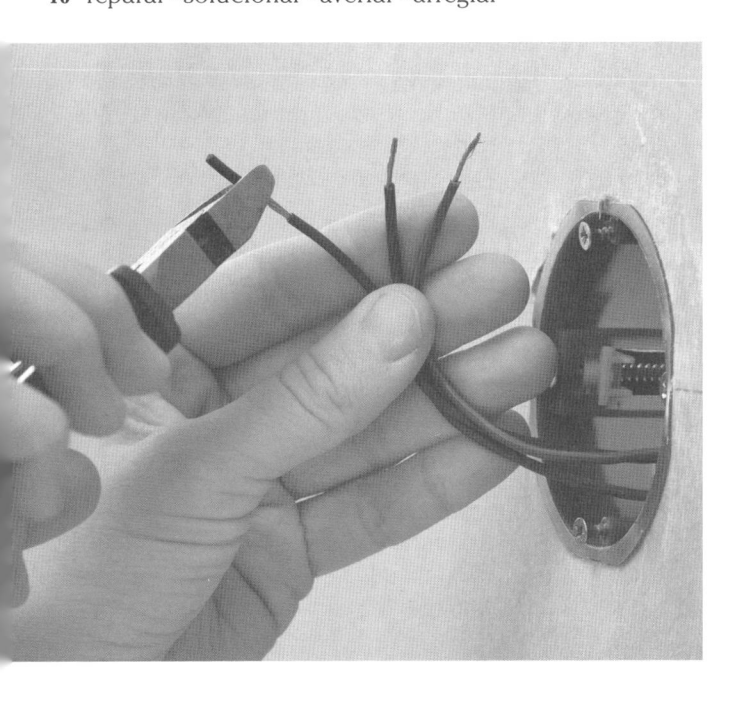

7 PAISAJES URBANOS

14 🔊 12-15 📄 **DELE** Escucha las siguientes conversaciones y marca la opción adecuada.

Conversación 1

1 ¿Qué problema ha tenido la mujer?
   a Tiene goteras provocadas por la vecina.
   b No tiene agua en casa porque hay problemas con las tuberías.
   c La póliza no cubre la avería ya que el problema es de la vecina.
2 ¿Cómo van a solucionar el problema?
   a El fontanero va a hacer al menos un agujero en las cañerías.
   b El edificio va a instalar un parche para cubrir la cañería.
   c El fontanero usará un producto nuevo para cubrir los agujeros.

Conversación 2

3 No pueden mudarse a la casa nueva porque...
   a no han tenido tiempo para reformar el baño.
   b el anterior propietario todavía no puede vender la casa.
   c la agencia inmobiliaria no ha recibido todos los papeles de la compra.
4 ¿Por qué no pueden quedarse más tiempo en la antigua casa?
   a Los nuevos inquilinos entrarán a vivir en pocos días.
   b El casero quiere aprovechar esos días para reformar el baño.
   c El casero no quiere darles más tiempo.

Conversación 3

5 ¿Qué gastos tendrá que pagar el nuevo inquilino?
   a Calefacción y limpieza de zonas comunes.
   b Agua.
   c Electricidad.
6 El inquilino y la agente inmobiliaria volverán a encontrarse...
   a para formalizar la firma del contrato.
   b para la entrega de llaves.
   c cuando el propietario haya firmado su copia del contrato.

Conversación 4

7 El nuevo plan del Ayuntamiento...
   a impedirá la circulación de coches en algunas calles.
   b va a aumentar la frecuencia de los transportes públicos.
   c incluye medidas inmediatas para promover los coches eléctricos.
8 La mujer opina que el plan...
   a no reducirá el número de coches en la ciudad.
   b mejorará la vida de los habitantes de las zonas afectadas.
   c es la mejor solución al problema del tráfico en el centro.

ESTRATEGIAS PARA EL EXAMEN

Este ejercicio se corresponde con la Tarea 2 de la Prueba 2. Consiste en escuchar dos veces cuatro conversaciones informales entre dos personas (entre 220 y 300 palabras cada conversación) y responder a preguntas de selección múltiple.
- Esta tarea evalúa tu capacidad para reconocer detalles específicos, pero esos detalles no se mencionan abiertamente.
- Lee las preguntas y fíjate en las diferencias que hay entre las opciones.
- En la primera audición intenta localizar el lugar donde se dice la información que necesitas.
- En la segunda audición fíjate en los detalles que necesitarás para responder a la pregunta.

15 ¿Qué expresarías en cada situación? Elige entre resignación, alivio o esperanza, y escribe una frase para cada caso.

1 El banco te ha denegado la hipoteca porque tu nómina no llega al mínimo.
　_____

2 El fontanero te ha dicho que no será necesario hacer un agujero en la pared para arreglar la tubería.
　_____

3 Con las lluvias del pasado mes de abril el edificio tiene muchas humedades y cada vivienda va a tener que pagar 100 € para arreglarlas.
　_____

4 Parece que el banco tiene una posible solución para concederte la hipoteca, pero tendrán que estudiarlo detenidamente.
　_____

5 El cortocircuito produjo una avería en todos los cables y tendrás que cambiar toda la instalación eléctrica.
　_____

Recuerda

Expresar **resignación**:
- *Me tendré que conformar / aguantar con* + sustantivo / infinitivo / + *que* + subjuntivo
- *No nos queda otra que / No hay más remedio que* + infinitivo
- *¡Hay que aguantarse! / ¡Es lo que hay!* (coloquiales)

Expresar **alivio**:
- *Me alivia saber que* + indicativo
- *Me quedo más tranquilo/-a / aliviado/-a sabiendo que* + indicativo
- *¡Por fin! / ¡Me he quitado un buen peso de encima!* (coloquiales)

Expresar **esperanza**:
- *Cruzo los dedos para* + infinitivo / *que* + subjuntivo
- *¡Toco madera! / ¡La esperanza es lo último que se pierde!* (coloquiales)

PAISAJES URBANOS 7

D DISEÑO DE INTERIORES

16 Lee el test y elige la descripción que crees que corresponde con las respuestas de cada letra. Después, responde a las preguntas. ¿Te identificas con la descripción que te ha resultado?

Dime cómo es tu casa y te diré cómo eres

Cuando elegimos un sofá, la mesa del comedor o los elementos decorativos, de forma consciente o no, estamos volcando toda nuestra personalidad en la elección. ¿Quieres saber qué dice tu casa de ti? ¡Adelante!

1 Tu casa es…
- a tu espacio más íntimo, donde puedes rodearte de cosas hermosas.
- b tu hogar, donde te encanta pasar largas horas con los tuyos.
- c tu rincón en el mundo, ¡de momento!

2 Las paredes de tu casa son…
- a en tonos crudos, a juego con los textiles.
- b depende de la habitación, te gusta más que cada estancia tenga su propia personalidad.
- c totalmente blancas, por supuesto.

3 En la entrada de casa tienes…
- a una bonita consola restaurada.
- b un zapatero enorme, un banquito, perchas…
- c un gran espejo y poco más.

4 El auténtico protagonista de tu salón es…
- a la mesa de madera natural.
- b el sofá.
- c tu cuadro preferido.

5 Los textiles de tu casa son…
- a en la línea cromática de toda la casa.
- b variados, con los cojines buscas dar toques de color a la decoración.
- c resistentes y se pueden meter en la lavadora.

6 Tu sofá ideal es…
- a de líneas clásicas y elegante.
- b muy espacioso, y rinconero o con *chaise longue*.
- c de líneas sintéticas y modernas.

7 Los adornos que decoran tu casa son…
- a como los que aparecen en las revistas de decoración.
- b fotos de la familia y amigos.
- c pocos, sobre todo recuerdos o *souvenirs* que has comprado en tus viajes.

8 Tu dormitorio es…
- a un remanso de paz, con tejidos lujosos y tonos que invitan al descanso.
- b un lugar de recogimiento, práctico pero acogedor.
- c un espacio para descansar, neutro y sin demasiado mobiliario.

---

1 Mayoría de ___
Tu hogar es tu lugar favorito en el mundo, donde te sientes tú mismo y donde estás más cómodo. Utilizas tonos cálidos y acogedores. Además, buscas la funcionalidad en el mobiliario y en la decoración. Te gusta pasar el tiempo en tu salón, rodeado de tu familia y amigos y buscas que tus muebles y adornos te ayuden a conseguir un ambiente confortable.

2 Mayoría de ___
Tu casa es la expresión de tu estilo, elegante y cuidado. Te encanta seguir las tendencias decorativas y para ello renuevas el mobiliario y la decoración cada cierto tiempo. Necesitas que la atmósfera a tu alrededor tenga orden y calma, porque aprecias los momentos de paz, disfrutando, por ejemplo, de una lectura en tu sillón favorito.

3 Mayoría de ___
Tu casa para ti es solo un lugar de paso, el refugio al que volver entre tantos viajes, conciertos y escapadas. Buscas principalmente que las cosas sean prácticas, funcionales y que no te den dolores de cabeza. No pasas mucho tiempo pensando en cómo amueblar ni decorar la casa, ni te preocupan las tendencias. Si tienes agua, calefacción y un colchón estás más que satisfecho.

Adaptado de *https://elmueble.com*

---

17 ¿Qué palabras faltan? Escríbelas bajo las fotos.

1 c_____ de cama con a_____

2 t_____

3 cortina e_____

4 e_____ de c_____

5 suelo de t_____

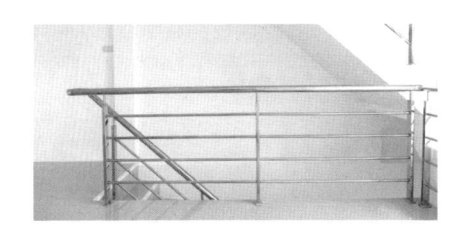

6 b_____

7 PAISAJES URBANOS

18 En español hay muchas expresiones con la palabra *casa*. Lee las frases a continuación y elige el significado para la expresión en negrita.

1. Siempre fue muy ahorrador, pero cuando organizó su 40 cumpleaños, **tiró la casa por la ventana**, ¡fue una fiesta espectacular!
   a. Vender cosas que se tienen en casa.
   b. Gastar mucho dinero.

2. Lo que más me molesta de esta empresa es que el jefe siempre **barre para casa** y adjudica los proyectos más interesantes a sus amiguitos.
   a. Comportarse interesadamente.
   b. Hacer algo con minuciosidad.

3. Macarena **no para por casa** desde que acabaron las clases, siempre tiene algo que hacer o alguien a quien ver.
   a. No descansar mucho.
   b. Pasar mucho tiempo fuera de casa.

4. Julio es bastante descuidado y no hace bien su trabajo. ¡Esa es una verdad **como una casa**!
   a. Confortable.
   b. Muy grande.

5. ¡Tú quieres **empezar la casa por el tejado**! Antes de poner la alfombra, ¡tendrás que limpiar el suelo!
   a. Hacer un trabajo en el orden incorrecto.
   b. Construir un edificio defectuoso.

6. Algunas de las explicaciones que nos dieron me parecieron un poco **de andar por casa**, y no creo que sean técnicamente correctas.
   a. De poco valor, sin rigor.
   b. Claro, conciso.

EN ACCIÓN

19 Lee el siguiente resumen del texto "La vida secreta de los edificios" (página 78 del libro del alumno) y complétalo con las palabras que faltan.

> corrientes - desarrollo - evolución - historia - modificaciones
> contribución - momento - necesidades - posterior - tiempo

En la presentación a su libro *La vida secreta de los edificios*, Edward Hollins expone que los edificios se construyen en un **(1)** _____ concreto pero perduran en el tiempo mientras las **(2)** _____ estéticas, los materiales o las **(3)** _____ para las que fueron creados cambian. Por ello, a lo largo de su **(4)** _____, los edificios se adaptan a las nuevas circunstancias. Esta **(5)** _____ es algo de lo que no suele hablarse. Normalmente se sabe más de la vida del arquitecto que creó un determinado edificio, que de la vida **(6)** _____ del propio edificio. El autor cita, sin embargo, excepciones a esta regla: en los siglos XIX y XX expertos de países y escuelas diferentes sí se preocuparon de la conservación y el **(7)** _____ de edificaciones existentes.

Con su libro Edward Hollins pretende hacer una **(8)** _____ a este campo. Quiere mostrar cómo los edificios evolucionan con el paso del **(9)** _____ e insistir en que estas **(10)** _____ son necesarias.

La librería El Ateneo de Buenos Aires fue antes un teatro

20 Vas a hacer una presentación oral sobre el texto de Edward Hollins (página 78 del libro del alumno). A continuación tienes algunos consejos sobre cómo hacerla. Relaciona los elementos de las dos columnas.

1. Prepara bien…
2. Consulta tus notas,…
3. Utiliza conectores para ordenar tu discurso como…
4. Puedes referirte a lo dicho por el autor usando, por ejemplo…
5. Mira a los ojos…
6. No olvides que es bueno sonreír…

a. pero no las leas directamente.
b. de los oyentes.
c. *El autor cita / pretende / señala…*
d. lo que vas a contar.
e. y mantener una actitud afable.
f. *En primer lugar…, A continuación…, Finalmente…*

8 GEOGRAFÍAS Y VIAJES

A GEOGRAFÍAS

1 Lee las siguientes definiciones y escribe a qué palabra se refieren. ¿Hay algún ejemplo de estos accidentes geográficos en tu país? Anótalo.

1 Lugar donde un río o un canal termina en otro río o en el mar: D _ _ E _ B _ _ _ D _ _ A

2 Depósito de agua creado de manera artificial donde se almacenan y administran grandes cantidades de agua: _ M _ A _ S _

3 Cuando hablamos de un río que tiene mucha agua: C _ _ D _ _ O _ _

4 Punto más alto de una montaña: _ I _ A

5 Conjunto de montañas enlazadas entre sí: C _ _ D _ LL _ _ A

6 Paso estrecho entre montañas: D _ _ F _ _ A _ _ R _

7 Río secundario que llega a otro río más grande: _ F _ _ E _ T _

8 Conjunto de grandes cascadas de agua: C _ T _ R _ _ A _

2 ¿Cómo describirías estos lugares? Utiliza uno de los siguientes adjetivos.

tenebroso/-a   húmedo/-a
idílico/-a   pintoresco/-a
bullicioso/-a   desolador/-ora
claustrofóbico/-a

1 Cuando fui a Egipto visité una de las tumbas de los faraones. Tuvimos que recorrer un laberinto de pasillos estrechos y muy bajitos. Al final llegamos a una sala minúscula. Fue impresionante pero también muy _____.

2 La semana pasada hicimos una escapada a un hayedo precioso. Todo el terreno estaba encharcado y se podían apreciar las gotas resbalando por las hojas. Estábamos al lado del río, por eso todo estaba tan _____.

3 Este verano pasé unos días en una cabaña al lado de un lago. Por las mañanas me tomaba un café viendo las vacas pastar, después nadaba un poco y al mediodía comía disfrutando del paisaje. Desde luego, era un lugar _____.

4 A mi padre le encanta fotografiar lugares abandonados. Una vez me llevó a una vieja cárcel. Las paredes estaban caídas, los cristales rotos y todo estaba muy oscuro. Era el sitio más _____ que había visto en mi vida.

5 El Salar de Uyuni, en Bolivia, me resultó impresionante. No se ve nada a cientos de metros a la redonda, solo desierto. Para mí fue algo casi mágico, pero a otros les pareció un paisaje _____.

6 En Chile nos enamoramos de las calles de Valparaíso: todas con sus casas de colores, perfectamente conservadas, parecían sacadas de un cuento. Desde luego, eran muy _____.

7 Ciudad de México es una ciudad muy viva y llena de contrastes. Eso sí, tienes que prepararte para el ruido constante de los coches, la gente… Es una ciudad muy _____.

8 GEOGRAFÍAS Y VIAJES

3 Clasifica el siguiente vocabulario. ¿Con qué relacionas cada una de las palabras?

| el pie - caudaloso/-a - árido/-a - desolador/-ora - la cima - pintoresco/-a - el cañón - el afluente - seco/-a - desembocar |
| escarpado/-a - idílico/-a - la cordillera - el pico - despoblado/-a - la sierra - la garganta - el valle - la cascada - el curso - la corriente |

río	paisaje	montaña

4 Bibiana es una mujer un poco descarada. Inma, por el contrario, es más comedida. ¿Cómo se expresaría cada una en las siguientes situaciones? Puedes utilizar estas fórmulas:

Efectivamente…   ¡Qué va!   ¿estoy en lo cierto?   ¡Y tanto que…!
Una cosa es que… y otra, que…   ¿a que sí?

Bibiana

1 **Bibiana:** El desierto de Atacama, en Chile, es el más árido del planeta,
   Inma: El desierto de Atacama, en Chile, es el más árido del planeta,

2 **Un amigo:** La cordillera más grande del mundo es la del Himalaya, ¿no?
   Bibiana:
   Inma:

(La cordillera del Himalaya, de 2600 km de largo, contiene más de 100 cumbres de más de 7000 m. Los Andes tienen más de 7240 km de largo y su cima más alta es el Aconcagua con 6962 m)

Inma

3 **Un amigo:** ¿El lago navegable más alto del mundo es el Titicaca?
   Bibiana:
   Inma:

(A 3812 m, el lago Titicaca, en la frontera entre Bolivia y Perú, es el lago navegable más alto del mundo)

¿LO SABÍAS?

Además del desierto de Atacama, los Andes o el lago Titicaca, Sudamérica presenta otros récords geográficos a nivel mundial. En Ecuador, la cumbre del volcán Chimborazo es el punto terrestre más cercano al sol, lo que se debe a su situación en la zona abultada de la Tierra. El Río de la Plata, entre Uruguay y Argentina, es para muchos el más ancho del mundo, aunque varios geógrafos consideran este río, que alcanza unos 220 km de ancho, un golfo. En Venezuela, el Salto Ángel, con casi 1000 m de altitud, es la cascada más alta del planeta.

Volcán Chimborazo, Ecuador   Río de la Plata, Argentina   Salto Ángel, Venezuela

GEOGRAFÍAS Y VIAJES

5 En la audición de la página 81 del libro del alumno aparecen las expresiones que a continuación se marcan en negrita. Lee las frases y selecciona la definición correspondiente.

1. En las últimas vacaciones nos dormimos y salimos tarde para el aeropuerto. Pensamos que no llegaríamos a tiempo pero al final subimos al avión **por los pelos**. ¡Menos mal!
   a. Entramos en el avión en el último momento.
   b. Nos dejaron pasar gracias a nuestro peinado elegante.
   c. Entramos por la cabeza del avión, por la parte delantera.

2. Cuando Carol nos contó que iba a dejar su trabajo e irse a Irlanda para reorientarse profesionalmente, **nos dejó de piedra**, ¡con lo mucho que le gustaba su empresa!
   a. No nos pidió nuestra opinión.
   b. Nos dejó muy sorprendidos.
   c. Nos dejó de lado, nos abandonó.

3. Gabriela y Martina no tienen problemas de presupuesto, así que eligen los destinos de sus vacaciones **a voleo**: cogen un mapa, cierran los ojos y van… ¡a donde el dedo apunte!
   a. De repente.
   b. Con mucha antelación.
   c. Al azar.

4. La profesora eligió las preguntas más difíciles para el examen porque **iba a pillar**; quería castigarnos por nuestro comportamiento.
   a. Quería comprobar quiénes eran los mejores de la clase.
   b. Las preguntas estaban pensadas para que falláramos.
   c. Quería que tuviéramos buena nota.

5. Digamos que mi **punto fuerte** no es la orientación y más de una vez me he perdido en ciudades extranjeras. Pero reconozco que ahora las *apps* me ayudan mucho.
   a. Mi especialidad.
   b. Mi debilidad.
   c. Mi parte favorita.

6. Hoy en día **está chupado** encontrar buenas ofertas en vuelos y hoteles. Solo tienes que estar atento y mirar en diferentes webs.
   a. Es muy fácil.
   b. Es muy habitual.
   c. Es complicado.

7. Aitor fue ayer a correr y pasó por unos sitios que, cuando me lo contó, **no me sonaban de nada**, ¡y eso que están aquí cerca!
   a. No podía oír lo que me decía.
   b. No me parecían muy bonitos.
   c. No los conocía.

B GRANDES ESCAPADAS

6 Relaciona los elementos de los dos bloques para formar frases. Presta atención a las colocaciones.

1. Toño y Anabel habían discutido, pero cuando empezó el concierto, se abandonaron…
2. La UNESCO nació para proteger la riqueza…
3. Si realmente quieres atrapar…
4. Sueño con pasar las vacaciones lejos del mundanal…
5. Óscar y Oriol suelen viajar a Costa Rica por su naturaleza…
6. Si queréis llegar a la costa, tenéis que pasar por la capital. Es el centro…
7. Cada piedra de Machu Picchu es un retazo…
8. En el centro de la ciudad hay un parque escondido, un remanso…
9. Dentro de España, las Islas Canarias tienen un clima…
10. Me gustaría pasar una noche en un hotel de esos que no escatiman…

a. ☐ de historia que transporta a un pasado mágico.
b. ☐ al ritmo de la *bossa nova* y olvidaron todo lo demás.
c. ☐ ruido de la ciudad y estar sin teléfono, ni internet.
d. ☐ neurálgico de donde salen todos los autobuses.
e. ☐ de paz, que casi nadie conoce.
f. ☐ privilegiado. ¡Un buen destino para ir en Navidad!
g. ☐ cultural de cada país.
h. ☐ lujos, ¡aunque sea una noche para saber cómo es!
i. ☐ la esencia de un país como Cuba, no puedes alojarte en un resort.
j. ☐ exuberante. Allí hacen rutas por la selva, duermen bajo los árboles…

Recuerda

Las **colocaciones** son combinaciones de palabras frecuentes en una lengua. A diferencia de las locuciones (o frases hechas), las palabras de una colocación conservan su significado original: *A pesar de las **lluvias torrenciales** que tuvimos durante las vacaciones, **todos conservamos el buen humor** y pasamos **momentos inolvidables** jugando juntos en el piso.*

8 GEOGRAFÍAS Y VIAJES

7 Lee el siguiente texto sobre "el miedo a perderse algo" y elige la opción correcta para cada hueco.

Estás viajando "mal" y no lo sabes

¿Habéis escuchado hablar del FOMO es decir, del *Fear Of Missing Out*? Es una aprensión muy del siglo XXI, que consiste en estar continuamente agobiado porque sentimos que el resto se lo está pasando mejor o está haciendo más cosas y más interesantes que nosotros. MARTA SADER

Esta "dolencia", **(1)** _____ por nuestra continua exposición a las redes sociales, tiene también otra cara: la de sentir que no estamos siendo lo suficientemente felices, que no estamos **(2)** _____ la vida "a tope". "Tienes que viajar, tienes que tener vivencias alucinantes; tienes que aprovechar al 100 % tus vacaciones; tienes que salir con tus amigos como si no hubiese un mañana; tienes que ir a todos los conciertos; tienes que probar todos los restaurantes del planeta; tienes que ver todas las series de moda; tienes que tener un millón de experiencias antes de cumplir los 40 y dos millones antes de morir…", enumera el psicólogo Jaime Burque. (…)

"Vivir la vida y tener experiencias impresionantes es algo maravilloso. El problema consiste **(3)** _____ volver estas metas tan bonitas en rígidas y obligatorias, provocando un efecto **(4)** _____ al buscado. Las consecuencias las vemos cada día más en nuestra consulta, donde nos encontramos que mucha gente está amargada por no "vivir la vida", estresada, con crisis terribles a los 30, 40 o 50 con una incapacidad patológica de vivir el presente, aunque estén **(5)** _____ la cima del Everest", argumenta Burque.

¿Acaso a vosotros no os pasa? Llegáis a otro país, después de tropecientas horas de avión, y por muy cansados que estéis, ni siquiera os **(6)** _____ descansar en el hotel: solo tenéis una semana y queréis aprovechar cada minuto del viaje haciendo cosas alucinantes. De hecho, tenéis una lista de cada sitio que deberíais ver, cada comida que deberíais probar, cada experiencia que deberíais vivir. Esa es probablemente la razón de que SIEMPRE haya cola en la Torre Eiffel o de que sea prácticamente imposible acercarse a la Fontana di Trevi. Son cosas que hay que ver, no hacerlo es como no haber ido a París o a Roma. Pero, ¿de verdad nuestra experiencia de un lugar sería incompleta sin esperar las dos horas que nos separan de lo alto de un monumento? (…)

La respuesta está clara: no. Un viaje es personal, y su interés **(7)** _____ precisamente en esto, en que es una experiencia propia y distinta. Si no, nos valdría ver el video de un lugar para conocerlo. Está claro: una vez que consigues alcanzar la cumbre de la Torre Eiffel, no te extasías en silencio ante el paisaje; lo que estás es haciendo fotos y compartiéndolas en tu perfil (parece que si no las ve el resto, tu viaje "no **(8)** _____" tanto), a la vez que piensas en lo que harás y en adónde irás cuando el ascensor te vuelva a dejar abajo. "Las redes sociales **(9)** _____ por mil este efecto al promover que compartamos compulsivamente las experiencias tan geniales que tenemos. Nos centramos en la foto del amanecer (mientras nos perdemos el amanecer) porque queremos recompensas rápidas, como *likes* y admiraciones por parte de los demás. Con todos estos ingredientes, solo conseguiremos llegar a ser coleccionistas compulsivos de experiencias, sin darle el valor que tienen y con la **(10)** _____ de tener más y más". (…)

¿No deberíamos disminuir las revoluciones? Si no en el día a día, quizá en las vacaciones, esas que antes consistían en descansar. ¿La razón? "Si no vives el momento, seguramente, no seas feliz, aunque hayas visitado todos los países del mundo, corrido una maratón o nadado entre delfines. Creemos que **(11)** _____ experiencias es la clave de la felicidad, cuando el verdadero ingrediente de **(12)** _____ es ni más ni menos que experimentar plenamente nuestro presente", culmina Burque.

Así pues, la próxima vez que viajes, respira **(13)** _____: hay tiempo para todo, y todo lo que hagas y veas será suficiente. Concéntrate en lo que percibes, déjate llevar; no te preocupes por lo que pasará después, ni por lo que pensarán los demás. Es difícil, pero quizá nos hagamos adicto/-as a una forma de viajar mucho más relajada y, según afirman los expertos, también mucho más **(14)** _____.

	a	b	c	d
1	a acusada	b agravada	c impuesta	d enfermada
2	a exprimiendo	b utilizando	c comprimiendo	d haciendo
3	a de	b a	c en	d con
4	a oponente	b negativo	c enfrentado	d inverso
5	a coronando	b llegando	c caminando	d consumando
6	a consideráis	b planteáis	c sugerís	d sopesáis
7	a alberga	b vive	c reside	d se radica
8	a merece	b funciona	c sirve	d vale
9	a aumentan	b multiplican	c crecen	d difunden
10	a codicia	b ansia	c afán	d miseria
11	a ganar	b seleccionar	c acumular	d recoger
12	a la cuya	b ella	c la misma	d cuya
13	a lleno	b profundo	c intenso	d hondo
14	a dichosa	b contenta	c afortunada	d desdichada

Adaptado de *www.traveler.es*

GEOGRAFÍAS Y VIAJES 8

8 Completa las frases utilizando la perífrasis adecuada.

> acabar de - acabar por - deber de - echarse a
> estar por - ir - no poder - romper a

1 Me encantaría visitar el Parque Nacional Tayrona en Colombia. _____ ser precioso.
2 Al enterarse de que habían cancelado el vuelo, dos personas _____ gritar enfadadas.
3 _____ ser que hayas visto a Iris, ¡pero si este fin de semana se iba al campo con su novia!
4 Oye, apura, que el tren _____ salir y vamos a perderlo.
5 Cuando llegamos al Gran Cañón, me pareció tan impresionante, que _____ llorar de la emoción.
6 Lucía y Marcos habían pensado en hacer un viaje a un lugar de playa, pero finalmente _____ irse a los fiordos noruegos y les gustaron mucho.
7 A lo largo de su vida, Marga y Eduardo _____ visitando diferentes países relacionados con la viticultura. Han estado en Argentina, Sudáfrica ¡e incluso China!
8 Ainhoa y Daniel _____ volver de su viaje de luna de miel a unas playas de aguas cristalinas.

Recuerda

Las **perífrasis verbales** son estructuras de **dos o más verbos. El primero** se conjuga y aporta información sobre **cómo se lleva a cabo la acción. El segundo**, en infinitivo, participio o gerundio, aporta el **significado léxico**. En algunos casos, los verbos están unidos por una preposición o conjunción.

Solemos pasar una semana de febrero en casa de mis padres, pero este año quería hacer algo diferente, así que me puse a buscar un viaje. Mala idea. Mi hija pequeña rompió a llorar cuando supo que no iba a ver a sus abuelos y mi hijo está deseando volver a encontrarse con sus amigos del pueblo, así que acabé por abandonar la idea de ese viaje.

9 Reescribe las siguientes frases sustituyendo la parte subrayada por la perífrasis entre paréntesis.

1 Rosi pasó tres meses como voluntaria en Filipinas. Al principio no fue fácil, pero luego, poco a poco, se acostumbró a la vida de allí. **(ir + gerundio)**

2 A Manuel le gustan mucho la gente y la forma de vida de los países latinoamericanos, así que al final se irá a vivir allí algunos años. **(acabar por + infinitivo)**

3 Creo que hay un error con la reserva: queríamos tres habitaciones para dos noches, no dos para tres noches. **(tener que + infinitivo)**

4 A Javi le gustó mucho Senegal, así que ahora estudia francés para volver allí en cualquier momento. **(ponerse a + infinitivo)**

5 Como llegaba tarde al aeropuerto, en cuanto llegué, fui corriendo hasta la puerta de embarque. **(echar a + infinitivo)**

6 Le interesa mucho Sudamérica, por eso pasa cada año un mes en un país diferente. Ha visitado ya cuatro países. **(llevar + cantidad + participio)**

7 Cada vez que mi novia me dice que tiene una idea para un nuevo viaje, tiemblo. ¡Siempre se le ocurren unos destinos muy raros! **(echarse a + infinitivo)**

8 Ya iba a reservar el viaje, pero me di cuenta de que prefiero pasar las vacaciones aquí, con la familia y los amigos. **(estar a punto de + infinitivo)**

8 GEOGRAFÍAS Y VIAJES

10 ¡Escribe sobre ti!

1 ¿Qué acabas de hacer?

2 ¿Cuándo fue la última vez que te echaste a reír?

3 ¿A qué cosas te has ido acostumbrando en tu vida?

4 ¿Cuántos libros llevas leídos en el último año?

5 ¿Crees que acabarás por irte a vivir a otro país?

6 ¿Qué estás a punto de hacer?

C TURISMO MASIVO

11a Muchas veces una palabra tiene diferentes significados dependiendo del contexto en que se utiliza. Aquí tienes frases extraídas del texto "El desafío del turismo masivo" (página 85 del libro del alumno). Relaciona la palabra o expresión en negrita con la definición que corresponda.

1 Cada uno porta su etiqueta adhesiva para que el guía **de turno** pueda hacer mejor el recuento.
   a Dicho de una persona: que trabaja en cierto momento, según un sistema previamente acordado.
   b Que aparece siempre que se dan determinadas circunstancias.

2 Cada uno porta su etiqueta adhesiva para que el guía de turno pueda hacer mejor el **recuento**.
   a Inventario.
   b Comprobación del número de personas, cosas, etc., que forman un conjunto.

3 La revolución *low cost* ha conseguido amplificar en menos de un **lustro** el abanico de usuarios del transporte aéreo.
   a Período de cinco años.
   b De *lustrar:* dar brillantez a algo, como metales y piedras.

4 La revolución *low cost* ha conseguido amplificar en menos de un lustro el **abanico** de usuarios del transporte aéreo.
   a Instrumento que sirve para darse aire, agitándolo manualmente.
   b Serie o conjunto de diversas cosas de la misma clase.

5 Hay decisiones propias del gobierno urbano que **urge** acometer.
   a Dicho de una cosa: que necesita ser ejecutada o remediada prontamente.
   b Pedir o exigir algo con urgencia o apremio.

6 Hay decisiones propias del gobierno urbano que urge **acometer.**
   a Decidirse a una acción o empezar a ejecutarla.
   b Embestir con ímpetu.

11b Completa estas frases con la palabra adecuada de las destacadas en el apartado anterior. En esta ocasión se presenta su uso con diferente significado.

1 Cada Navidad _____ los candelabros de plata de mi abuela, es una tradición que me encanta desde niña.

2 El colectivo de vecinos _____ al Ayuntamiento a reformar la política de concesión de licencias turísticas.

3 Los jugadores de ese equipo son famosos por su manera de _____ contra el equipo contrario. Para mi gusto son demasiado violentos.

4 Menos mal que me llevé un _____ al viaje, con el calor que hacía en Cartagena de Indias, lo usé todos los días.

5 Parece ser que había errores en las cifras, así que los empleados tuvieron que hacer un _____ en el almacén.

6 Fuimos a urgencias, porque Graciela no se encontraba bien, y nos atendió la médica _____, una mujer muy competente.

GEOGRAFÍAS Y VIAJES 8

12a Algunos vecinos enfrentados a las consecuencias del turismo masivo en su barrio dan su testimonio sobre el tema. Léelos y señala a cuál de los siguientes problemas hacen referencia. Puede haber más de un problema por testimonio.

1 Explotación turística de viviendas sin licencia.
2 Homogeneización del comercio.
3 Incremento en los precios del alquiler.
4 Banalización de la cultura local.
5 Incumplimiento de las normativas de comportamiento cívico.

Gonzalo: "Ya no puedes hacer tu vida en el barrio porque han cerrado tantísimos comercios… Por ejemplo, la óptica donde yo me compraba las gafas. El mes pasado tuvieron que cerrar y ahora hay una tienda de *souvenirs*. Donde antes había un supermercado, otra tienda de *souvenirs*. ¿Y dónde hago yo la compra? Quedan pocas tiendas de barrio, y las que quedan, son más caras".
Problema: _____

Juana: "El problema de la explotación turística de los pisos es que el dinero que una familia puede pagar al mes, un par de turistas lo paga en una semana. Estamos en una situación en la que o el Gobierno y las administraciones empiezan a intervenir en el precio de la vivienda o en tres años nos encontraremos fuera de nuestras casas".
Problema: _____

Antonio: "Vamos a cerrar el bar porque en los últimos años hemos perdido mucha clientela, la gente del barrio se está yendo. Lo que quieres es fidelizar a los clientes, pero al final solo queda gente de paso, turistas que quieren beber y beber y no les importa lo que les des. Al final, solo quedarán los bares con paellas precocinadas y alcohol barato".
Problema: _____

Marina: "Yo me siento en otro planeta, porque en la calle no ves a nadie que esté vestido normal, es como un parque temático, van sin camiseta, en bañador. La rara soy yo, por ser una persona normal que lleva una vida normal y se levanta cada mañana para ir a trabajar. Esto es una ciudad, no un resort de playa, pero parece que a los turistas no les importa cómo vivimos aquí, ¡no respetan nada!".
Problema: _____

Ana: "Debajo de mi casa han montado un hotel encubierto. Hay 49 viviendas en el edificio, de las cuales 42 las están explotando como un hotel, y quedan solo cinco familias viviendo aquí. El portal está siempre lleno de gente yendo y viniendo, maletas por todas partes, no puedes ni pasar… Y por supuesto, el ruido por las noches es una tortura. Es una situación insostenible".
Problema: _____

12b ¿Podrías darles algún consejo a esas personas?

Lo único que puedo sugerirle a Ana es que utilice tapones para los oídos por las noches.

_____
_____
_____

Recuerda

Puedes **dar consejos** usando las siguientes expresiones: *Te sugeriría…; Ni se te ocurra…; Lo único que puedo aconsejarte / recomendarte / sugerirte es que…; Lo más aconsejable / recomendable es…; Siempre queda el recurso de…*

GEOGRAFÍAS Y VIAJES

13 **DELE** Colaboras en una revista de turismo y viajes dirigida al público general. Para el próximo número te han encargado un artículo sobre el impacto de las plataformas de alquiler de casas particulares en las distintas comunidades autónomas (CC. AA.) españolas. Para elaborar el artículo cuentas con la información de las siguientes tablas. Resume los datos, valóralos y extrae tus conclusiones. Escribe entre 180 y 220 palabras.

Peso relativo del alquiler de viviendas sobre el total de plazas ofertadas por CC. AA.

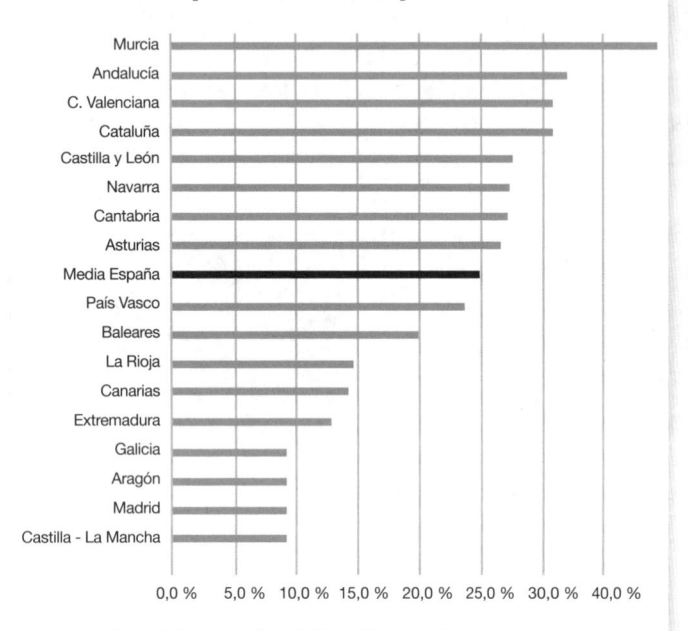

CC. AA.	%
Murcia	~42 %
Andalucía	~32 %
C. Valenciana	~30 %
Cataluña	~30 %
Castilla y León	~27 %
Navarra	~27 %
Cantabria	~27 %
Asturias	~26 %
Media España	~25 %
País Vasco	~22 %
Baleares	~20 %
La Rioja	~15 %
Canarias	~14 %
Extremadura	~12 %
Galicia	~9 %
Aragón	~9 %
Madrid	~8 %
Castilla - La Mancha	~8 %

Porcentaje de alojamientos ofertados en plataformas de alquiler de viviendas particulares, por CC. AA.

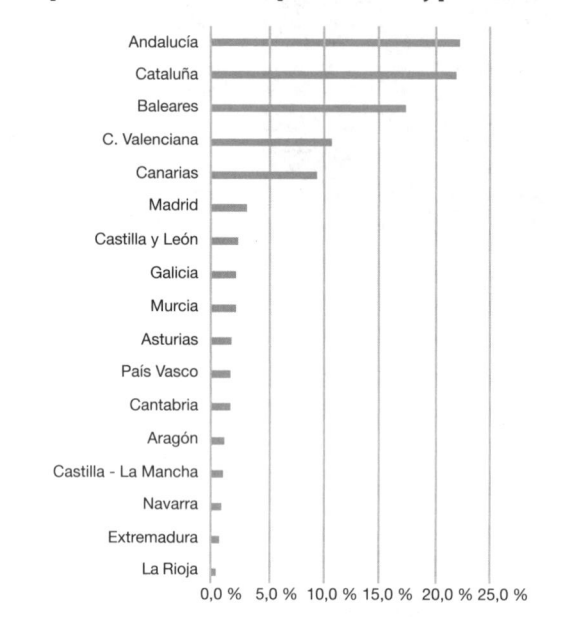

CC. AA.	%
Andalucía	~22 %
Cataluña	~21 %
Baleares	~17 %
C. Valenciana	~10 %
Canarias	~9 %
Madrid	~4 %
Castilla y León	~3 %
Galicia	~3 %
Murcia	~2 %
Asturias	~2 %
País Vasco	~2 %
Cantabria	~1 %
Aragón	~1 %
Castilla - La Mancha	~1 %
Navarra	~1 %
Extremadura	~1 %
La Rioja	~0 %

Precio medio por noche en alojamientos en AirBnB, por CC. AA.

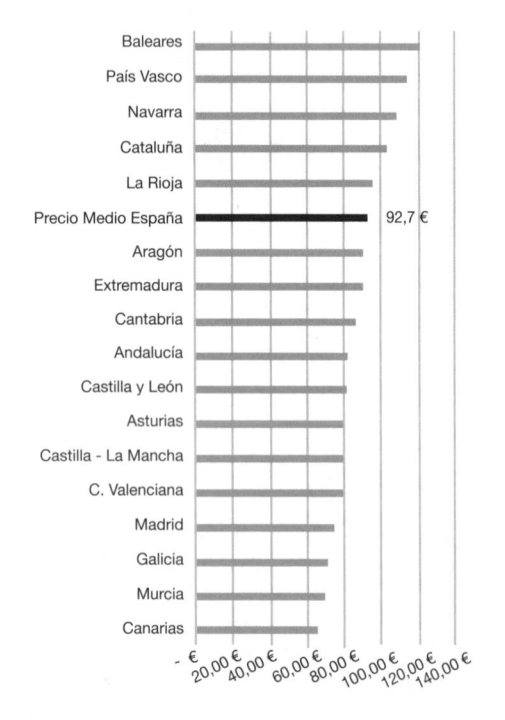

CC. AA.	€
Baleares	~135 €
País Vasco	~120 €
Navarra	~110 €
Cataluña	~105 €
La Rioja	~95 €
Precio Medio España	92,7 €
Aragón	~90 €
Extremadura	~88 €
Cantabria	~85 €
Andalucía	~82 €
Castilla y León	~80 €
Asturias	~78 €
Castilla - La Mancha	~75 €
C. Valenciana	~72 €
Madrid	~70 €
Galicia	~68 €
Murcia	~65 €
Canarias	~60 €

Extraído de *www.hosteltur.com*

ESTRATEGIAS PARA EL EXAMEN

En la Tarea 2 de la Prueba 3 se proponen dos opciones para redactar un texto de 180-220 palabras. Tienes que elegir una. Este ejercicio se corresponde con la opción a, que consiste en redactar una reseña, un informe o un artículo para una revista. (En la opción b hay que redactar una carta formal; encontrarás las estrategias en la página 94).

- Observa las informaciones con las que cuentas y anota los datos más relevantes.
- Tendrás que emplear un vocabulario formal, adecuado al registro.
- Ordena el texto con conectores del discurso como: *Con respecto a...; Cabe destacar (que)...; Por otro lado...;* etc.
- Valora los datos con expresiones como: *Está claro...; Parece evidente (que)...; Resulta sorprendente (que)...;* etc.
- No olvides la conclusión. Puedes usar expresiones como: *A la vista de estos datos, se puede concluir que...; En conclusión,...;* etc.
- Al acabar, lee el texto y comprueba que la estructura es ordenada y las ideas están bien organizadas y conectadas.
- Haz luego una nueva lectura para asegurarte de que el vocabulario, la gramática y la ortografía también son correctas.
- Puedes escribir el texto comentando las gráficas una detrás de otra o entrelazando las informaciones.

GEOGRAFÍAS Y VIAJES **8**

14a La palabra *fobia* (del griego *-phobía,* "temor") significa "aversión o rechazo" y puede ser utilizada como sufijo, *-fobia*. Mira esta lista de palabras y relaciónalas con su significado.

1 Agorafobia   3 Hidrofobia   5 Homofobia
2 Xenofobia   4 Claustrofobia 6 Fotofobia

a ☐ Aversión o intolerancia a la luz.
b ☐ Aversión a los espacios cerrados.
c ☐ Aversión a los espacios abiertos.
d ☐ Aversión hacia las personas homosexuales.
e ☐ Aversión hacia las personas extranjeras.
f ☐ Aversión al agua.

14b 🔊 16 El sufijo *-fobia* ha dado lugar a la palabra *turismofobia*. A continuación vas a escuchar una noticia que ejemplifica este nuevo concepto. Completa las frases con la información que escuchas.

1 En Barcelona cuatro personas detuvieron un autobús… _____

2 El pasado mes de mayo, en Poble Nou… _____

3 Los ataques son llevados a cabo principalmente por… _____

4 Los ataques a objetivos turísticos se producen en… _____

5 El turismo en Venecia está poniendo en peligro… _____

6 El Ayuntamiento de Venecia ha aprobado medidas para… _____

D LA VUELTA AL MUNDO EN 80 LIBROS

15 Completa los siguientes párrafos con las palabras de la tabla.

censura - heroísmo - dosis - penurias - autobiográfica

1 Su novela _____ fue publicada por primera vez el año pasado, casi treinta años después de su muerte. No pudo salir a la luz entonces debido a que era muy crítica con la dictadura militar y no habría pasado la _____. En sus más de quinientas páginas, relata las _____ que tuvo que pasar durante la guerra, y cómo el _____ de su madre consiguió sacar a su familia adelante, ya que ella podía pasar días sin comer con tal de que sus hijos tuvieran algo que llevarse a la boca. El relato es estremecedor, pero algunos pasajes contienen altas _____ de humor, que hacen que la lectura sea más llevadera.

tópicos - periplos - trasfondo - atípico

2 Me gusta la literatura de viajes, pero no solo los libros que hablan de _____ por diferentes ciudades, países y carreteras perdidas, sino también aquellos en los que el viaje es más _____, aquellos que huyen de los _____ y que viajan al interior. Estas novelas, que rozan el ensayo en más de una ocasión, realmente exploran el _____ de la acción y no se quedan en lo puramente superficial, invitando al lector a la reflexión.

trastocar - testigos - peripecias - clave

3 Últimamente se están publicando muchos libros que, en _____ de humor, narran las _____ de determinadas profesiones como los profesores o los enfermeros. Sus autores normalmente han desempeñado estas profesiones y han sido _____ de primera mano de cómo a veces el resto de la población no los trata con el respeto adecuado. La lectura de estas obras consigue, en ocasiones, _____ nuestras ideas y prejuicios sobre estas profesiones.

veracidad - habilidoso - inconmensurable
despuntar - carencias

4 En la primera carta de rechazo que recibió de la editorial solo se mencionaban las _____, todo lo que le faltaba al texto, que aparentemente no tenía nada positivo. Después de la negativa, la autora se propuso añadir más fantasía a sus páginas y de un modo realmente _____, casi sin que se notara, eliminó ciertos elementos de _____. Unos meses después, su novela para jóvenes consiguió _____ en las listas de ventas y tras su adaptación cinematográfica, su éxito fue _____.

8 GEOGRAFÍAS Y VIAJES

16 Lee el siguiente texto del que se han extraído diferentes fragmentos. Después, lee los fragmentos propuestos y decide en qué lugar del texto deberían ir.

La editorial que descubre los mapas del tesoro ocultos en los libros

Entre los lugares comunes que se suelen utilizar para justificar el amor por la literatura hay uno especialmente pegajoso, que se repite una y otra vez: que los libros son mapas que nos llevan a otros mundos. Y si en este párrafo empleamos la palabra pegajoso es porque, en realidad, se trata de una de esas cosas que se dicen, la mayor parte de las veces, sin saber muy bien qué significan (…).

(1) _____ han vuelto sobre textos sobre los que se han deslizado millones de miradas, y lo han hecho de una forma nueva, escudriñando las líneas de texto y yendo hacia el mundo que (sí, es verdad, no era una mentira) se oculta entre las tapas de un libro.

Nació así Aventuras Literarias, una editorial (por resumir, porque en realidad es mucho más) que ha dado una nueva vida a títulos clásicos que conforman la memoria colectiva de varias generaciones, **(2)** _____. (…)

Así, por ejemplo, *La vuelta al mundo en ochenta días* que ellos han confeccionado huele a mar, a viento, a estiércol de elefante e incluso a hollín de locomotora a vapor. Porque lo que ellos han hecho con la obra de Verne es trazar un gran mapamundi que muestra el prodigio que era, en la década de 1870, **(3)** _____, casi como si mañana nos propusieran un viaje, estrictamente con los medios de que disponemos hoy en día, hasta Alpha Centauri, para observar ese planeta habitable que dicen que tiene. Y descubrir, contra todo pronóstico, que es factible.

Quizá sea eso lo más emocionante que ofrecen los títulos de Aventuras Literarias, el redescubrimiento de la mirada original de maravilla, de entender que, en un tiempo en el que no existía ningún medio de reproducción de imágenes en movimiento, o de voces, mucho menos internet, los libros debían compendiar en su interior todos los ingredientes necesarios para que el lector pudiese levantar las calles, los lugares por los que se movían los personajes y donde les ocurrían las cosas. (…)

"El protagonista, y por tanto el punto de partida, es el mapa", indican. "Trabajamos con cartografía clásica que restauramos y sobre la que intervenimos. **(4)** _____. El resto de la imagen está a su servicio, debe formar un todo compacto y homogéneo, intervenimos sobre él de la manera más sutil, como si originalmente hubiese sido concebido para ese autor. La portada es un reflejo del trabajo anterior".

El catálogo, además, permite un fascinante juego. Si, por un lado, podemos recorrer el Londres de Jane Austen, otro título nos propone acudir a la misma ciudad, pero esta vez de la mano de un personaje de ficción, Sherlock Holmes. No solo es evidente cómo creció la ciudad, sino también el hecho de que es posible reconstruir en la vida real algo trazado por un personaje que nunca existió. (…)

Y en cierta manera, los títulos de Aventuras Literarias ahondan conscientemente en ese juego, con la paradoja de que trazan quizá la cartografía más fiable de toda una época a partir de las ficciones que la contaron. **(5)** _____ de la tabla de horarios y medios de transporte utilizados en cada una de las míticas ochenta jornadas de Phileas Fogg, a la localización de, por ejemplo, todas las tabernas donde ocurre algo sustancial en la obra de Galdós, la última entrega que acaban de editar. (…)

Pero es en la web donde esta elaboración alcanza todo su esplendor. Allí, solo los compradores de la edición en papel tienen acceso a un auténtico tesoro de información, **(6)** _____. Porque, junto con el texto digitalizado, se incluye abundante información sobre cada uno de los términos empleados en él, se expanden los datos de los lugares recorridos en el relato y se incluyen imágenes, vídeos y todo tipo de material adicional, en un viaje que acerca la experiencia del papel a lo más genuino de la tecnología de este siglo. (…)

Extraído de *www.yorokobu.es*

a desvelando hasta qué punto contienen en su interior fragmentos hibernados de épocas pasadas o de épocas que sus autores imaginaron de una forma determinada que, incluso, hemos hecho pasar por verdadera.

b Buscamos el más idóneo para cada autor, no solo temporalmente, sino también desde el punto de vista cartográfico.

c Y, sin embargo, ha habido unos osados que sí creen en esa frase y, en su caso, no son palabras vacías:

d lo que contribuye a hacer sentir al lector como perteneciente a un reducido grupo que tiene acceso a una experiencia casi inacabable.

e conseguir la circunvalación terrestre en un plazo que resultaba sensacional

f Para demostrarlo, basta con echar un vistazo a sus espléndidos mapas y la ingente información que los acompaña:

17a ¿Te gusta leer? Contesta a estas preguntas sobre tus experiencias literarias.

1 Para ti, ¿qué libro es una joya?

2 ¿Cuál es tu libro de cabecera?

3 ¿Cuál es el libro que más te ha enganchado?

4 ¿Qué libro no has podido terminar de leer?

5 ¿Qué libro te ha acompañado en un momento especial?

6 ¿Qué libro no recomendarías ni a tu peor enemigo?

17b Elige alguno de los libros que has mencionado en el apartado anterior y escribe una sinopsis. Puedes seguir estos consejos.

- Sé breve. Un texto de alrededor de 150 palabras debería bastar.
- Habla del contexto en el que transcurre la obra.
- Presenta a los protagonistas y describe sus conflictos.
- Evita lo innecesario, céntrate en la trama principal. No necesitas hablar sobre los personajes secundarios o sus tramas.
- Si es relevante, puedes incluir alguna información sobre el autor, especialmente si el contenido es autobiográfico.
- Puedes expresar tu opinión explícitamente o a través de adjetivos y adverbios a lo largo del texto: *una apasionante historia sobre la Guerra Civil.*
- ¡No destripes el final de la obra!

EN ACCIÓN

18 Esta entrada del blog *Escribir para existir* explica cómo escribir un relato de viajes. Completa el texto con uno de estos títulos para cada una de las ideas propuestas.

> Ahora selecciona - Frases que marcan - Dale forma - Para empezar… - Lee y relee

¿QUIERES ESCRIBIR UN RELATO SOBRE TU VIAJE Y NO SABES CÓMO?

Te enseñamos a hacerlo con 5 ideas

1
Ah, ¿que no sabes cómo empezar? Toma un papel y anota en él todo lo que se te viene a la cabeza sobre ese viaje que quieres contar. No pienses en la calidad de tu escritura. Escribe como si se lo estuvieras contando a un amigo. Ya tendrás tiempo más tarde para el estilo.

2
No tienes que hacer un relato cronológico de tu viaje. ¿Por qué no te animas a elegir un tema que te haya sorprendido o gustado especialmente? Por ejemplo, los paisajes, las personas con las que has tratado, las sensaciones que has tenido…

3
¿Qué tal si le das a tu relato una forma diferente? Podría ser una carta a un amigo, a un desconocido, incluso una carta al lugar que has visitado. O podrías escribir una crónica de viajes como las de antes, un artículo periodístico o, ¿por qué no?, un relato en forma de lista, en plan "Los 10 mejores momentos de mi viaje a Singapur".

4
Lo sabes: la primera y última frase son fundamentales. La primera, porque engancha al lector. La última, porque le deja un buen sabor de boca. Y, por supuesto, si te esfuerzas por que las del medio sean decentes, ¡mejor que mejor! ;-)

5
Prueba a leer el texto en alto para ver si suena bien o si en algún momento se hace largo. Y antes de publicarlo o enviárselo a algún amigo, pásale el corrector ortográfico y léelo con lupa para que no se te cuelen errores.

Ya no tienes excusa… ¡ponte a escribir!

8 GEOGRAFÍAS Y VIAJES

19a A continuación tienes los relatos de Miguel y Helena, que viajaron a Colombia y Cuba respectivamente. Los textos se han mezclado. ¿Puedes separarlos y ponerlos en el orden correcto? Hay seis fragmentos para el relato de Miguel (M1, M2...) y cuatro para el de Helena (H1, H2...).

1 _M1_ Soy un tipo normal, vivo sin grandes lujos, pero todos los años hago una gran escapada. Senegal, Cabo Verde o Estados Unidos han sido algunos de mis últimos destinos. Hace un par de años quería visitar un país de Sudamérica no muy turístico y, como un amigo colombiano siempre me había hablado de la riqueza natural y paisajística de su país, la decisión fue fácil.

2 _____ Efectivamente, en solo tres semanas pude contemplar una gran diversidad de paisajes. Creo que vi de todo: ciudades, playa, montaña, selva, valles…
La costa pacífica me encantó. Es una costa tranquila, poco turística, con selva que llega hasta el mar y muchos animalitos en sus playas. Lamentablemente, también mucho plástico, que había llegado esos días desde el mar. En la costa del Caribe visité el parque nacional Tayrona, también con sus muchas playas.

3 _____ Seguridad: a pesar de las estafas, en ningún momento nos sentimos inseguros. Calor: húmedo y pegajoso. ¿Algo más? Ah, sí: playas paradisíacas. Perdón, ¿he dicho playaS? ¡Si solo fuimos a una! Conseguimos lo impensable: pasar tres semanas en Cuba e ir a la playa solo un día. Es que Cuba tiene mucho que ofrecer.

4 _____ Este país fue para mí una gran sorpresa y se lo recomiendo a todos los amantes de la naturaleza.

5 _____ El parque está a los pies de la Sierra de Santa Marta, así que en pocos kilómetros pasas de la costa con temperaturas que alcanzan los 30° a montañas donde bajan hasta los 0°. Impresionante. El valle del Cocora, con sus gigantescas palmeras de cera, fue también uno de mis favoritos. Está cerca del eje cafetero, donde me explicaron el proceso de producción del café.

6 _____ Gente amable: la que nos atendía en esas mismas casas. Una historia fascinante: de colonización, de Revolución, de héroes revolucionarios. Indicios de cambio: familias que hospedan a turistas, alguna tienda de iniciativa privada, internet en las plazas de las ciudades. Decadencia: carreteras con agujeros, fachadas descascarilladas, casas a punto de caerse. Estafas: mucha gente intentó aprovecharse de nuestra ingenuidad de turistas, ¡y algunos lo consiguieron!

7 _H1_ A mi novio le encantan los puros y el ron, así que estaba claro que en algún momento teníamos que ir a Cuba. Ese momento llegó hace dos años. Yo, que no tengo ningún interés ni en el ron ni en los puros, fui allí sin saber muy bien lo que me esperaba. ¿Y qué me encontré? Pues… Naturaleza en estado puro: kilómetros de bosque tropical sin intervención humana.

8 _____ Además de maravillarme con toda esta riqueza natural, estuve en varias ciudades, todas también de características diferentes. En Bogotá vive gente de toda Colombia. Tiene un tráfico denso, pero también una vida cultural muy rica. En Cartagena de Indias, colonial y muy cuidada, visité un mercado enorme.

9 _____ Plantaciones de caña de azúcar: ¡para el ron de mi novio! Los mejores mangos que he tomado en mi vida: nos los ponían todos los días para desayunar en las casas particulares en las que nos quedábamos.

10 _____ Salento, en el eje cafetero, me encantó, con los balcones y ventanas pintados de colores. También fui a Cali, capital de la salsa, ciudad para salir de fiesta… excepto si, como yo, pretendes hacerlo el Jueves Santo, el único día del año en que las discotecas están cerradas.

19b Mira estas fotografías. ¿Quién las tomó: Helena o Miguel?

1 Helena ☐ Miguel ☐

2 Helena ☐ Miguel ☐

3 Helena ☐ Miguel ☐

4 Helena ☐ Miguel ☐

5 Helena ☐ Miguel ☐

6 Helena ☐ Miguel ☐

9 DEPORTE Y BIENESTAR

A DEPORTES ALTERNATIVOS

1 Marca la opción que **no** es posible.

1. Tienes que empezar a entrenar desde muy joven si quieres practicar _____ profesionalmente.
   a este deporte
   b esta competición
   c esta disciplina
2. El árbitro vigila el cumplimiento _____.
   a del reglamento
   b de las normas
   c de la disciplina
3. Desde pequeña mi hermana soñó con participar en _____.
   a este terreno de juego
   b los Juegos Olímpicos
   c esta competición
4. Durante el calentamiento, las jugadoras _____ el balón.
   a se pasaban
   b jugaban
   c daban toques con
5. Acabada la primera mitad del partido, los jugadores abandonaron _____.
   a el terreno de juego
   b la pista
   c el túnel de vestuarios
6. Ambos tenistas lucharon fieramente para anotar el siguiente _____.
   a gol
   b tanto
   c punto

2 Relaciona estas palabras y expresiones con sus definiciones.

1 anotar	a Deporte al que juegan juntos hombres y mujeres.
2 árbitro	b Marcar puntos.
3 patada	c Comportamiento amistoso y respetuoso entre contrarios.
4 juego limpio	d Golpe dado con el pie.
5 marcador	e Persona que vigila el cumplimiento del reglamento durante una competición.
6 deporte mixto	f Tablero en el cual se lleva la cuenta de los tantos.

3 Completa las frases con el vocabulario de los ejercicios 1 y 2.

1. A la vista del _____, 0 - 0, podría parecer que fue un partido aburrido, pero la verdad es que fue apasionante.
2. Lo que me gusta de esta entrenadora es que siempre promueve el _____ entre sus jugadoras, y eso se nota en su actitud respetuosa en el campo.
3. El equipo saltó al _____ con la ilusión de poder llevarse la copa a su ciudad por primera vez en la historia.
4. No me gusta ese jugador, juega muy sucio y no hay partido en que no le dé alguna _____ a un adversario, procurando que el _____ no lo vea.
5. Me gusta el béisbol, pero su _____ me resulta un poco confuso, lanzan la bola, batean, corren… ¡y nunca sé muy bien por qué!
6. Creo que el *hockey* sobre hielo es la _____ más violenta de los deportes de invierno.

4 Relaciona estas palabras y expresiones con sus sinónimos.

☐ encuentro   ☐ hincha   ☐ llevarse la victoria   ☐ oponente   ☐ balón
☐ árbitro   ☐ disputar
☐ cancha   ☐ torneo

1 adversario
2 jugar
3 competición
4 partido
5 ganar
6 seguidor
7 colegiado
8 esférico
9 pista

9 DEPORTE Y BIENESTAR

5 Investiga el vocabulario de un deporte que te interese y completa este mapa conceptual.

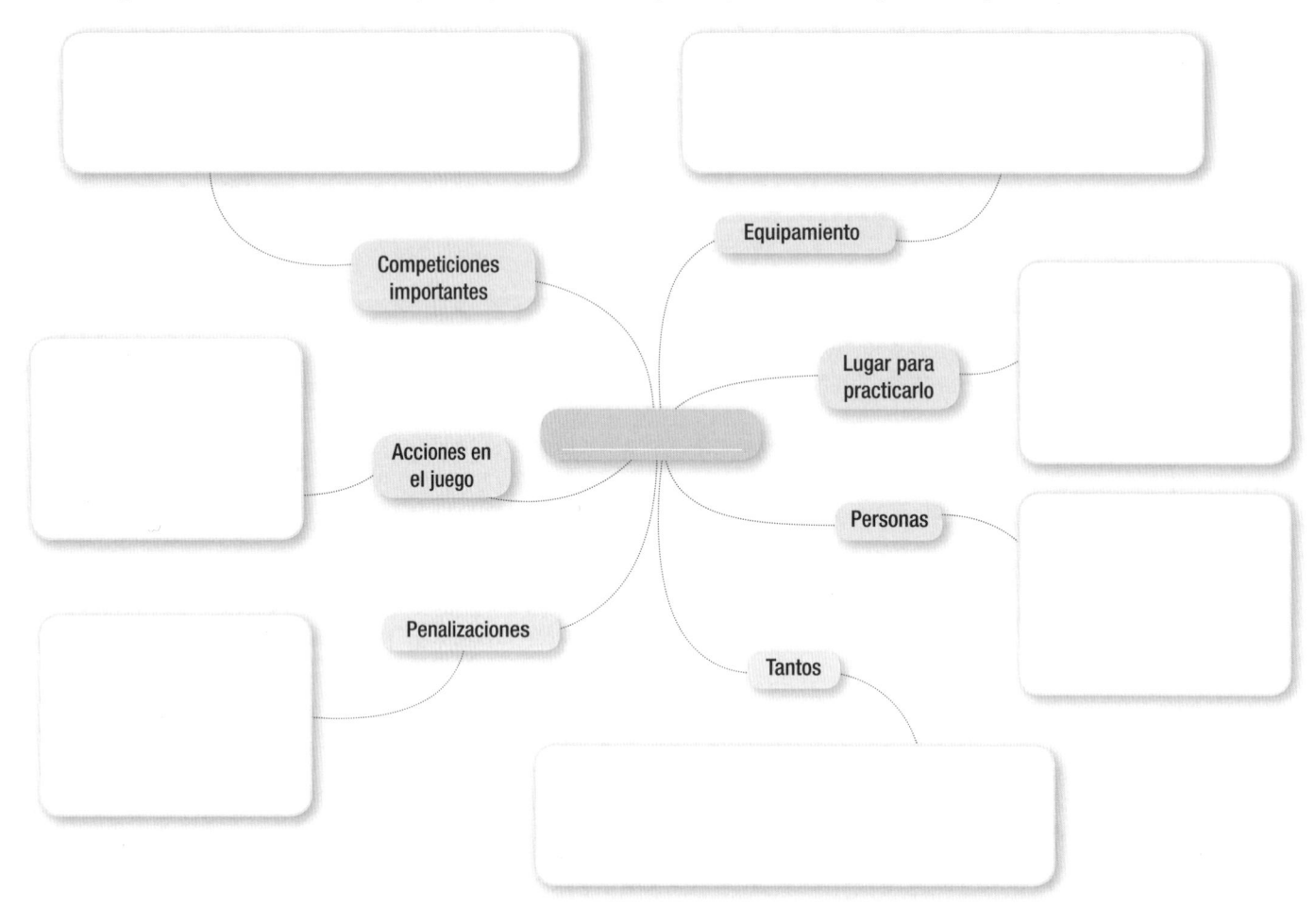

- Competiciones importantes
- Equipamiento
- Lugar para practicarlo
- Acciones en el juego
- Personas
- Penalizaciones
- Tantos

> **¿LO SABÍAS?** La importancia del deporte en los países de habla hispana explica la proliferación de la prensa deportiva. En España, *El Mundo Deportivo*, nacido a principios del siglo XX, es la publicación más antigua todavía en activo y *Marca* es el periódico más leído. En Latinoamérica destacan, por ejemplo, *Olé* en Argentina, *Récord* y *Estadio* en México o *Líder* en Venezuela. La mayoría de estos diarios se centran en el fútbol, que es el deporte rey de los países hispanos, pero tradicionalmente el deporte más popular en la zona del Caribe (Cuba, República Dominicana y Puerto Rico) ha sido el béisbol o "juego de pelota".

6 Elige la opción que más se ajuste a la situación.

1. Para el equipo va a ser imposible ganar todos los partidos que faltan. De todas formas, no tienen ninguna posibilidad de ganar la liga.
   a. Aunque ganaran todos los partidos restantes, no podrían ganar la liga.
   b. Aunque ganen todos los partidos restantes, no pueden ganar la liga.
2. El equipo visitante se acerca mucho al área del rival, pero no consigue marcar ningún gol.
   a. Aunque el equipo visitante ataque constantemente, no logrará abrir el marcador.
   b. Aunque el equipo visitante ataca constantemente, no logra abrir el marcador.
3. La jugadora estrella últimamente no marca tantos goles como antes, pero otras circunstancias también hacen muy difícil ganar.
   a. Aunque la jugadora estrella anotara tantos puntos como antes, sería muy difícil ganar.
   b. Aunque la jugadora estrella anote tantos puntos como antes, va a ser muy difícil ganar.
4. El portero tiene el récord de partidos seguidos jugados como titular. El entrenador ha decidido que el domingo no va a jugar.
   a. Aunque no juegue el domingo, mantendrá su récord.
   b. Aunque no jugara el domingo, mantendrá su récord.

7 Identifica el "obstáculo" en estas frases y reescríbelas utilizando el conector concesivo propuesto. Tendrás que modificar alguna de las formas verbales.

1 El piloto lleva tres vueltas marcando la vuelta rápida. No será suficiente para ganar la carrera. (**a pesar de que**)

2 El juez de silla no concedió el punto a la tenista francesa. La pelota estaba prácticamente rozando la línea. (**aunque**)

3 No logran ningún título. El club tiene el presupuesto más elevado de la liga. (**futuro imperfecto + pero + indicativo**)

4 Su mejor jugador ha anotado más de treinta puntos en los cuatro primeros partidos. El equipo ha perdido los cuatro. (**aun cuando**)

5 Felipe Rodríguez ganó el trofeo de pichichi en la liga. Había estado lesionado gran parte de la temporada. (**aun así**)

6 No conocía las normas del fútbol americano. Acabó contagiándose de la emoción de los hinchas. (**Pese a**)

7 Rubén entrena mucho. La entrenadora no lo saca en los partidos. (**subjuntivo + lo que + subjuntivo**)

8 El fútbol mueve mucho dinero. Hay muchos jugadores de divisiones inferiores que apenas llegan a fin de mes. (**si bien**)

9 A Malena le gusta mucho el patinaje sobre hielo. Nunca ha visto esta disciplina en directo. (**con lo que**)

B LA LUCHA ANTIENVEJECIMIENTO

8 Completa las siguientes frases con el vocabulario del texto "Averigüe cuántos años va a vivir" (página 94 del libro del alumno). Pon atención porque hay tres palabras que no necesitas.

> recabar - envidiable - hallazgos - integridad física
> longevo/-a - neurodegenerativo/-a - repercutir
> proceso fisiológico - fase convaleciente - vigilia
> modorra - pacientes - condición física

1 Durante mi embarazo vivía en un estado de _____ constante, siempre tenía sueño y cuando estaba despierta no podía prestar atención.

2 Me encantaría vivir tantos años como mi abuela, que nos dejó a los 102. Sin duda, fue la más _____ de toda mi familia.

3 Los _____ que han realizado algunos especialistas han posibilitado que se avance mucho hacia la prevención de ciertos tipos de cáncer.

4 Mi madre quiere evitar enfermedades _____. Por eso siempre está leyendo, sigue escribiendo a mano, juega al ajedrez y teje casi a diario.

5 Después del accidente, los médicos temían por su vida. Ahora su situación es estable aunque todavía está en _____ y necesita muchos cuidados.

6 Es impresionante que acciones aparentemente tan básicas como salir a tomar algo con los amigos puedan _____ tan positivamente en nuestra salud.

7 Voy a participar en un estudio del sueño que busca _____ información sobre las conexiones cerebrales que se producen mientras dormimos y compararlas con las que se producen cuando estamos en un estado de _____.

8 Mi vecina tiene más de 100 años y tiene muy buena _____. La verdad es que a todos nos gustaría llegar a su edad en ese estado; tiene una salud _____.

9 DEPORTE Y BIENESTAR

9a Ordena la siguiente conversación.

_1_ **A**: Hola, guapa, ¿<u>cómo andamos</u>?
___ **B**: Muchas gracias, te aviso con lo que sea, ¿vale?
___ **A**: Bueno, sé que es difícil, pero ir andando poco a poco ayudará a tu recuperación. <u>Tómatelo con paciencia</u>.
___ **A**: <u>Bueno</u>, eso no es nada, diez días pasan volando. Cuando te quieras dar cuenta, estarás corriendo como antes.
___ **B**: <u>Seguimos en contacto</u>. Un abrazo.
___ **B**: Desde luego, no me queda otra…
___ **A**: Ya me imagino que estarás harta… ¿Sabes cuándo te quitan la escayola?
___ **B**: Pues nada, <u>aquí estoy</u>… Aburrida ya de no poder moverme.
___ **B**: Tengo cita con el traumatólogo en diez días, espero que para entonces me la puedan quitar.
___ **B**: Ya, ya, pero se me está haciendo muy largo. Y luego encima, me toca andar con muletas una buena temporada.
___ **A**: Vale, <u>ya sabes dónde estoy</u>. Un abrazo.
___ **A**: Sabes que <u>si necesitas algo</u>, cualquier recado, que te lleve a algún sitio, lo que sea, <u>ahí me tienes</u>, ¿eh? Que imagino que con las muletas será más complicado.

¿LO SABÍAS?

En el mundo hispano en muchas ocasiones se emplea la pregunta "¿Qué tal?" para saludar, como otra manera de decir "Hola" y no para saber cómo se encuentra la otra persona. En los distintos países existen diferentes fórmulas: *¿Cómo andas?, ¿Qué pasa?, ¿Qué pasó?, ¿Cómo anduvo?, ¿Qué lo qué?*…

9b Ahora reescribe en tu cuaderno la conversación anterior, sustituyendo las expresiones subrayadas por otras con el mismo significado. Puedes ayudarte de las páginas 162 y 163 del libro del alumno.

Recuerda

En el lenguaje coloquial puedes usar las siguientes expresiones:
- Para saludar: *¿Qué es de tu vida?; ¿Qué hay?; ¿Cómo andamos?*
- Para reaccionar a ese saludo: *No me puedo quejar; Pues nada; Tirando.*
- Para animar: *No te lo tomes así; Venga, hombre / mujer, anímate.*
- Para ofrecer ayuda: *Ya sabes que puedes contar conmigo; Ya sabes dónde me tienes.*
- Para despedirse: *Estamos en contacto; Nos vemos.*

10 ¿Qué situación viven las siguientes personas? Elige entre las posibles opciones. Pon atención porque hay una que no se utiliza.

- tener depresión
- estar de baja
- tener la tensión arterial alta
- tener sobrepeso
- sufrir estrés
- tener problemas de columna
- tener achaques
- no estar en forma

1 "Ay, hija, por suerte no me pasa nada grave, pero ya sabes, cosas de la edad, es lo malo de tener casi 90 años… Me paso todo el día de médicos, que si el traumatólogo para los huesos, el neurólogo para la cabeza… y realmente no tengo nada, pero yo no me encuentro bien del todo".
Situación: _____

2 "Pues nada, resulta que tengo que tomar una pastilla diaria para ver si me baja. También tengo que cambiar radicalmente la dieta: nada de grasas saturadas, adiós a la sal…".
Situación: _____

3 "El traumatólogo me ha dicho que lleve un corsé si noto dolor y evite las posturas forzadas. Dice que puedo ponerme calor en la zona y, en unas semanas, ir a nadar. Quizás vaya también a un 'fisio' para que me dé algunos masajes…".
Situación: _____

4 "Todo se me hace muy cuesta arriba, muy difícil. Me preguntan qué me pasa y tampoco tengo una respuesta. La médica me ha recetado unas pastillas pero yo preferiría resolverlo en la terapia con el psicólogo".
Situación: _____

5 "Hasta que no termine la rehabilitación y mi médico de familia me dé el visto bueno no podré incorporarme de nuevo al trabajo".
Situación: _____

6 "Estoy bastante preocupado porque el médico me ha dicho que tengo mayor riesgo de sufrir enfermedades cardiovasculares. Yo pensaba que solo eran unos simples michelines, pero no… Voy a tomármelo más en serio".
Situación: _____

7 "Ya sabes, entre el trabajo, la casa, los niños… me paso el día de aquí para allí. Y lo malo es que por las noches tampoco consigo desconectar de esa ansiedad. Pensaba que era lo normal, pero la verdad es que empieza a repercutir en mi salud física también".
Situación: _____

DEPORTE Y BIENESTAR 9

11a Escribe las partes del cuerpo que se ajustan a las siguientes definiciones.

1 Articulación que une el brazo con el antebrazo y que nos permite moverlo: ___
2 Zona de unión entre la cabeza y el tronco. En su interior encontramos, por ejemplo, la laringe o la glándula tiroides: ___
3 Lugar por donde se introducen los alimentos en el cuerpo y donde encontramos los dientes y la lengua: ___
4 Conjunto de órganos a través del cual tenemos equilibrio y percibimos los sonidos: ___
5 Parte superior del cuerpo que contiene el cerebro, la boca, los ojos, etc.: ___
6 Órganos que reciben la luz y envían señales al cerebro para producir imágenes: ___

11b Las frases a continuación contienen expresiones con partes del cuerpo. Léelas y elige la definición más adecuada para cada una.

a Arriesgarse, ponerse en una situación comprometida.
b Todo el mundo está hablando de ese tema.
c Escuchar atentamente.
d Ser muy hábil para detectar algo.
e Ser irresponsable y no pensar detenidamente.
f Juntos, unidos.

1 Mi hermano está con fiebre pero él sigue saliendo a la calle en manga corta y sin bufanda, desde luego que **no tiene cabeza**.
[No tener cabeza: ___]
2 No tengo nada más que hacer en toda la tarde y estoy aquí para ayudarte, así que, cuéntame, ¡**soy todo oídos**!
[Ser todo oídos: ___]
3 **Me estoy jugando el cuello** al contarte que mi equipo hizo trampas en la clasificación para el campeonato municipal, así que, por favor, que quede entre tú y yo.
[Jugarse el cuello: ___]
4 Voy a participar en un nuevo proyecto de investigación en el que trabajaré **codo con codo** con un ganador del Premio Nobel de Medicina, ¡es un gran honor para mí!
[Hacer algo codo con codo con alguien: ___]
5 El entrenador del equipo de mi universidad **tiene muy buen ojo** para las futuras promesas del deporte: todas las jugadoras a las que ha seleccionado han llegado muy lejos.
[Tener buen ojo para algo: ___]
6 Últimamente no se habla de otra cosa: el posible nuevo fichaje del delantero estrella **está en boca de todos**.
[Estar en boca de todos: ___]

C LA SOCIEDAD DEL CANSANCIO

12 Relaciona los comentarios de los dos recuadros.

1 En el maratón participó un hombre de setenta y pocos años.
2 Últimamente Néstor lleva una vida muy ajetreada.
3 Catalina tiene el umbral de estrés muy alto.
4 Después del divorcio se le tambalearon los esquemas por completo.
5 Al llegar a casa, Ágata no se deja llevar por el cansancio.
6 Superada la depresión, Mabel ha dejado de vivir a remolque de las circunstancias.
7 El interés por llevar una vida sana está en la cresta de la ola.
8 Para Timoteo hacer deporte es un fin en sí mismo. Le gusta mucho.

a ☐ Ahora vuelve a tener energía para tomar sus decisiones.
b ☐ Elena, en cambio, solo lo hace porque sabe que es sano.
c ☐ Enseguida coge sus cosas y se va al gimnasio. Dice que así recarga energía.
d ☐ Nunca antes había habido tanta gente preocupada por la alimentación y por hacer deporte.
e ☐ Tiene un montón de cosas que hacer, pero ella, tan tranquila.
f ☐ Resultaba admirable. Estaba en perfecta forma.
g ☐ ¡Siempre tiene algo que hacer!
h ☐ Necesitó la ayuda de un psicólogo para superarlo.

13 Marca la palabra correcta.

1 Le costó mucho **sumirse / ignorar / asumir** que su madre, con el alzhéimer, no volvería a ser la misma.
2 Lynn mostró **mucha perseverancia / mucho ajetreo / mucha meditación** en las clases de yoga y eso le ha aportado estabilidad.
3 No podemos **ignorar / asumir / sufrir** nuestros problemas. Tenemos que hacerles frente.
4 Cuando lo conocí, estaba **a remolque de / sumido en / saliendo de** una depresión, pero poco después empezó a sentirse mejor.
5 Tras **sumirse en / sufrir / asumir** un fallo cardíaco, empezó a cuidarse mucho más.
6 Empezó a tomar pastillas para poder dormir, pero eso no **dominó / solventó / ralentizó** su problema de insomnio.

9 DEPORTE Y BIENESTAR

14 Completa estas frases con los verbos en el tiempo correcto. Puede haber varias posibilidades.

1 ¿Un curso de aromaterapia? No creo que _____ (**querer, tú**) saber lo que opino sobre eso.

2 Maika debería hacer algo de ejercicio. Yo creo que eso la _____ (**ayudar**) con sus problemas de espalda.

3 Aram está un poco decepcionado con el *mindfulness*. Él pensaba que el efecto _____ (**ir a**) ser más inmediato.

4 Mi hermana y yo empezamos a ir a clases de zumba y la verdad es que no pensábamos que nos _____ (**gustar**) tanto como al final nos gustó.

5 Desde que se han jubilado, Alfonso y Magdalena hacen esquí de fondo. De jóvenes nunca hubieran creído que en el futuro _____ (**dedicarse**) a una actividad así.

6 Jimena quería empezar a hacer yoga, pero no creo que _____ (**empezar**) todavía.

7 ¿No crees que la monitora hoy nos _____ (**hacer**) sudar más de lo normal?

8 Nicolás está apuntado al gimnasio pero no va mucho. Supongo que _____ (**ir**) más frecuentemente si fuera con un amigo.

15a ¿Cómo te imaginas la práctica del *mindfulness*? Marca las ideas que crees que son correctas.

☐ Una sesión dura entre veinte minutos y una hora.
☐ El monitor te explica los ejercicios que tú tienes que hacer.
☐ La respiración es importante.
☐ Durante la sesión se escucha una música de fondo.
☐ Es aburrido.
☐ Se puede practicar sentado cómodamente en el sofá.
☐ Puede ser una práctica interesante para ti.

15b 🔊 17 Ahora escucha una sesión de *mindfulness*. ¡Anímate a hacer lo que se propone en ella!

15c Compara ahora las opiniones que tenías con lo que has experimentado y escríbelo.

Pensaba que una sesión duraría entre veinte minutos y una hora, pero he visto que tres minutos pueden ser suficientes. No pensé que se pudiera practicar en casa, suponía…

16 📄 **DELE** Trabajas en el Centro Deportivo Municipal como coordinador de personal. Uno de los monitores del área de pilates, yoga y meditación acaba de mudarse a otra ciudad y está buscando trabajo. Te ha pedido que le escribas una carta de recomendación. Escribe la carta (180-220 palabras), en la que debes:

- Describir tu experiencia y la relación con este monitor, así como las tareas que realizaba en el equipo.
- Comentar los puntos fuertes de ese monitor (desempeño de su trabajo, relación con los participantes de sus cursos y con los compañeros, capacidad de trabajo, formación y actualización de su formación, capacidad de adaptación…).
- Finalizar con la recomendación del candidato para el posible nuevo trabajo.

ESTRATEGIAS PARA EL EXAMEN

Este ejercicio se corresponde con la opción b de la Tarea 2 de la Prueba 3, que consiste en escribir una carta formal (reclamación, recomendación, solicitud de beca…) de 180-220 palabras. (En la opción a hay que redactar un artículo; encontrarás las estrategias en la página 84).

- Lee con atención las instrucciones para saber qué tienes que hacer y porque te darán ideas sobre el contenido y la estructura del texto.
- Tendrás que usar un estilo formal, también en el saludo y la despedida.
- Utiliza una estructura ordenada: céntrate en cada uno de los aspectos que debes tratar antes de pasar al siguiente.
- Escribe con un estilo convincente para persuadir al receptor ficticio de tu carta. Puedes usar palabras o expresiones como: *Siempre…; … con gran dedicación; Estoy convencido/-a de que…*
- Al finalizar, lee la carta, comprueba que no has olvidado ningún aspecto y revisa la estructura y la corrección lingüística.

DEPORTE Y BIENESTAR 9

D TENDENCIAS ESTÉTICAS

17 ¿Puedes identificar a las personas de las fotos con la información de las frases?

- Para estar más cómodo en verano, Dani se rapó el pelo.
- Diana se tiñe las raíces cada poco porque le molesta que se le vea el pelo gris.
- A Emma le encanta llevar trenzas y le quedan muy bien.
- Darío llevaba el pelo muy largo, pero ahora quiere hacerse un corte de pelo más formal.
- El moño que le hicieron a Isabel era muy elegante.
- A Alba el proceso de ponerse mechas le resulta una tortura.

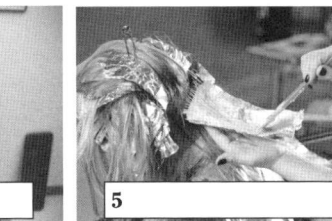

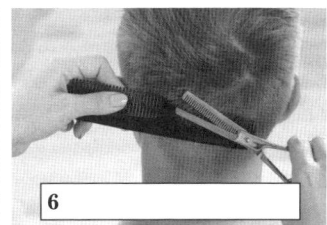

> **Recuerda**
>
> En español se utiliza una **estructura similar a la reflexiva** para hablar de acciones como *teñirse el pelo* u *operarse*, en las que la persona que realiza la acción no es la misma que la que la recibe: *Empieza a ser bastante común que la gente se opere la nariz o se inyecte bótox.*

18 Contesta a estas preguntas con la información de la entrevista de la página 98 del libro del alumno.

1. Además de la información transmitida visualmente, hay otros aspectos que influyen en el atractivo de una persona. ¿Cuáles se señalan en la entrevista?

2. Tradicionalmente, ¿qué dimensiones se tienen en cuenta cuando se estudia la felicidad?

3. ¿Qué problemas pueden sufrir las personas poco atractivas?

4. ¿Qué señalizan los rasgos físicos que resultan más atractivos?

5. ¿Qué rasgos físicos masculinos atractivos se mencionan? ¿Y femeninos?

6. Según Etcoff, ¿qué pasa si exageramos las diferencias entre un rostro femenino y uno masculino?

19 Completa estos minidiálogos con una frase concesiva de registro informal a partir de la información entre paréntesis.

1. • ¿Has visto a Lucila? ¡Está delgadísima! No sé cómo lo hace. ¡**(come muchos dulces; no engorda)**!

   • Sí, pero es que hace también mucho ejercicio.

2. • Jorge está pasando una mala racha en el trabajo.
   • ¡Vaya! **(es muy trabajador; las cosas le salen mal)**.

3. • En la empresa nueva Bernardo se arregla mucho más.
   • Normal, **(tiene compañeros muy elegantes; quiere estar a la altura)**.

4. • Ernesto se ha quedado en el banquillo este fin de semana otra vez. ¡**(se esfuerza mucho; juega poco)**!

   • ¡Qué rabia! Tanto entrenar para eso…

> **Recuerda**
>
> En el registro informal puedes utilizar estas **estructuras concesivas**: *Con lo que…; Con el/la/los/las* + sustantivo + *que…; Con la de* + sustantivo plural + *que…; Con lo* + adjetivo o adverbio + *que…*

9 DEPORTE Y BIENESTAR

20a En estas imágenes se puede ver cómo han evolucionado las tendencias estéticas a lo largo de las décadas. ¿Podrías relacionar cada una con la década a la que corresponde?

> 1910 - 1920 - 1950 - 1960 - 1980 - 1990 - 2010

a ____ b ____ c ____ d ____ e ____ f ____ g ____

20b Lee ahora este texto publicado en una revista mexicana en línea sobre la evolución del estereotipo de belleza femenina y completa las descripciones con el vocabulario propuesto.

> atlético - busto - delicadas - rectos - curvas - pasarelas - cintura - caderas
> piernas - andrógino - flaquita - cola[1] - estereotipos - corsés

LA EVOLUCIÓN DEL CUERPO FEMENINO EN LOS ÚLTIMOS 100 AÑOS

El modelo del cuerpo femenino y los (1) _____ se han modificado a lo largo de los años. A continuación te dejamos ejemplos de la evolución en el último siglo.

1910. La chica Gibson
A principios de siglo las mujeres ideales eran aquellas con la figura de 8, ilustradas por el dibujante Charles Gibson; [la "chica Gibson"] era la chica del momento. Sus características: cuello largo, hombros bajos y grandes rulos completaban el *look*. Los (2) _____ eran la prenda del momento y la primera supermodelo de la historia, Evelyn Nesbit, la imagen. Cuerpo con curvas generosas y (3) _____ de avispa.

1920. Las *flappers*
Así se denomina a las mujeres de los años 20 cuyas faldas se acortaron y las curvas dejaron de acentuarse. Es la mujer del charlestón, del pelo corto y del corte a la *garçon*. Las características: no se resalta el (4) _____, son más bajitas, como Mary Pickford, y los cuerpos son más (5) _____, con el foco en las piernas.

1950. El reloj de arena
En los años 50 tenemos el retorno de las (6) _____, con un tipo de cuerpo parecido al de Jessica Rabbit, similar a un reloj de arena. Se aconseja a las chicas flacas engordar y se crean *Barbie* y *Playboy* en la época: cinturas chicas y largos torsos. Características: (7) _____ y colas redondeadas, Elizabeth Taylor es una de las bellezas del momento y aparece la crema para el busto.

1960. La ramita
Al entrar en los 60 nos encontramos una mujer más (8) _____ y chiquita, como la modelo Twiggy. El nuevo ideal son mujeres con cara de muñeca, esbeltas y pequeñas. La moda ahora son vestidos sueltos, con bustos y caderas pequeñas. Características: pequeñas y (9) _____ como muñecas, se recetan anfetaminas para perder peso.

1980. La supermodelo
Mujeres de piernas largas y altas son el nuevo ideal femenino. Aparecen las supermodelos Elle MacPherson, Naomi Campbell y Linda Evangelista, dominando las (10) _____ y la cultura pop. Además, el *fitness* y la gimnasia aeróbica se imponen. Características: (11) _____ larguísimas, el *soutien*[2] deportivo se vuelve masivo, la altura es la de una modelo.

1990. Las ultraflacas
El emblema es la modelo Kate Moss, que es una de las modelos pequeñas y que reacciona contra el modelo (12) _____ de los 80. Jeans sueltos, buzos grandes y fragancias unisex apoyan un *look* (13) _____.
Entre las mujeres también destaca Wynona Ryder. Características: cuerpos chicos y finitos, aparece la faja de *lycra*, se pone de moda la dieta baja en grasas y ya no se idolatran las colas chatas.

2010. La chica de la cola
Esta era, en la que vivimos actualmente, es la glorificación de la (14) _____. Nicki Minaj, Kim Kardashian y JLO son las chicas del momento. Características: es todo sobre las caderas y la cola, Kim Kardashian "rompe internet" con su portada en *Paper*.

[1] trasero [2] sostén

EN ACCIÓN

21a Vuelve a leer el poema *Aunque tú no lo sepas* (página 100 del libro del alumno) y a escuchar la canción de Enrique Urquijo con el mismo título. Contesta luego a estas preguntas.

1 ¿Qué diferencias aprecias entre el poema y la canción?

2 ¿Qué elementos comparten los dos?

21b Sobre todo en la canción se utilizan dos recursos muy frecuentes en la composición de poemas y canciones: la rima y la repetición. A continuación tienes el nombre y la definición de otros recursos literarios. ¿Puedes relacionarlos con un ejemplo?

1 **Símil / comparación**: Comparación de dos términos para expresar la relación o analogía entre ambos. Suele aparecer alguna partícula como *así, como, igual que…*
2 **Aliteración**: Repetición de sonidos en el mismo verso o en la misma estrofa para crear un efecto estético a partir de la musicalidad.
3 **Hipérbaton**: Alteración del orden lógico de las palabras de una frase.
4 **Hipérbole**: Versión aumentada, exagerada, de la realidad.
5 **Personificación**: Atribución de las características propias de una persona a un animal o cosa.
6 **Antítesis**: Contraste de dos ideas opuestas mediante palabras que expresen significados contrarios.

a ☐ Es tan corto el amor
Y tan largo el olvido
Poema xx, PABLO NERUDA

b ☐ Cerca del Tajo, en soledad amena,
de verdes sauces hay una espesura
Égloga III, GARCILASO DE LA VEGA

c ☐ Los invisibles átomos del aire
En derredor palpitan y se inflaman.
Rima x, GUSTAVO ADOLFO BÉCQUER

d ☐ Y todo en la memoria se perdía
como una pompa de jabón al viento
Sueño, ANTONIO MACHADO

e ☐ Por tu amor me duele el aire,
el corazón
y el sombrero.
Por tu amor me duele el aire, FEDERICO GARCÍA LORCA

f ☐ Bajo el ala aleve del leve abanico
Era un aire suave…, RUBÉN DARÍO

21c Reescribe el poema de Luis García Montero utilizando alguna de las figuras vistas anteriormente. También puedes crear un poema completamente nuevo.

Luis García Montero

10 ECONOMÍA Y NEGOCIOS

A LA RELIGIÓN DEL CAPITAL

1 Relaciona las siguientes palabras relativas al dinero con las definiciones del *Diccionario de la lengua española*.

1 carencia	4 nómina	7 consumidor
2 inflación	5 deuda	8 cobrar
3 despilfarrar	6 miseria	9 patrimonio

a ☐ Haberes que ha de percibir un trabajador.
b ☐ Estrechez o pobreza extrema.
c ☐ Obligación que alguien tiene de pagar, satisfacer o reintegrar a otra persona algo, por lo común dinero.
d ☐ Elevación del nivel general de precios.
e ☐ Obtener el pago de algo.
f ☐ Gastar profusamente en alguna ocasión.
g ☐ Falta o privación de algo.
h ☐ Conjunto de bienes pertenecientes a una persona.
i ☐ Persona que adquiere productos de consumo o utiliza ciertos servicios.

2 Vuelve a escribir estas frases usando los conectores concesivos *por mucho / más / muy... que*. Está subrayada la parte que tienes que modificar.

1 Muchas personas <u>tienen mucho dinero pero</u> no son felices.

2 Por eso, <u>parece increíble, pero</u> algunas deciden vivir sin dinero o con muy poco.

3 De todas formas, <u>aunque lo intenten,</u> resulta casi imposible vivir sin dinero y dependen un poco de los amigos.

4 <u>Reciben muchas críticas, pero</u> ellos creen en lo que hacen.

5 <u>Es cuestionable que no paguen impuestos, sin embargo,</u> personas así enriquecen la sociedad a otros niveles.

3 Completa estas frases con tus experiencias.

1 Por mucho dinero que tenga, nunca _____

2 Por más que lo intente, no consigo _____

3 Por muy lejos que esté _____

4 Por mucho esfuerzo que me cueste _____

5 Por muy difícil que sea _____

4a ¿Cuáles de las expresiones en negrita significan "no tener dinero"? ¿Qué crees que significan las demás?

1 ☐ ¡María **es una agarrada**! ¿Te puedes creer que solo ha querido poner dos euros para el regalo para nuestra secretaria?
2 ☐ La renovación de la casa les **ha costado un ojo de la cara**, pero están muy contentos con el resultado.
3 ☐ Le he prestado dinero a Jacobo. El pobre no encuentra un trabajo decente y **está a dos velas**.
4 ☐ Desde que trabaja en esa empresa, Gerardo **está forrado**; eso sí, no tiene tiempo para gastar el dinero que tiene.
5 ☐ Lo siento, yo no puedo salir a cenar. ¡**Estoy sin blanca**!
6 ☐ **Tiene mucha pasta**, pero es una persona de lo más sencilla.

4b Contesta a estas preguntas.

1 ¿Conoces a una persona que sea un poco agarrada? ¿En qué se nota?

2 ¿Alguna vez has comprado algo que te haya costado un ojo de la cara? ¿Crees que ha merecido la pena?

3 ¿Conoces a una persona que esté forrada? ¿A qué se dedica?

4 ¿Eres de los que antes de fin de mes está ya sin blanca? ¿En qué gastas el dinero?

5 **DELE** Lee el siguiente artículo y contesta a las preguntas.

El ser frente al tener

FRANCESC TORRALBA

Ha llovido mucho desde que Erich Fromm publicó *Ser o tener*, un ensayo profundo y riguroso donde reivindicaba la cultura del ser frente a la cultura del tener. El pensador humanista, heredero del mejor Freud y del mejor Marx, criticaba, con ahínco, la sociedad de consumo, idólatra del tener. No fue el único. Los filósofos de la Escuela de Fráncfort, Theodor Adorno y Max Horkheimer, también criticaron, con convicción, una sociedad donde la razón instrumental lo regula todo y donde se valora a una persona, a una institución o a un país entero por su productividad o por su rentabilidad.

Luego, ya en la primera década del siglo XXI, Gilles Lipovetsky desarma intelectualmente la sociedad del hiperconsumo, donde todo se convierte en objeto de consumo, se consume mucho más de lo que se precisa y donde se vincula estrechamente la felicidad con la capacidad de poseer, de acumular, de gozar de bienes materiales. Una felicidad que califica de paradójica porque solo quienes tienen capacidad para consumir pueden gozar, provisionalmente, de tal estado de bienestar, pero que causa más dependencia y más sed, en lugar de liberar. Es evidente que el ser humano, para poder desarrollarse dignamente, necesita consumir objetos, pero no está hecho para consumir. Más allá del *Homo consumens* está el *Homo sapiens*, el *Homo ludens*, el *Homo contemplans*. Estamos hechos para amar, para pensar, para gozar, para una pluralidad de actividades que trascienden el poseer.

El singular filósofo coreano afincado en Berlín Byung-Chul Han, una estrella emergente en el panorama germano, también se ha pronunciado críticamente respecto de una sociedad, la nuestra, fundada en el valor del rendimiento y en el binomio explotación-consumo, donde vale más el que más produce, el que más consume, el que más tiene, porque el destino final de esta mentalidad es la fatiga, la sociedad del cansancio, el hastío existencial.

Frente a la cultura del tener que provoca exclusión, discriminación y resentimiento, es fundamental reivindicar la cultura del ser. Desde esta concepción, lo que hace valiosa a una persona no es su capacidad de producir o de consumir, su poder adquisitivo; es su ser, su naturaleza, el carácter único e irreductible de su existencia o, como repite el filósofo danés Søren Kierkegaard, su unicidad. La cultura del ser subraya la necesidad de desarrollar el talento oculto de cada persona, activar sus posibilidades latentes para que pueda dar lo mejor de sí misma a la sociedad. (…)

En la segunda década del siglo XXI emerge un nuevo paradigma, una nueva mentalidad que reacciona críticamente frente a esta cultura del tener que solo causa frustración y devastación ecológica. Desde este paradigma, se subraya el valor del ser, el cultivo de cada ser humano, de su exterioridad y de su interioridad, de sus cualidades corporales, pero también de sus facultades internas, de la imaginación, la memoria, la voluntad y la inteligencia. En las sociedades más desarrolladas emerge esta sensibilidad posmaterialista, hastiada del hiperconsumo y de la hiperproducción, que atiende a valores personales eclipsados durante décadas, que vela por forjar relaciones humanas de calidad y que cuida el patrimonio cultural, artístico y natural.

(…) Esto exige un profundo cambio de orientación en los modos de pensar y de obrar, una revolución silente, pero tenaz, que relativice lo material y lo sitúe en su justo lugar, para subrayar el valor de lo intangible. Desde la cultura del ser, el capital espiritual más relevante de una sociedad son sus ciudadanos, su potencial y su capacidad para innovar, para crear y para transformar lo real.

Extraído de *www.lavanguardia.com*

1 El autor del texto expone…
   a la evolución de los niveles de consumismo a lo largo de los años.
   b diferentes maneras en las que una persona puede reaccionar ante el consumismo.
   c corrientes de pensamiento críticas con el consumismo desaforado.

2 Según el texto, la contraposición entre el ser y el tener…
   a comenzó a estudiarse a principios del siglo XXI.
   b sigue siendo un tema de actualidad.
   c es un tema que preocupa sobre todo a las sociedades del norte de Europa.

3 El texto no niega…
   a que parte de la felicidad sí consista en la posesión de bienes materiales.
   b que la situación haya mejorado en los últimos años.
   c que sea necesario cierto nivel de consumo.

4 Según el texto, la sociedad…
   a educa a sus individuos para que se orienten al consumo.
   b valora a las personas en relación a su productividad.
   c promueve el desarrollo del talento individual.

5 Según el texto, las corrientes más actuales contrarias a la cultura del tener…
   a hacen una nueva lectura de los críticos del siglo XX.
   b incluyen una dimensión ecologista.
   c están teniendo una mayor influencia en la sociedad.

6 Las corrientes de pensamiento que defienden la cultura del ser…
   a abogan por el desarrollo personal de los individuos.
   b consideran necesario que el estado tome medidas para promoverla.
   c rechazan lo material.

ESTRATEGIAS PARA EL EXAMEN

Este ejercicio se corresponde con la Tarea 3 de la Prueba 1, en la que tienes que responder a seis preguntas de respuesta múltiple sobre un texto especializado (ensayo, artículo de opinión…).
- Lee el texto para tener una idea general del mismo.
- Lee con atención las preguntas. Puedes marcar las palabras clave que diferencian una opción de otra.
- Vuelve a leer el texto intentando localizar los lugares con información relevante para las preguntas.
- Compara esos pasajes relevantes con las opciones de las preguntas para asegurarte de que dicen lo mismo.
- Algunas preguntas hacen referencia al contenido general del texto. Si no tienes la respuesta clara, puedes dejarlas para el final, ya que entonces conocerás mejor el texto.

ECONOMÍA Y NEGOCIOS

B EL CEREBRO EN MODO NEGOCIOS

6 Relaciona el principio de estas frases con su final.

1 En la reunión nos dijeron que la fecha…
2 No me importa aceptar otra opinión si sigue un razonamiento…
3 Lara no quería cambiar de puesto de trabajo porque ya estaba muy involucrada…
4 El objetivo del gerente a largo…
5 La dirección propuso un plan de reducción…
6 Los despidos se decidieron según el…

a ☐ plazo es llevar la empresa al mercado internacional.
b ☐ nivel de productividad de los empleados.
c ☐ lógico, pero no soporto que me digan: "Porque lo digo yo".
d ☐ en los proyectos de su departamento.
e ☐ de costos basado en la informatización del sistema.
f ☐ límite para el proyecto es en dos días.

7 Completa la tabla con los sustantivos, verbos o adjetivos que corresponden a estas familias léxicas. En algunos casos hay dos adjetivos posibles, el primero es pasivo y el segundo, activo.

Sustantivo	Verbo	Adjetivo
ansiedad	ansiar	_____
_____	_____	asqueado/-a / asqueroso/-a
estrés	_____	_____ / estresante
interacción	_____	interactivo/-a
_____	temer	temeroso/-a / _____
previsión	_____	_____

Recuerda

En español existen verbos terminados en *-ar, -er* e *-ir*, pero los primeros son los más abundantes. La terminación en *-ar* (especialmente en el sufijo *-ear*) también es la elegida para la **formación de nuevos verbos** a partir de préstamos de otras lenguas: *to map* (en inglés) > *mapear*; o de neologismos: *escáner > escanear, tuit > tuitear*.

8a ¿Cuáles de estas maneras de lidiar con problemas en el trabajo te parecen más positivas? ¿Cuáles crees que pueden ser contraproducentes? Escribe en tu cuaderno los razonamientos para tus respuestas.

1 Involucrar en la resolución del problema a otras personas.
2 No abordar el problema inmediatamente, ya que con el tiempo puede que se resuelva solo.
3 Priorizar los problemas más urgentes, no los más graves.
4 Intentar predecir las áreas donde se pueden producir complicaciones.
5 Tomar decisiones estratégicas, basadas en el análisis de los datos duros.
6 No desestimar la ayuda de los colegas.

Es positivo involucrar en la resolución de un problema a otras personas, después de todo, más personas pueden aportar más ideas y diferentes perspectivas, pero quizás resulte contraproducente si hay tantas ideas que se hace más difícil tomar una decisión.

8b Imagina que trabajas en la gerencia de una empresa que va a aplicar algunas de esas medidas para la resolución de problemas. Completa este *email* que explica a los trabajadores la decisión tomada.

Estimados colegas:

En la última reunión de la junta directiva se aprobaron una serie de medidas que esperamos conduzcan a la mejora de nuestros procedimientos de resolución de problemas. A continuación paso a exponer las mismas.

Primeramente,…

ECONOMÍA Y NEGOCIOS 10

9 Aquí tienes una descripción de tres tipos extremos de líderes. Lee las frases que siguen y relaciónalas con cada uno de ellos.

1. **El autócrata**: orientado hacia la tarea, se interesa en terminar un trabajo. Piensa que la mayoría de la gente debe ser controlada para hacerla producir. Ve a los trabajadores únicamente como extensiones de las máquinas y el trabajo del jefe es planear detalladamente todos los aspectos de la tarea de su subordinado.
2. **El burócrata**: orientado hacia la efectividad, se centra en obtener una elevada productividad. Sigue las reglas de la empresa, es detallista y acata las órdenes con toda precisión.
3. **El misionero**: orientado hacia las relaciones, se preocupa principalmente por la gente. Pone las relaciones cordiales por encima de todas las cosas, se preocupa por mantener una atmósfera social agradable y por eso evita el conflicto a toda costa.

Adaptado de https://reddinconsultants.com

a ☐ "Creo que debemos ser un poco más creativos; ¿dónde está el documento sobre creatividad que mandó la Dirección?".
b ☐ "Si están contentos, todo saldrá bien".
c ☐ "Sé razonable, hazlo a mi manera".
d ☐ "Deberíamos hacer una cena de empresa cada mes".
e ☐ "No lo hagas como yo lo hago, ¡hazlo como te digo!".
f ☐ "Respeta las reglas y nunca estará demasiado mal".
g ☐ "No hables mientras yo interrumpo".
h ☐ "Esta es mi opinión, pero si tú tienes otra, puedo cambiarla".
i ☐ "Déjame ver cómo lo hicimos la última vez".

C NEGOCIOS VERSUS SOLIDARIDAD

10 🔊 18 📄 **DELE** Escucha la siguiente entrevista sobre la banca ética y contesta a las preguntas.

1. Según la periodista,…
   a los primeros bancos éticos surgieron durante las protestas contra la guerra de Vietnam.
   b el germen para futuros bancos éticos apareció en las protestas contra la guerra de Vietnam.
   c los manifestantes que protestaban contra la guerra de Vietnam abandonaron las protestas para crear la banca ética.

2. El banco Triodos Bank…
   a ha ganado 61 000 clientes en el último año.
   b ha duplicado sus 61 000 clientes iniciales.
   c ha alcanzado la cifra de 61 000 clientes.

3. Tradicionalmente, a la hora de elegir un banco,…
   a los clientes tenían en cuenta factores como el medioambiental.
   b los clientes consideraban los valores que ofrecía la entidad.
   c los clientes se fijaban exclusivamente en el factor económico.

4. Los clientes de Triodos Bank pagan comisiones…
   a por recibir la tarjeta de débito.
   b al realizar una transacción.
   c al abrir la cuenta corriente.

5. Según Esteban Barroso,…
   a Triodos Bank no quiere arriesgar con los depósitos para garantizar su propia sostenibilidad.
   b Triodos Bank goza de sostenibilidad gracias a los depósitos de pasivo.
   c Triodos Bank ofrece préstamos cuya rentabilidad supera el precio del préstamo.

6. Para conseguir una hipoteca en Triodos Bank,…
   a se ha de demostrar que la casa se ha construido con materiales ecológicos.
   b esta ha de tener un valor añadido.
   c hay que llevar al menos medio año como cliente en el banco.

ESTRATEGIAS PARA EL EXAMEN

Este ejercicio se corresponde con la Tarea 3 de la Prueba 2, en la que escucharás dos veces una entrevista o debate y tendrás que responder a seis preguntas sobre la misma.
- Lee bien las preguntas para saber de qué tratará la audición y marca las diferencias entre las opciones.
- En la primera audición trata de localizar los lugares donde se da la información que necesitas.
- En la segunda audición intenta identificar la respuesta acertada.

11 En los titulares de periódico de la página 106 del libro del alumno aparecen varias siglas. ¿Qué crees que significan estas otras siglas o acrónimos (siglas que se leen como una palabra)? Completa con ayuda de la lista.

> Atlántico - Mundial - Común - Academia
> Tratado - y - Central - Unidas - Mediana
> Europeo (x2) - Naciones - Norte - Europea
> Salud - Empresa - Española - Referencia

1 BCE: Banco _____
2 ONU: Organización _____
3 OMS: Organización _____
4 MCER: Marco _____
5 UE: Unión _____
6 RAE: Real _____
7 OTAN: Organización _____
8 PYME: Pequeña _____

101

10 ECONOMÍA Y NEGOCIOS

12 Completa con la partícula relativa correcta. En ocasiones puede haber más de una opción posible.

quien/-es · el / la / los / las que · los / las cuales · lo que · el / la cual · que · cuyo/-a/-os/-as

1 _____ pueda realizar más de una tarea al mismo tiempo tiene muchas posibilidades de convertirse en un gran líder.
2 Mi hermana Azucena está en un proceso de selección para una multinacional francesa, _____ actividad principal es el desarrollo de productos cosméticos.
3 ¿Te acuerdas de cómo se llama ese banco de _____ hablaba el programa de televisión?
4 _____ más me sorprende es que justo él, economista de profesión, haya realizado una inversión tan sumamente arriesgada.
5 La nueva sede principal de la multinacional, _____ se ha empezado a construir esta semana, incluirá espacios de recreo para los trabajadores.
6 Los presupuestos anuales de la empresa, _____ fueron presentados ayer por la tarde, incluyen una gran inversión en acciones sociales.
7 Hace varias semanas que no veo por la oficina a Julián, _____ se encargaba de las campañas de marketing en televisión.
8 Puede que la crisis no haya afectado a todas las empresas, pero en la mía, _____ ingresos principales provienen de transacciones inmobiliarias, hay cierta tensión últimamente.
9 Nuestro sistema informático, de _____ mantenimiento se encargan tres técnicos a tiempo completo, sufrió un ataque el pasado fin de semana.
10 Los consumidores _____ hayan realizado una compra por internet en los últimos días recibirán en breve una encuesta de satisfacción.

13 Transforma cada par de frases añadiendo *cuyo/-a/-os/-as* para crear una única frase.

1 La incubadora Embrace mantiene una temperatura constante de 37 grados gracias a unas pastillas de cera. Las pastillas tienen una duración de seis horas.

2 La mosquitera PERMANET está impregnada de un insecticida que mata y repele los mosquitos que transmiten la malaria. La eficacia de esta mosquitera está garantizada incluso después de veinte lavados.

3 El MUAC es un brazalete que permite integrar a activistas comunitarios que no saben leer. Las franjas de color de este brazalete indican el nivel de desnutrición de la persona que lo lleva.

4 El profesor Aftim Acra procede de Líbano. Su mayor logro fue descubrir que el sol destruye los microorganismos del agua.

5 La incubadora Embrace es portátil y no necesita electricidad. Su precio es inferior al de una incubadora normal.

6 Algunos países siguen buscando la manera de devolver todo el dinero prestado. Las economías de estos países han sido rescatadas por el FMI.

7 El método SODIS sirve para potabilizar agua en el ámbito doméstico. Su funcionamiento solo necesita botellas de plástico y la luz del sol.

ECONOMÍA Y NEGOCIOS 10

14 Lee las siguientes frases, identifica los casos de quesuismo y corrígelos.

1 Van a ascender a un único empleado **que su** _____ máxima cualidad es saber motivar al resto del equipo.
2 El ejecutivo de la nueva *start-up* obtuvo mayor financiación **que su** _____ competidor.
3 La directora del departamento de marketing nos ha contado **que su** _____ contrato termina en un par de meses y que no tiene intenciones de renovarlo.
4 **Que su** _____ tío sea la mano derecha de la presidenta de la compañía no quiere decir que él no haya reunido méritos suficientes para este trabajo.
5 Los países europeos **que sus** _____ economías han sido rescatadas están haciendo cálculos para poder devolver la deuda.
6 Quiero depositar mi dinero en un banco **que su** _____ actividad principal no sean las inversiones poco transparentes ni el comercio con armas u otros productos similares.
7 El equipo de trabajo **que su** _____ labor principal es implementar las novedades en la última junta de accionistas está haciendo muchas horas extra últimamente.
8 Leyendo el informe anual de la empresa me enteré de **que su** _____ beneficio había aumentado a pesar de la complicada situación financiera.

Recuerda

El **quesuismo** es un fenómeno gramaticalmente incorrecto que se puede observar en el habla de hablantes nativos. Se produce cuando se utiliza la combinación del pronombre relativo *que* y el determinante posesivo *su/-s*, en lugar de *cuyo/-a/-os/-as*.

D SEDUCIR AL CONSUMIDOR

15 Lee otra vez el texto de la página 108 del libro del alumno y marca si estas afirmaciones son verdaderas (V) o falsas (F).

1 ☐ Es discutible que no seamos conscientes de todas nuestras acciones.
2 ☐ No podemos controlar la importancia que las reacciones impulsivas tienen en nuestra vida.
3 ☐ El sabor de la Pepsi gusta más que el de la Coca Cola.
4 ☐ Clinton Kilts trabajaba para Coca Cola cuando inició el *neuromarketing*.
5 ☐ En sus experimentos, Kilts analizó la actividad cerebral de varios voluntarios.
6 ☐ La corteza prefrontal ventromedial influye en las elecciones de los consumidores.

16 Ordena estas frases para que tengan sentido. La primera parte está ya en el lugar correcto.

1 Llevaba bastante / el coche / al concesionario / así que / fue / y pagó / tiempo / ahorrando, / a tocateja
_____

2 Me parece / el papel que / importante / les damos / a las cosas materiales / determinar / en nuestra vida
_____

3 Desde / el nacimiento / una nueva forma / luego, / internet / de comprar / marcó
_____

4 Yo creo que / Lucy / simplemente / mira / la tarjeta / saca / ni siquiera / y paga / el precio,
_____

5 Entre / los electrónicos / por goleada / que se venden / ganan / todos los productos / por internet
_____

17a 🔊 19-21 Vas a escuchar el inicio de tres anuncios de una campaña publicitaria de radio premiada en el festival El Sol. ¿Qué tienen en común? ¿Cuál crees que es la empresa anunciante?
_____
_____
_____

17b 🔊 22-24 Ahora escucha los anuncios completos. ¿Qué te parece esta campaña?
_____
_____
_____

17c ¿Cuál sería tu profesión soñada? Escribe en tu cuaderno el guion de un anuncio similar para esa profesión.

¿LO SABÍAS?

El Sol, Festival Iberoamericano de la Comunicación Publicitaria, premia cada año la creatividad en el mundo de la publicidad en español y portugués. Se creó en España en el año 1986 y se expandió para incluir al resto de países de habla hispana y portuguesa en 2003. Su objetivo es crear un punto de encuentro para el intercambio de ideas que impulse la creatividad y ayude a mejorar la profesión. Las numerosas secciones del festival abarcan los distintos medios publicitarios y algunos de los proyectos premiados se pueden ver o escuchar en su página web.

10 ECONOMÍA Y NEGOCIOS

18 Lee el diálogo y la intervención en una reunión de trabajo y añade los elementos comunicativos.

> de hecho - No estarás ocupado, ¿no? - Es que - total, que - y va él

- ¿Diga?
- Hola, Omar. **(1)** _____
  (2) _____ tengo que contarte lo que me acaba de pasar.
- ¡Cuéntame!
- El mercado estaba cerrado, así que he ido a la frutería esa del frutero simpático que tiene unos precios astronómicos.
- Uy, y ahora necesitas que te preste dinero, ¿no?
- Jajaja, pues, **(3)** _____ ¡todo lo contrario! Yo quería comprar tomates, le conté al frutero que eran para una ensalada… ¡**(4)** _____ y me regala un mango para acompañarlos!
- Anda, ¡qué suerte!
- Sí, **(5)** _____ pagué un montón por los tomates, pero con el mango ya compensa.
- ¡Pues ya me invitarás a esa ensalada!
- ¡Claro! Pásate esta noche por mi casa.
- Hecho. Hasta esta noche.
- ¡Chao!

> De hecho - en definitiva - es ineludible que - ¿me seguís? - Sin ir más lejos

Compañeros, podemos decir que nuestra idea de venta de cereales a través de internet ha sido un éxito. **(6)** _____, nuestra marca es una de las favoritas entre el público hasta 40 años. Pero ahora **(7)** _____ pensemos en cómo llegar a más gente. Una idea sería abrir tiendas temporales para dar a conocer nuestros productos. **(8)** _____, este tipo de tiendas está muy de moda. Están abiertas durante un mes y luego se cierran, **(9)** _____ Son, **(10)** _____, tiendas que no generan muchos costes pero que, bien situadas, nos acercarían a posibles nuevos consumidores.

19 Imagina que le cuentas a otra persona el experimento con el que se demostró que la Pepsi gusta más que la Coca Cola a pesar de venderse menos que esta (página 108 del libro del alumno). ¿Cómo te imaginas el diálogo? Escríbelo en tu cuaderno usando las estrategias de comunicación aprendidas en esta sección.

EN ACCIÓN

20a Los siguientes fragmentos han sido extraídos de un artículo de opinión. ¿A qué parte del artículo crees que pertenecen?

| A introducción | B tesis | C argumentos | D conclusión |

1. _C_ ¿Realmente nos gusta esta sociedad en la que los jóvenes consideran ir de compras una actividad de ocio y no una acción para resolver una necesidad concreta?
2. ____ Como señala la autora Encarna Otero en varias de sus obras, los niveles de consumo de los países desarrollados no son sostenibles.
3. ____ Abra los cajones y los armarios. ¿Cuántos objetos ve que no necesita realmente, cuántos encuentra que no ha usado desde hace mucho tiempo y casi había olvidado?
4. ____ Hay quienes defienden que es ese consumismo lo que mueve la economía y genera puestos de trabajo.
5. ____ Hágame caso, túmbese en el sofá con un libro y lea. Verá cómo se enriquece con cada página y con cada libro.
6. ____ Vivimos en un mundo muy contradictorio en el que muchas personas no pueden permitirse lo básico para vivir y otras viven rodeadas de un montón de cosas innecesarias.

20b Lee ahora el artículo y comprueba tus respuestas al apartado anterior.
¿Qué título le darías?

Entre en cada habitación de su casa y mire a su alrededor. Abra los cajones y los armarios. ¿Cuántos objetos ve que no necesita realmente, cuántos encuentra que no ha usado desde hace mucho tiempo y casi había olvidado? Muchos, seguro. Lo sé por experiencia. Antes me pasaba con frecuencia que compraba cosas simplemente porque las veía en un anuncio o en un escaparate y pensaba: "Esto me viene muy bien". Y al comprarlo, por unos momentos, quizás un día o dos, me sentía feliz. Pero pasada la euforia inicial, tenía un trasto más en casa.

Vivimos en un mundo muy contradictorio en el que muchas personas no pueden permitirse lo básico para vivir y otras viven rodeadas de un montón de cosas innecesarias. En muchas ocasiones es la publicidad la que nos lleva al consumismo, a comprar aquello que, nos dicen, nos hará más sanos, más modernos, más felices, mejores.

Y, si bien es verdad que la publicidad tiene gran parte de la culpa, no es menos cierto que la vida de los objetos se ha acortado significativamente. Antes teníamos en casa un teléfono que duraba prácticamente toda la vida. En la actualidad compramos un teléfono móvil que usaremos, con suerte, dos años. Los productos se fabrican para que se estropeen y sea necesario sustituirlos. Sin embargo, como señala la autora Encarna Otero en varias de sus obras, los niveles de consumo de los países desarrollados no son sostenibles. Compramos algo, lo usamos durante cierto tiempo hasta que deja de funcionar, o simplemente nos cansamos de él, y lo tiramos. Generamos así basura que pocas veces llegará a ser reciclada.

Por otro lado, ajenos a estos problemas medioambientales, hay quienes defienden que es ese consumismo lo que mueve la economía y genera puestos de trabajo. Ahora bien, quienes así piensan parecen no haberse parado a analizar la calidad de los puestos de trabajo creados. La vigésima camiseta de nuestro armario o el tercer móvil que nos hemos comprado en cinco años han sido producidos, en la mayoría de los casos, en condiciones de trabajo próximas a la esclavitud.

A mi juicio, el hiperconsumismo mueve la economía… a favor de unos cuantos empresarios que se enriquecen a costa de un empobrecimiento cultural de la sociedad. Años después de que Erich Fromm criticase la sociedad del tener, la situación no solo no ha mejorado, sino que, en mi opinión, ha ido a peor. El otro día, mientras ayudaba a mi hijo con sus deberes, me sorprendió ver que en su libro de francés aparecía "ir de compras" entre las actividades de tiempo libre, al mismo nivel que hacer deporte, leer o visitar un museo. ¿Realmente nos gusta esta sociedad en la que nuestros jóvenes consideran ir de compras una actividad de ocio y no una acción para resolver una necesidad concreta?

Vivir en un mundo de consumo cero es prácticamente imposible, pero sí podemos reducir nuestro nivel de consumismo. ¿Cómo? Yo, en cuanto me di cuenta de lo absurdo de mis compras, empecé a sustituir el placer que me daba comprar por otros momentos de bienestar, por ejemplo, tomar un café tranquilamente en casa, poner a todo volumen mi canción favorita, dedicar tiempo a cocinar… Por último, retomé una actividad aparcada desde hacía tiempo: la lectura. Ahora sí que me siento mejor y más feliz.

En definitiva, ¿quiere ser rico? Hágame caso, túmbese en el sofá con un libro y lea. Verá cómo se enriquece con cada página y con cada libro.

20c Marca ahora expresiones o vocabulario que aparecen frecuentemente en este tipo de texto.

11 PALABRAS, PALABRAS

A LENGUAS EN CONTACTO

1 Eduardo es un bloguero que abusa frecuentemente del uso de palabras del inglés cuando escribe. Identifica los anglicismos de esta entrada y sustitúyelos por su equivalente en español.

Gallardías

Me gusta **25** Seguidores **120** Siguiendo **33** Seguir

¡Hola, hola a todos mis followers! ¿Cómo habéis pasado el finde? ¡Yo he estado muy ocupado! La semana pasada celebramos el meeting de nuestra comunidad online y, como ya sabéis los que estuvisteis presentes,… ¡fue todo un éxito!
En un par de días publicaré un post con un informe pormenorizado, pero de momento, si queréis ver fotos del evento, aquí os dejo el link donde las podréis encontrar: haced clic ¡y a disfrutar! Podéis ignorar los cientos de selfies que me hice con todo el mundo, pero no perdáis de vista el look de algunos de los asistentes, veréis a mucha gente cool y algún que otro friki…
¡Hasta la próxima! EDUARDO EL GALLARDO

1 followers — *seguidores*
2 _____
3 _____
4 _____
5 _____
6 _____
7 _____
8 _____
9 _____
10 _____
11 _____
12 _____

2 La Real Academia Española recoge en su diccionario palabras provenientes del inglés, muchas veces adaptando la ortografía española a la pronunciación inglesa. Por ejemplo, la palabra inglesa *whiskey* deriva en la española *güisqui*. ¿Cómo crees que han sido recogidas las siguientes palabras? Ten en cuenta que, además de cambiar letras, a veces es necesario añadir un acento.

1 *trailer:* _____
2 *bacon:* _____
3 *bowl:* _____
4 *sandwich:* _____
5 *basket:* _____
6 *sprint:* _____
7 *smoking:* _____
8 *shampoo:* _____
9 *tupper* (*Tupperware*®): _____

¿LO SABÍAS?

La Asociación de Academias de la Lengua Española (ASALE), creada en 1951, agrupa a veintitrés academias de la lengua española. Esta asociación colabora desde 2001 con la Real Academia Española (RAE) en la elaboración y publicación del *Diccionario de la lengua española* (DLE). Otras de sus obras más significativas son el *Diccionario panhispánico de dudas* y el *Diccionario de americanismos*. Los tres diccionarios pueden ser consultados a través de la página de la ASALE (www.asale.org).

PALABRAS, PALABRAS 11

3 Clasifica las siguientes palabras según su etimología. Puedes ayudarte del *Diccionario de la lengua española* en línea.

> el sarao - el bulevar - la canoa - el barullo
> el bigote - el arroz - el déficit - la maraca
> la toalla - el limón - coqueto/-a - el estatus

1 Lusismos: _____
2 Galicismos: _____
3 Arabismos: _____
4 Latinismos: _____
5 Americanismos: _____
6 Germanismos: _____

Recuerda

Los **diccionarios** recogen mucha información además del significado de una palabra. Dependiendo del diccionario puedes encontrar: **etimología**, **información gramatical** (género, tipo de palabra, etc.), **información sobre su uso** (registro, área geográfica, disciplina en la que se usa, etc.), **ejemplos**, etc.

4 Elige una palabra, búscala en uno o varios diccionarios y prepara una breve exposición sobre la información que has encontrado. Puedes usar alguna de estas.

placar
rebeca
postureo
aperitivo
mamotreto
blanco
pordiosero
guachimán
paparazzi
mono
aguacate
chándal
bastar

5 Aquí tienes algunas frases en las que se expresa impersonalidad. Complétalas con *se* y el verbo en la forma necesaria.

1 _____ (pensar) que el vasco es la lengua más antigua de la península.
2 En Perú _____ (hablar), además de español, diferentes lenguas de origen americano como el quechua y el aimara.
3 Durante la época de los conquistadores _____ (extender) el uso del español a América.
4 En el pasado _____ (decir), por motivos políticos, que el catalán y el gallego eran dialectos del español, aunque en realidad son lenguas diferentes que también derivan del latín.
5 En Filipinas, que fue colonia española entre los siglos XVI y XIX, todavía _____ (conservar) palabras en tagalo que proceden del español.
6 _____ (temer) que un alto porcentaje de las lenguas indígenas de América Latina estén en peligro de extinción.

6 Lee estas frases e identifica si se trata de usos paradigmáticos o no de *se*. Puedes consultar la página 166 del libro del alumno.

1 En el restaurante de la calle Gracia **se** comen unos platos buenísimos. _____
2 En ciertos ámbitos, como el de la publicidad, **se** abusa de los anglicismos. _____
3 Los nativos americanos conocían alimentos nuevos y **se** los enseñaron a los europeos. _____
4 El editor rechazó el artículo que **se** le envió, por la gran cantidad de faltas de ortografía. _____
5 Leandro **se** tomó la mañana libre tras la intensa reunión. _____
6 Los académicos **se** envían diferentes propuestas de definiciones antes de la reunión oficial. _____
7 Trató de colgar el cuadro en la pared, pero **se** caía todo el rato. _____
8 Con la nueva edición **se** espera que desaparezcan los problemas de impresión. _____

Recuerda

Hablamos de **se paradigmático** cuando son posibles otras personas (*me, te, nos, os*) en construcciones similares y de **se no paradigmático** cuando la construcción solo admite la tercera persona.

B PALABRAS QUE DUELEN

7 Lee las siguientes frases y selecciona, en cada una de ellas, la opción que no es posible.

1. El grupo de estudios de género se va a reunir para **mentar / tratar / abordar** cómo ofrecer a los estudiantes transgénero igualdad con respecto a sus compañeros.
2. Durante años las mujeres han sido el **objetivo / negro / blanco** de chistes donde se las encasillaba en el papel de amas de casa.
3. Estamos hartos de que a las mujeres se las juzgue por su apariencia y que reciban **insultos / estereotipos / improperios** por llevar ropa corta o ceñida.
4. Si quieres empezar a usar un lenguaje inclusivo puedes emplear la **estratagema / estrategia / táctica** de utilizar palabras más generales sin terminaciones masculinas ni femeninas.
5. Colectivos de mujeres **reivindican / defienden / reflexionan** la creación de nuevas palabras para designar la forma femenina de profesiones tradicionalmente desempeñadas por hombres.
6. Una famosa presentadora de televisión reabrió **la polémica / el debate / la injuria** sobre la necesidad de crear baños públicos sin género determinado en colegios y universidades.

8 Lee el siguiente texto y completa los espacios con el fragmento más adecuado. Hay dos fragmentos que no se necesitan.

a. Pero estas expresiones deben aparecer recogidas en el diccionario puesto que son términos y expresiones que se usan.
b. Porque son los hablantes y el uso diario quienes crean la lengua.
c. No está demasiado claro, pues, qué está pidiendo el indignado gremio de panaderos a la Academia.
d. Esta definición pide a gritos una enmienda urgente.
e. Ejemplos como este son la prueba de que la lengua es un elemento vivo que hace necesaria la modificación de los diccionarios.
f. Otra cosa es cuando la definición en sí es la que resulta discriminatoria o sesgada.
g. Lo más razonable sería que le explicásemos el significado, pero advirtiendo de que se trata de una palabra muy despectiva que suele usarse como insulto.
h. Afortunadamente, estos casos clamorosos y evidentemente sesgados han ido siendo enmendados, como era de esperar.

Dejad de pedirle a la RAE que elimine palabras

Elena Álvarez Mellado

Exigir la retirada de palabras y expresiones del diccionario demuestra que no sabemos para qué sirven los diccionarios y le otorga al diccionario de la RAE un poder que no tiene (ni debe tener)

El gremio de panaderos ha lanzado recientemente una recogida de firmas para pedirle a la RAE y al Instituto Cervantes que eliminen o modifiquen el refrán "pan con pan, comida de tontos" arguyendo que resulta denigrante para los panaderos y que supone un desprestigio para el pan. La recogida de firmas forma parte de una campaña de publicidad que reivindica el pan artesano bajo el lema "el pan no es comida de tontos".

Esta es la enésima recogida de firmas para pedirle a la RAE que elimine tal palabra o tal acepción del diccionario. Lo curioso es que, en esta ocasión, el gremio de panaderos pide a la RAE que retire un refrán que ni siquiera está recogido en su diccionario (sí aparece en el refranero multilingüe del Instituto Cervantes). **(1)**_____ ¿Que emitan un comunicado condenando su uso? ¿Que desplieguen comandos paracorrectoriles por la Hispanofonía para multar a quien lo diga? La RAE ha salido ya a aclarar que, efectivamente, el refrán de la discordia no aparece en su diccionario.

Aun asumiendo que se trata de una campaña de publicidad (y que por lo tanto busca recibir atención y resultar llamativa antes que pertinente), lo cierto es que cada poco tiempo un colectivo, un gremio o una marca publicitaria solicita la inmediata retirada de una palabra o de una acepción por resultar denigrante. Hace apenas unos meses, una campaña en change.org exigía eliminar la expresión "sexo débil" por ser misógina y retrógrada. Claro que referirse a las mujeres

PALABRAS, PALABRAS

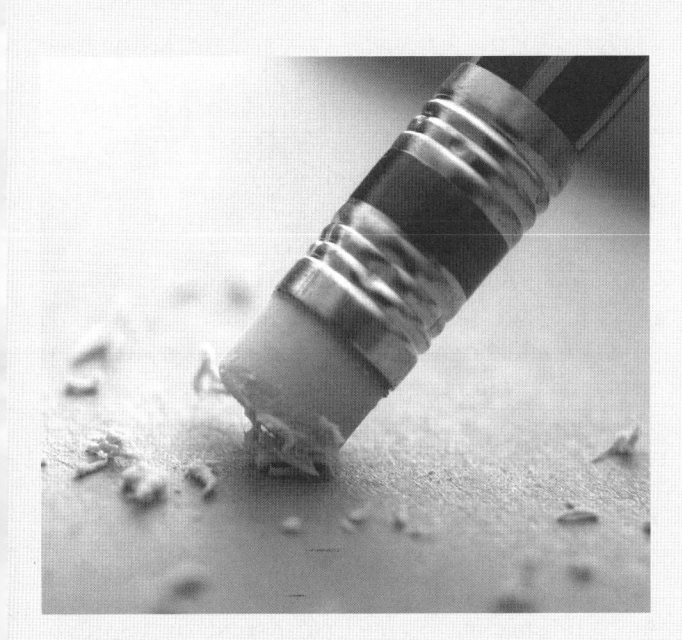

como "sexo débil" es misógino y retrógrado. **(2)**_____ Que la RAE recoja y defina "sexo débil" no quiere decir que la RAE recomiende llamar a las mujeres "sexo débil"; lo que está diciendo es que cuando alguien usa esa expresión se está refiriendo a las mujeres (aunque bien es verdad que la definición debería indicar, además, que es una expresión peyorativa y machista).

Pongamos por caso que un extranjero viese u oyese la expresión "sexo débil" y nos preguntase por su significado. […] O por cualquier otra palabra ofensiva o denigrante. ¿Acaso le responderíamos que no lo sabemos? ¿Que esas palabras no existen? No. **(3)**_____ Es exactamente lo mismo que debe hacer el diccionario: no eliminar palabras, sino recogerlas, definirlas e indicar siempre la connotación y el uso que tienen.

Las palabras que aparecen recogidas en el diccionario son tan machistas, racistas, homófobas, ofensivas o insultantes como el uso que de ellas hagan los hablantes. **(4)**_____ La labor de los diccionarios es recoger fielmente lo que nosotros, hablantes soberanos, hacemos con nuestro idioma.

Lo que se esconde detrás de estas ya habituales cruzadas lexicográficas para que la RAE elimine palabras es nuestra creencia (falsa) de que lo que dota de existencia y validez a una palabra es que aparezca recogida en el diccionario de la Academia. "Si la borramos del diccionario, entonces esa palabra deja de existir o, al menos, deja de ser válida". Quitar una palabra del diccionario no la elimina de la lengua, de igual manera que eliminar una calle del mapa no la hace desaparecer del trazado urbano. En todo caso, lo que conseguimos es hacer de nuestro mapa o de nuestro diccionario una peor herramienta que no refleja bien la realidad.

(5)_____ Cuando la RAE define "cocinillas" como hombre que se "entromete" (sic) en las tareas del hogar, lo que nos está dando a entender al usar el verbo "entrometer" es que las tareas del hogar, según la RAE, no son competencia de los hombres (puesto que uno se entromete en aquellos asuntos que no le corresponden). **(6)**_____

[…]

Todas las palabras han de estar recogidas en el diccionario, los insultos también. Exigir la retirada de palabras y expresiones del diccionario a golpe de petición demuestra que no sabemos para qué sirven los diccionarios y le otorga al diccionario de la RAE un poder que no tiene (ni debe tener). Es en las definiciones donde podemos (y debemos) dar la batalla para exigir definiciones imparciales, inclusivas, lo menos sesgadas posible y en las que se indique debidamente cuándo un término es ofensivo. Porque es por sus definiciones como los conoceréis.

Extraído de *www.eldiario.es*

11 PALABRAS, PALABRAS

9a Relaciona las siguientes palabras con su definición.

1. ☐ **el cometa**   ☐ **la cometa**
   a Estructura plana y ligera sobre la que se pone tela o papel y que se lanza al aire para que se mueva con el viento.
   b Cuerpo celeste envuelto por una atmósfera luminosa que deja detrás de sí una estela.

2. ☐ **el corte**   ☐ **la corte**
   a Herida producida por un instrumento afilado, como un cuchillo o unas tijeras.
   b Tribunal de justicia. || Personas que componen la familia y el acompañamiento habitual de un monarca.

3. ☐ **el coma**   ☐ **la coma**
   a Signo ortográfico que se utiliza para hacer pequeñas pausas dentro de una misma frase.
   b Término médico que describe un estado en el que se pierde la conciencia, la sensibilidad y la capacidad motora.

4. ☐ **el cólera**   ☐ **la cólera**
   a Sentimiento de ira y enfado.
   b Enfermedad producida por una bacteria que provoca vómitos y diarrea.

5. ☐ **el pendiente**   ☐ **la pendiente**
   a Joya que se lleva en la parte inferior de las orejas.
   b Zona que tiene especial inclinación.

6. ☐ **el cura**   ☐ **la cura**
   a Sacerdote de la iglesia católica.
   b Aplicación de remedios o cuidados para eliminar una herida.

7. ☐ **el orden**   ☐ **la orden**
   a Mandato que hay que cumplir.
   b Colocación de las cosas.

9b Ahora elige la opción adecuada en cada caso.

1. Los domingos por la mañana mi familia y yo solemos dar un paseo por **el / la** margen del río Paraná.
2. Estoy leyendo un libro sobre las mujeres que lucharon en **el / la** frente durante la Segunda Guerra Mundial.
3. ¿Cuál es **el / la** capital de Perú? ¿Cuzco o Lima?
4. Había tanto ruido en el paladar que el camarero no escuchó la mitad **del / de la** orden.
5. La calle tenía **tanto / tanta** pendiente que, cuando llegué arriba, tuve que descansar unos minutos.
6. Tened en cuenta que no se corregirán las anotaciones escritas en **el / la** margen de la página.
7. Aunque parezcan poco importantes, poner o no **un / una** coma puede modificar el significado de la frase.
8. Tras su operación, Javier tenía que ir al centro médico a diario para que le realizaran **el / la** cura de la herida.
9. En cuanto reunieron **el / la** capital suficiente, iniciaron los trámites para abrir un restaurante.
10. Marie Curie fue una científica polaca que pasó a la historia por descubrir **el / la** radio.

10 Escribe una palabra más general e inclusiva para los siguientes sustantivos masculinos o femeninos. Mira el ejemplo.

los ciudadanos   *la ciudadanía*
1. los electores   _____
2. los médicos   _____
3. las enfermeras   _____
4. un cuento para niños _____
5. los derechos del hombre _____
6. las azafatas   _____
7. los ancianos   _____
8. los directores   _____

C ESPAÑOL SIN FRONTERAS

11 🔊 25-27 Vas a escuchar fragmentos del inicio de tres charlas TED en las que los conferenciantes tienen acentos diferentes. Marca los rasgos fonéticos de cada persona, indicando alguna palabra en la que se aprecian. ¿Sabes identificar de qué país o área geográfica son?

	1 Diana Rubalcava	2 Jorge Luis Batista	3 Hernán Casciari
Seseo			
Žeísmo			
Pérdida de s final			
Neutralización l/r			
Aspiración del sonido de la j			
¿De dónde es?			

PALABRAS, PALABRAS 11

12 Marca la palabra que <u>no</u> es posible para completar las siguientes frases.

1 Luciana tiene un … enorme, pero está lleno de ropa que no usa.
   a placar   **b** trancón   **c** clóset

2 Luis Alberto siempre fue un … muy despierto.
   a pibe   **b** chamaco   **c** colectivo

3 Lo peor de ir a la oficina en coche por la mañana son los … a la entrada de la ciudad.
   a abrebocas   **b** taponamientos   **c** atascos

4 Tendremos que llamar al plomero, creo que … no funciona.
   a el grifo   **b** la guagua   **c** la canilla

5 Anoche fuimos a un bar donde ponían unas … buenísimas.
   a llaves   **b** tapas   **c** bocanas

6 Para ir a la escuela, Julieta tomaba el … cada mañana.
   a camión   **b** taco   **c** colectivo

7 ¡No sé por qué tiene que venir este … a decirme lo que tengo que hacer!
   a chaval   **b** trancón   **c** pelado

13a 🔊 28-33 Vas a escuchar a personas de diferentes países del mundo hispano que describen una palabra que se emplea en su país. Escucha las explicaciones para cada palabra y únelas con su significado.

1 majo/-a   a tontería
2 vaina   b simpático/-a
3 quilombo   c novio/-a
4 asere   d desorden
5 huevada   e amigo
6 pololo/-a   f cosa

13b Ahora completa las frases con las palabras anteriores. En algún caso puede haber dos opciones.

1 Mi profesor de literatura es muy _____ y sus clases me encantan.
2 Ayer quedé con Ana y me contó de su nuevo _____ Rodrigo. ¡Se la ve muy enamorada!
3 ¡_____, cuánto tiempo! ¡Qué bueno verte!
4 Quita esa _____ de encima de la mesa, que vamos a comer ahora.
5 Estuvo en esa empresa cuatro años, pero dice que era un _____ y que por esa falta de organización se acabó yendo.
6 Miguel Ángel se enfadó conmigo, no sé qué _____ se le habrá metido en la cabeza ahora, ¡es que es muy sensible!

14 Lee estas declaraciones sobre las lenguas y escribe tu opinión sobre ellas.

El mundo sería mejor si todos habláramos una lengua común, como el esperanto.
Es de sentido común pensar que si compartiéramos una lengua, podríamos entendernos mejor y así se evitarían malentendidos culturales.

1 Es probable que el español acabe siendo la lengua más hablada en los Estados Unidos.
_____
_____

2 Lo natural es que las lenguas pequeñas desaparezcan y se impongan lenguas más extendidas.
_____
_____

3 La adquisición de dos lenguas maternas en la infancia facilita posteriormente el aprendizaje de lenguas extranjeras.
_____
_____

4 El aprendizaje de lenguas extranjeras nos permite conocer mejor nuestra propia lengua.
_____
_____

Recuerda

Puedes **reforzar una opinión afirmativa** con las siguientes expresiones: *Lo que está claro es que…; No cabe la menor duda de que…; Nadie puede negar que…; Es de sentido común pensar que…*

Puedes **reforzar una opinión negativa** con las siguientes expresiones: *Es descabellado pensar que…; A nadie se le pasaría por la cabeza…; En modo alguno. / De ningún modo.; Rotundamente, no.*

11 PALABRAS, PALABRAS

15a Aquí tienes algunas expresiones españolas, ¿sabrías relacionarlas con su significado?

1 (no saber/entender) ni jota
2 erre que erre
3 por hache o por be
4 de pe a pa
5 poner los puntos sobre las íes
6 al pie de la letra
7 no saber hacer la o con un canuto

a ☐ por una u otra causa
b ☐ literalmente, sin variación
c ☐ ser incapaz de hacer hasta la tarea más fácil
d ☐ tercamente
e ☐ nada
f ☐ enteramente, de principio a fin
g ☐ aclarar algo

15b Ahora completa las frases con una expresión del apartado anterior. No necesitarás todas.

1 Si quieres que el suflé te salga bien, has de seguir la receta _____.

2 Me matriculé en el curso de introducción a la física porque pensé que sería fácil, pero el primer día no entendí _____.

3 ¿Julieta ha hablado ya contigo sobre la cena? Yo le he dicho que no voy, pero ella sigue _____ intentando convencerme.

4 Tiene que hablar con Mariano y _____, si hay problemas es mejor tratarlos enseguida.

5 En la escuela de Patricia les enseñaban poemas clásicos. Ella los recitaba _____, aunque no sabía muy bien qué significaban las palabras.

6 Néstor y yo queríamos viajar por varios países de Latinoamérica, pero _____ nunca lo llegamos a hacer.

D LA VIDA SECRETA DE LAS PALABRAS

16 Las palabras son más de lo que dicen. ¿Qué característica especial ocultan las siguientes? Intenta adivinarlo y después relaciona cada una con su característica.

electroencefalografista - título - auténtico
reconocer - pedigüeñería - ushuaiense
agua - emergente - correveidile - botar

1 Es una palabra tritónica (se acentúa de tres maneras, dependiendo del significado). _____
2 Es una palabra que contiene todas las vocales. _____
3 Palabra con más vocales consecutivas recogida en el DLE. _____
4 Es un palíndromo (se lee igual de izquierda a derecha que de derecha a izquierda). _____
5 Es un homófono (hay una palabra con la misma pronunciación pero diferente escritura y significado). _____
6 Es una palabra monovocálica (una misma vocal se repite varias veces). _____
7 Es la palabra más larga en español recogida en el DLE. _____
8 Es la palabra con más lexemas diferentes recogida en el DLE. _____
9 Es una palabra primitiva (no deriva de ninguna otra). _____
10 Es la única palabra con acento, punto, diéresis y tilde de la ñ. _____

17a Lee otra vez los textos literarios del ejercicio 3d de la página 120 del libro del alumno y contesta a las siguientes preguntas sobre el estilo. Puede haber más de una opción posible.

1 ¿En qué texto/-s aparece un narrador omnisciente?
_____

2 ¿En cuál/-es de los textos el narrador es el protagonista?
_____

3 ¿En qué texto/-s se emplea el estilo indirecto?
_____

4 ¿En qué texto/-s se intercalan el estilo directo y el indirecto?
_____

Recuerda

Un **narrador omnisciente** sabe todo sobre la acción, incluyendo los pensamientos de los personajes. Generalmente utiliza la tercera persona. Un **narrador en primera persona** puede ser protagonista o testigo de la acción y en ocasiones puede también ser omnisciente.

Para reproducir las palabras de un personaje, se pueden utilizar el **estilo directo**, cuando se citan textualmente las palabras dichas, o el **estilo indirecto**, cuando es el narrador quien reproduce lo dicho por un personaje.

PALABRAS, PALABRAS

17b Vuelve a leer los textos y determina si las siguientes afirmaciones son verdaderas (V) o falsas (F).

A *Pedro Páramo*
1 ☐ El narrador conoce a su padre.
2 ☐ El narrador quería cumplir el último deseo de su madre.

B *Cien años de soledad*
1 ☐ A Aureliano Buendía trataron de envenenarlo.
2 ☐ Cuando se jubiló, se dedicó a la artesanía.

C *La noche boca arriba*
1 ☐ El protagonista tenía poco tiempo para llegar a una cita.
2 ☐ La acción transcurre al anochecer.

18 La literatura ha dado numerosas palabras y expresiones al español. ¿Podrías relacionar estas palabras con su significado? ¿Sabrías identificar su origen?

> 1 odisea 2 donjuán 3 celestina 4 lazarillo 5 troyano 6 quijotesco/-a 7 sádico/-a 8 maquiavélico/-a

a ☐ Se dice de una persona idealista, que antepone sus ideales a todo lo demás y se comporta de manera altruista.
b ☐ Se dice de una persona que se comporta con astucia y malicia para conseguir lo que quiere, incluso si esto perjudica al resto.
c ☐ Hombre seductor.
d ☐ Mujer que organiza y facilita una relación amorosa entre otras dos personas.
e ☐ Se dice de una persona que disfruta provocando dolor.
f ☐ Cadena de peripecias desagradables o problemas que sufre una persona.
g ☐ Virus informático que se infiltra en el ordenador gracias a su apariencia inofensiva.
h ☐ Persona o animal que guía a una persona que necesita ayuda.

19 🔊 34-43 📄 **DELE** Vas a escuchar diez conversaciones cortas. Elige la respuesta correcta.

1 Lucas se interesa por…
 a la historia de los nativos americanos.
 b las lenguas indígenas.
 c las lenguas modernas.

2 La compañera de Claudio no fue a clase porque…
 a perdió el autobús.
 b estaba enferma.
 c no entendía la materia.

3 La novela que leyó Luisa…
 a era muy triste.
 b era muy corta.
 c era muy interesante.

4 Serafín…
 a quiere leer más este año.
 b acaba de leer una novela recientemente.
 c no terminó de leer una novela.

5 Olaya…
 a no ha leído ninguna novela.
 b ha leído completa una de las novelas.
 c ha leído completas dos de las novelas.

6 Nacho ha visto *Como agua para chocolate* y…
 a no le convence la historia.
 b no le convencen los personajes.
 c no le convence la adaptación cinematográfica.

7 Ruth…
 a no puede prestar su libro porque es de la biblioteca.
 b tiene hasta el lunes para devolver el libro.
 c tiene que devolver el libro en persona.

8 En la presentación, la poeta Patricia Novoa…
 a hizo preguntas a los alumnos.
 b regaló ejemplares de sus libros.
 c habló sobre su vida.

9 El chico…
 a se interesa por las descripciones de las novelas históricas.
 b lee novelas históricas para aprender sobre la época.
 c se interesa por el siglo XVIII.

10 Elena…
 a lee novelas gráficas por su trabajo.
 b no tenía mucho tiempo para la lectura.
 c se acaba de comprar dos novelas gráficas.

ESTRATEGIAS PARA EL EXAMEN

Este ejercicio se corresponde con la Tarea 4 de la Prueba 2, que consiste en escuchar dos veces diez diálogos breves y contestar una pregunta de opción múltiple sobre cada uno.

- Lee con atención las preguntas que debes contestar antes de escuchar el audio. Fíjate en las diferencias que hay entre las opciones.
- En la primera audición puedes tratar de entender el contenido general y en la segunda, centrarte en identificar palabras o expresiones que puedan cambiar el sentido.
- En ocasiones, si no logras identificar la opción correcta, puedes tratar de eliminar las incorrectas.
- Al finalizar, comprueba las respuestas para asegurarte de que has marcado las que querías.

11 PALABRAS, PALABRAS

EN ACCIÓN

20a Lee esta nueva versión de la historia de Raymond Queneau del libro *Ejercicios de estilo*.

> NOTACIONES
>
> En el S, a una hora de tráfico. Un tipo de unos veintiséis años, sombrero de fieltro con cordón en lugar de cinta, cuello muy largo como si se lo hubiesen estirado. La gente baja. El tipo en cuestión se enfada con un vecino. Le reprocha que lo empuje cada vez que pasa alguien. Tono llorón que se las da de duro. Al ver un sitio libre, se precipita sobre él.
>
> Dos horas más tarde, lo encuentro en la plaza de Roma, delante de la estación de Saint-Lazare. Está con un compañero que le dice: "Deberías hacerte poner un botón más en el abrigo." Le indica dónde (en el escote) y por qué.

20b Ahora vas a escribir tú una nueva versión del relato. Antes de hacerlo decide qué forma le vas a dar contestando a estas preguntas.

1. ¿Qué estilo quieres utilizar?
   - ☐ policial
   - ☐ moderno
   - ☐ eufórico
   - ☐ filosófico
   - ☐ pesimista
   - ☐ otro: _____

2. ¿Quién va a ser el narrador de la historia?
   - ☐ un narrador omnisciente
   - ☐ el amigo
   - ☐ un policía
   - ☐ la persona del sombrero
   - ☐ una persona del metro
   - ☐ otro: _____

3. ¿Vas a contar la historia en orden cronológico?
   - ☐ sí ☐ no

4. ¿Qué frases podrían aparecer en cada estilo?

	policial	filosófico	moderno	pesimista	eufórico
a ¿Llevar o no llevar sombrero? Esa es la cuestión.	☐	☐	☐	☐	☐
b Voy en un autobús de último modelo.	☐	☐	☐	☐	☐
c ¿A qué hora tomó el autobús?	☐	☐	☐	☐	☐
d Otra vez el autobús lleno, ¡pero qué mala suerte!	☐	☐	☐	☐	☐
e Me pisan, luego existo.	☐	☐	☐	☐	☐
f ¿Por qué siempre me tienen que pisar a mí? ¡¿Por qué?!	☐	☐	☐	☐	☐
g ¡Oh, increíble! ¡Un sitio libre!	☐	☐	☐	☐	☐
h Ahí llega mi amigo vestido acorde a las tendencias de moda más actuales.	☐	☐	☐	☐	☐
i ¡Pero qué sombrero tan fantástico!	☐	☐	☐	☐	☐
j Solo sé que no sé si ese abrigo necesita un botón más.	☐	☐	☐	☐	☐
k El ciudadano M. A. denuncia haber sido golpeado por un amigo por hacerle un comentario sobre su abrigo.	☐	☐	☐	☐	☐
l ¿Cómo voy a sobrevivir en esta aburrida ciudad en la que siempre se ve a la misma gente?	☐	☐	☐	☐	☐

12 SIGLO XXI

A SONAMBULISMO TECNOLÓGICO

1 Une los siguientes fragmentos para formar frases.

1 Cada vez más niños crecen enganchados…
2 Para realizar mi trabajo me tengo que valer…
3 Con el tiempo, tendemos…
4 Tenemos una casa inteligente y su sistema se basa…
5 Diseñador de aplicaciones se postula…
6 Los estudiantes sienten constantemente la necesidad…
7 Cada día limpio mi bandeja de entrada para librarme…
8 Veo a dos personas en un bar, cada una inmersa…

a de mirar sus celulares.
b a depender cada vez más de las herramientas digitales.
c a diversos aparatos electrónicos.
d en su móvil.
e de la gran cantidad de correo basura que recibo.
f en la coordinación de diversos aparatos electrónicos.
g como una profesión con mucho futuro.
h de diversos aparatos electrónicos.

2 Lee los testimonios de estas personas. ¿De qué aflicción relacionada con el abuso de la tecnología crees que habla cada una?

| a *Sleeping texting* | b Síndrome de la llamada imaginaria | c Cibercondria | d Síndrome del doble *check* | e *Phubbing* |

1 ☐ "Antes a veces me despertaba y veía que había mandado algún mensaje ¡del que ni me acordaba! Me volvía loco. Ahora he eliminado muchos grupos y me encuentro más relajado".

2 ☐ "Desde hace unos días me duele el estómago. En internet he visto que podría ser un parásito intestinal y desde que lo busqué también siento mareos y náuseas".

3 ☐ "¿No te pasa que a veces te parece que te sonara el móvil, aunque esté en silencio? A mí me pasa todo el rato, es súper raro… Y, claro, tengo que estar comprobándolo todo el tiempo".

4 ☐ "Últimamente, en las cafeterías, me entristece ver a personas que se sientan a la mesa con un amigo, con su pareja… ¡y no se hablan! Se queda cada uno mirando a su pantallita, sin hacer caso al otro".

5 ☐ "No soporto cuando sé que un amigo ha visto mis mensajes y no me contesta. Yo en mi móvil veo que lo ha leído y que está conectado, pero pasa de mí… ¡Me pone de los nervios!".

3 Piensa una situación en la que podrías usar estas frases.

Es la puerta negra, la habrás visto al entrar.
Alguien pregunta dónde está el baño.

1 ¿Habrá llegado a casa?

2 Habrás estudiado mucho, pero no te ha servido de nada.

3 ¿No lo habremos puesto en la cocina?

4 ¡Si la habrán visto unas veinte veces!

12 SIGLO XXI

4 Sustituye las frases en negrita por una frase con futuro compuesto.

1 La presentación de mañana es muy importante. **Confío en que no hayas salido en vez de prepararla.**

2 **Dices que comprobaste que tenías el cargador antes de salir**, pero yo aquí no lo veo.

3 **Espero que no tuvieras el valor de comprarte el nuevo modelo**, es carísimo y está claro que no lo necesitas.

4 ¿Se ha estropeado la tableta? **¡Pero si solo la hemos usado unas tres veces!**

5 **Seguramente te ha costado una pasta**, pero merece la pena porque es un producto de calidad.

Recuerda

El **futuro compuesto** se utiliza para: 1) hablar de acciones futuras anteriores a otras (*En dos días habré recibido ya el nuevo móvil*). 2) hablar de hechos pasados expresando **suposición** (*¿No localizas a Rita? Habrá desconectado el teléfono*), **objeción** (*Habrán arreglado el ordenador, pero yo sigo teniendo problemas*), **sorpresa, extrañeza o reprobación** (*¡No habrás olvidado cargar el móvil!*) o **enfatizar una afirmación** (*¿No hay pilas? ¡Si habré comprado dos paquetes ayer!*).

5 🔊 44 Lee este texto y escúchalo narrado por su autor, Julio Cortázar. Escribe luego una nueva versión del relato hablando de un teléfono móvil en lugar de un reloj.

Preámbulo a las instrucciones para dar cuerda al reloj

Piensa en esto: cuando te regalan un reloj te regalan un pequeño infierno florido, una cadena de rosas, un calabozo de aire. No te dan solamente el reloj, que los cumplas muy felices y esperamos que te dure porque es de buena marca, suizo con áncora de rubíes; no te regalan solamente ese menudo picapedrero que te atarás a la muñeca y pasearás contigo. Te regalan —no lo saben, lo terrible es que no lo saben—, te regalan un nuevo pedazo frágil y precario de ti mismo, algo que es tuyo pero no es tu cuerpo, que hay que atar a tu cuerpo con su correa como un bracito desesperado colgándose de tu muñeca. Te regalan la necesidad de darle cuerda todos los días, la obligación de darle cuerda para que siga siendo un reloj; te regalan la obsesión de atender a la hora exacta en las vitrinas de las joyerías, en el anuncio por la radio, en el servicio telefónico. Te regalan el miedo de perderlo, de que te lo roben, de que se te caiga al suelo y se rompa. Te regalan su marca, y la seguridad de que es una marca mejor que las otras, te regalan la tendencia a comparar tu reloj con los demás relojes. No te regalan un reloj, tú eres el regalado, a ti te ofrecen para el cumpleaños del reloj.

Julio Cortázar, *Historias de cronopios y de famas*

6 📄 **DELE** Vas a leer el contrato de alquiler de un equipo de sonido e iluminación. Contesta luego a las preguntas.

MALENA MÚSICA

Contrato de arrendamiento de equipo de sonido e iluminación celebrado por una parte por Marilena López Flores, que en lo sucesivo se denominará MALENA MÚSICA, y por otra parte, Fabio Vega Aguilera, que en lo sucesivo se denominará CLIENTE, conviniendo en las siguientes:

DECLARACIONES
MALENA MÚSICA declara tener domicilio en la Avda. Juárez n.º 1076, C.P. 72160, Puebla, Pue. México. Teléfono (222) 6029558 y celular (044) 2223011357.
El CLIENTE declara ser mayor de edad y contar con la capacidad de contratar y por tanto obligarse al contrato conforme a las siguientes:

CLÁUSULAS
PRIMERA.- El presente contrato cubre 6 horas de servicio por parte de MALENA MÚSICA. En caso de llegar a un acuerdo, se prolongará el contrato a conveniencia de las dos partes pagando $250.00 (doscientos cincuenta pesos mexicanos) por hora extra. Estas deben ser solicitadas con un mínimo de 30 minutos antes de que concluya el servicio y ser liquidadas en ese instante; de lo contrario solo se cumplirá con el tiempo estipulado en el contrato.
Fecha del evento: el día 13 de agosto. Lugar del evento: Sulago n.º 19, C.P. 73928, Hueyapan, Puebla. Hora de inicio del evento: 18:00 hrs. Hora de finalización del evento: 0:00 hrs.
Importe del presente contrato: $2700,00 (dos mil setecientos pesos mexicanos).

SEGUNDA.- El pago deberá hacerse en efectivo en pesos mexicanos de la siguiente manera:

1 Si el cliente desea disfrutar del servicio más horas de lo previsto en el contrato,...
   a deberá avisar al menos una hora antes de la finalización del tiempo estipulado.
   b deberá pagar las horas extras con cheque.
   c deberá pagar las horas extras inmediatamente.
2 El cliente habrá abonado la totalidad del servicio...
   a cuando firme el contrato.
   b en el momento de comenzar la celebración.
   c antes de la fecha de la celebración.

¿LO SABÍAS?

Julio Cortázar (1914 - 1984) fue un escritor, intelectual y traductor argentino. Sus relatos breves, prosa poética y novelas le hicieron destacar como uno de los autores más innovadores de su época. Se le enmarca en las corrientes del realismo mágico y del surrealismo. Algunas de sus obras más conocidas son la novela *Rayuela* (1963), que ofrece al lector diferentes itinerarios de lectura, y las colecciones *Historias de cronopios y de famas* (1962) y *La vuelta al día en ochenta mundos* (1967).

¡Ilumínate de ritmo! Alquiler de equipos de luz y sonido para fiestas

- Anticipo del 50 % del total al momento de reservar fecha y hora del evento.
- Liquidación del total al iniciar el evento.
- Por ningún motivo se aceptará cheque.

TERCERA.- En caso de que no exista anticipo, MALENA MÚSICA podrá cancelar el presente contrato sin responsabilidad alguna.

CUARTA.- MALENA MÚSICA se compromete a cumplir con el tiempo arriba convenido, siempre y cuando no se presente:
- Riña entre los asistentes.
- Agresión hacia el personal técnico de MALENA MÚSICA.
- Avería del equipo de audio e iluminación por parte de cualquiera de los asistentes al evento.

En cualquiera de los tres casos anteriores se suspenderá el servicio sin derecho a bonificación alguna y se procederá a retirar el equipo instalado.

QUINTA.- En los siguientes casos no se bonificará tiempo ni dinero:
- En caso de intercalarse durante el servicio actuaciones de mariachis, payasos, tríos, conjuntos, cualquier agrupación similar u otra variedad (a excepción de que se acuerde lo contrario).
- Cortes, fallas y/o suspensión en el suministro de la energía eléctrica, ajenos a MALENA MÚSICA, lluvia en caso de no estar enlonado.
- En caso de que el CLIENTE ordene que se suspenda el servicio antes del horario señalado.

SEXTA.- En caso de que el domicilio y/o el horario de inicio del evento cambien, MALENA MÚSICA se reserva el derecho de renovación del contrato dependiendo de la ubicación del nuevo domicilio, en cuyo caso se cobraría una diferencia por concepto de transporte.

SÉPTIMA.- Por ningún motivo se colocará equipo y/o instrumentos en la vía pública; el evento deberá llevarse a cabo en el interior del domicilio convenido. Asimismo el CLIENTE se compromete a brindar seguridad en el lugar del evento al equipo de audio e iluminación, así como al personal técnico de MALENA MÚSICA.

OCTAVA.- En caso de cancelación del presente contrato por parte del CLIENTE no se devolverá el anticipo, debido a gastos previos y reservación de la fecha del evento.

NOVENA.- Si por algún motivo o incidente, MALENA MÚSICA llegara retardado, el tiempo de servicio se compensará cumpliendo las horas ya solicitadas por el CLIENTE. Así también el CLIENTE dará un tiempo razonable para la desinstalación del equipo de audio e iluminación.

CONFORME

Al firmar este contrato el CLIENTE declara conocer y estar de acuerdo con el contenido, sujetarse a las disposiciones legales que acarree el incumplimiento, así como haber recibido copia de dicho contrato. Al mismo tiempo ratifican para constancia de obligarse recíprocamente en sus términos, el día 16 de junio en la ciudad de Puebla, Puebla,

CLIENTE   MALENA MÚSICA

_____   _____

Fabio Vega Aguilera   Marilena López Flores

Adaptado de *https://es.scribd.com*

---

3 MALENA MÚSICA puede interrumpir el servicio…
   a si se produce un episodio violento.
   b si la celebración no se realiza en la vía pública.
   c si devuelve al cliente el anticipo.

4 Si hay una actuación de mariachis,…
   a MALENA MÚSICA podrá cancelar el contrato.
   b el cliente deberá pagar a MALENA MÚSICA también durante ese tiempo.
   c el cliente y MALENA MÚSICA deberán acordar que se trata de una excepción.

5 MALENA MÚSICA puede cancelar el contrato…
   a ante un cambio en el lugar de celebración.
   b si se produce un fallo en el equipo.
   c si el cliente solicita más horas de servicio.

6 El cliente debe…
   a informar a MALENA MÚSICA en caso de que el lugar del evento no esté enlonado.
   b cancelar con tiempo suficiente si quiere recibir el anticipo que ha pagado.
   c conceder a MALENA MÚSICA suficiente tiempo para desmontar el equipo.

ESTRATEGIAS PARA EL EXAMEN

Este ejercicio se corresponde con la Tarea 1 de la Prueba 1. En ella tendrás que leer un texto de carácter práctico (instrucciones, contrato, informe…) de 650-750 palabras y contestar seis preguntas de respuesta múltiple.
- Haz una lectura general del texto.
- Lee las preguntas con atención y marca las palabras clave de cada opción.
- Vuelve a leer el texto buscando los lugares donde se encuentra la información necesaria.
- Comprueba que la respuesta que elijas se corresponde con el contenido del texto.
- Si tienes dificultades con alguna pregunta, déjala para el final.
- A veces, descartar opciones falsas te puede ayudar a dar con la respuesta correcta.

12 SIGLO XXI

B PLASTICIDAD HUMANA

7 🔊 45 Vuelve a escuchar el extracto del programa *Redes* y responde a estas preguntas.

1. ¿Qué ejemplos de ámbitos y culturas con 150 miembros se citan? Anota dos.
   _____
   _____

2. ¿Por qué la colaboración en las grandes empresas es menor que en las pequeñas?
   _____

3. ¿Por qué no nos relacionamos con más de 150 personas?
   _____

4. El ser humano tiene más amigos y conocidos que otros primates. ¿A qué se debe esta diferencia?
   _____

5. ¿Por qué, según el audio, no es extraño que el cerebro de los animales monógamos sea mayor que el de otros?
   _____
   _____

8 Lee las siguientes informaciones sobre el cuerpo humano y reacciona expresando extrañeza o sorpresa.

1. El pulmón derecho es más grande que el izquierdo, ya que este último debe dejarle espacio al corazón.
   _____
   _____

2. Si un corazón adulto se conectara a un camión con una capacidad de depósito de 8000 litros, lo podría llenar en un solo día.
   _____
   _____

3. Una uña tarda seis meses en crecer desde su base hasta la punta.
   _____

4. En el transcurso de un año habremos renovado casi todas las células y tejidos de nuestro cuerpo… ¡podríamos afirmar que para entonces seremos una persona completamente nueva!
   _____
   _____

5. Las personas son aproximadamente un centímetro más altas por las mañanas que por las tardes. Esto se debe a que las almohadillas cartilaginosas de la columna vertebral se van comprimiendo con el peso corporal durante el día.
   _____

Recuerda

Para **expresar extrañeza o sorpresa** se pueden utilizar las siguientes expresiones: *¡Nunca lo hubiera imaginado!; Pues no sé qué decirte, yo tengo mis dudas; Pues yo no pensaba que…; Claro, tiene su lógica, ahora que lo pienso; Pues yo nunca hubiera imaginado que…; Tengo mis dudas al respecto.*

9 Lee otra vez el texto "¿Qué camino tomará la especie humana?" (páginas 126-127 del libro del alumno) y resume las modificaciones que prevén los científicos para los humanos usando los siguientes verbos de cambio.

> aumentar - crecer - debilitarse - desaparecer
> disminuir - hacerse más ágiles - oscurecer

1. El color de la piel _____
2. La altura _____
3. El cerebro _____
4. La cantidad de pelo _____
5. Las manos y los dedos _____
6. La memoria _____
7. Las diferencias entre hombres y mujeres _____

10 Completa estas frases con los verbos en indicativo o subjuntivo.

1. Pudiera ser que un día incluso los aviones _____ (viajar) sin piloto.
2. ¿_____ (perder, nosotros) acaso la memoria? No lo sé. Pero cabe la posibilidad de que un chip la _____ (sustituir).
3. Lo mismo el ser humano no _____ (cambiar) tanto como muchos piensan.
4. No sé cómo lo ves, pero yo dudo que _____ (desaparecer) la figura del profesor. Tal vez su papel _____ (consistir) en preparar materiales para la red.
5. Aquí cada uno construye su casa donde quiere. Se ve que nadie _____ (preocuparse) por el desarrollo urbano de este pueblo. ¡En el futuro esto va a ser un desastre!
6. Todavía no estoy muy segura, pero quizás próximamente _____ (empezar) a trabajar desde casa.
7. Carga el móvil, no vaya a ser que _____ (quedarse, nosotros) sin batería. Probablemente luego _____ (necesitar) el navegador.
8. Ayer vi a Gael en una tienda de electrodomésticos. Intuyo que _____ (comprarse) el robot aspirador que tanto quería.

SIGLO XXI 12

11 Aarón y Tobías están hablando sobre cambios que se producirán en la sociedad del futuro. Tobías tiene sus dudas en cuanto a las ideas de Aarón. ¿Cómo lo expresa?

AARÓN   TOBÍAS

Aarón: Los centros de las ciudades serán peatonales.
Tobías: *Yo no tengo tan claro que vayan a ser peatonales.*
1 Aarón: No se necesitarán las escuelas ya que todo se aprenderá por internet.
Tobías: _____
2 Aarón: Las condiciones de trabajo mejorarán.
Tobías: _____
3 Aarón: Las sociedades estarán más mezcladas y seremos más tolerantes.
Tobías: _____
4 Aarón: Muy pronto el machismo habrá desaparecido de la sociedad.
Tobías: _____
5 Aarón: Las casas se harán más pequeñas y apenas consumirán energía.
Tobías: _____

Recuerda

Puedes **expresar duda o falta de certeza** utilizando, por ejemplo, las siguientes expresiones:

- *Para mí que / Sospecho que / Lo mismo* + indicativo
- *Pudiera ser que… / Dudo que… / Cabe la posibilidad de que…* + subjuntivo
- *No tengo tan claro que… / Acaso… / Seguramente…* + indicativo o subjuntivo

C LA AMENAZA ROBOT

12 Sustituye las palabras en negrita por expresiones o palabras sinónimas que puedes encontrar en el texto de la página 128 del libro del alumno.

1 Si los altos niveles de contaminación en las ciudades no disminuyen, en unos años los **peatones** no van a poder caminar por las calles para no poner en peligro su salud.
2 Según ciertos investigadores, en un futuro **lejano** el teletransporte se convertirá en algo habitual en nuestras vidas.
3 Los avances en genética han hecho posible que los padres se aseguren de no transmitir a sus **hijos** ciertas enfermedades anteriormente hereditarias.
4 Un grupo de radicales religiosos **pegó a** uno de los robots que se presentó en la última feria tecnológica de la ciudad, argumentando que su desarrollo acabaría con la especie humana.
5 Hoy en día el teléfono móvil es mucho más que un teléfono y, entre otras cosas, lo podemos usar como **mando a distancia** para apagar y encender nuestros electrodomésticos, cambiar la canción que estamos escuchando o pasar la aspiradora… ¡incluso si no estamos en casa!
6 Actualmente existen muchas aplicaciones móviles para ayudar a controlar la salud de las mujeres y de los bebés durante **el embarazo**.
7 A pesar de que importantes científicos apuestan por la inteligencia artificial, otros se oponen y **se preguntan** si no estaremos yendo demasiado lejos con estos avances, en ocasiones tan poco éticos.

13 Relaciona cada frase con la razón que justifica el uso del artículo definido *(el, la, los, las)*, del indefinido *(un, una, unos, unas)* o la ausencia de artículo.

1 En la última década **el** ser humano ha conseguido avances científicos inimaginables hace unos años.
2 **El** MIT ha realizado una gran inversión para aplicar la robótica a la medicina.
3 Durante la conferencia, el investigador enumeró con **Ø** detalle los avances realizados.
4 Los últimos satélites enviados por la NASA han confirmado la existencia de **Ø** agua en Marte.
5 A pesar de su corta edad es todo **un** artista, ¡dibuja muy bien!
6 **El** Esteban que yo conocía nunca defendería la experimentación con animales, ¡cómo cambian las cosas!
7 **Ø** Investigadores del centro de inteligencia artificial de la Universidad Central presentan un nuevo prototipo de robot.
8 ¡Madre mía! ¡**Las** ganas que tengo de ver esta película! Espero que la estrenen pronto.
9 Al acto de inauguración asistieron reputados **Ø** científicos, periodistas, profesores, ministros y un largo etcétera de personalidades.
10 Acabo de leer **un** artículo sobre los posibles riesgos de la inteligencia artificial y la verdad es que este tema me da bastante miedo.

a ☐ Se trata de una enumeración.
b ☐ El sustantivo tiene valor genérico.
c ☐ El sustantivo expresa circunstancia de modo.
d ☐ El sustantivo tiene valor enfático referido a personas.
e ☐ El sustantivo no es contable.
f ☐ Se trata de un titular de periódico.
g ☐ Se habla por primera vez de algo.
h ☐ Tiene valor intensificador o de cantidad.
i ☐ Diferencia a personas del mismo nombre.
j ☐ El sustantivo se refiere a una entidad única.

12 SIGLO XXI

14 Lee este artículo sobre inteligencia artificial y selecciona la opción más adecuada.

(1) UNOS / LOS / Ø MAYORES PELIGROS DEL USO INDEBIDO DE LA INTELIGENCIA ARTIFICIAL

(2) Un / El / Ø cerebro que procesa cantidades ingentes de información, aprende de **(3) unos / los / Ø** resultados de sus actos y no descansa nunca… realmente la genialidad humana ha logrado crear algo que supera a su propia capacidad, pero los expertos advierten que estos avances pueden ser devastadores si se emplean para el mal. No es la primera vez que escuchamos esta advertencia apocalíptica, pero en esta ocasión se trata de **(4) un / el / Ø** grupo de expertos conocedores de la inteligencia artificial quienes ponen nombre y apellidos a estas amenazas en **(5) un / el / Ø** detallado estudio que ha sido publicado en **(6) una / la / Ø** red y que invita al debate.

¿Estamos ante **(7) una / la / Ø** amenaza real y sin remedio? "No diría que la evolución de la inteligencia artificial es en sí una amenaza", explica a *El País* Miles Brundage, **(8) un / el / Ø** responsable del estudio, "pero se trata de **(9) una / la / Ø** herramienta poderosa que puede ser mal empleada para **(10) un / el / Ø** mal por los humanos".

El informe advierte de que **(11) un / el / Ø** sistema capaz de tomar decisiones en **(12) unos / los / Ø** milisegundos y teniendo en consideración millones de datos puede, sin duda, beneficiar a la humanidad pero, al mismo tiempo, puede ser devastador si la persona que lo programa tiene fines oscuros. **(13) Un / El / Ø** panel de expertos alerta de que el uso malicioso de la inteligencia artificial es ya una realidad y que podemos ser las víctimas de su poder destructivo, aunque de una manera no tan evidente como la ha dibujado Hollywood en el cine. El informe detalla posibles efectos devastadores en **(14) unos / los / Ø** siguientes ámbitos:

En ordenadores o servidores
Phising: Un sistema automatizado que genere correos electrónicos falsos y los envíe de forma masiva para obtener **(15) unos / los / Ø** datos confidenciales del usuario, considerando **(16) unas / las / Ø** tendencias del momento o las vulnerabilidades existentes, puede tener un impacto demoledor entre particulares.

Hackeos masivos: Los *hackers* son incansables buscando vulnerabilidades en **(17) unos / los / Ø** sistemas y, de alguna manera, la mayoría de las veces se salen con la suya; ¿se imaginan **(18) un / el / Ø** alcance que podría tener **(19) un / el / Ø** sistema basado en ordenadores que aprenden con cada error y que trabajan de forma infatigable?

Manipulación de la opinión pública
Difusión masiva de información falsa en redes: [...] Twitter ha adoptado **(20) unas / las / Ø** medidas radicales e inéditas para poner coto a los *bots*. Como alertó en su día Elon Musk: "Las máquinas podrían comenzar **(21) una / la / Ø** guerra publicando noticias falsas, robando cuentas de correo electrónico y enviando **(22) unas / las / Ø** notas de prensa falsas, solo con manipular información".

Retirada automatizada de contenido de la red: Hasta ahora, si alguien quiere eliminar **(23) unas / las / Ø** fotografías o información publicada en la red, se trata de un proceso bastante laborioso que podría ser acortado de forma masiva por **(24) unas / las / Ø** máquinas.

Ataques de robots
Terrorismo automatizado: No parece probable que veamos a robots disparando por las calles, pero **(25) un / el / Ø** informe sí contempla **(26) una / la / Ø** posibilidad de que seamos atacados por **(27) unos / los / Ø** drones comerciales o vehículos autónomos en **(28) una / la / Ø** maniobra programada y sin riesgos para quien la ordena.

Extraído de *https://elpais.com/*

15 Responde a estas opiniones utilizando alguna expresión para contraargumentar.

1. La inteligencia artificial acabará controlando todas nuestras vidas y perderemos muchos derechos como seres humanos.

2. Los jóvenes no deberían tener acceso a las redes sociales al menos hasta los 18 años.

3. La única solución factible a la superpoblación de la Tierra es empezar a habitar otros planetas.

4. Me parece horrible que unos padres puedan "diseñar" a su bebé de antemano.

5. Si queremos ser más productivos en el trabajo, tenemos que eliminar todas las posibles distracciones, como el teléfono móvil.

6. El síndrome de Diógenes digital solo produce estrés y ansiedad.

Recuerda

Para **contraargumentar**, es decir, para expresar una opinión contraria a un argumento anterior, podemos usar las siguientes expresiones: *No te falta razón, / No (te) niego que…, / No te discuto que… + pero… / sin embargo,… / ahora bien,… / en cambio,… / no obstante… / pese a que… / aún así,… / por el contrario,…*

SIGLO XXI 12

16 Lee las siguientes frases y fíjate en las expresiones en negrita. ¿Qué crees que significan? Escribe una definición para cada una de ellas.

1 No me extraña que Isabel haya conseguido el puesto de directora, **¡es una máquina!** Sabe muchísimo de física y de programación, habla varios idiomas y encima entiende de negocios.

2 Tras repetir los experimentos más de diez veces sin obtener resultados, **algo hizo clic en mi cabeza**, cambié el planteamiento y el experimento funcionó a la primera.

3 Si queremos lanzar el móvil con realidad virtual incorporada antes de verano **tenemos que ponernos las pilas**, porque nuestro competidor está trabajando en lo mismo.

4 Joaquín no tiene ni idea de inteligencia artificial y aun así es el director de I+D+I, pero claro, su tío es el CEO de la empresa y **tiene enchufe**, ¡qué vergüenza!

5 Cuando el robot se apagó de repente, al técnico **se le cruzaron los cables** y se puso a gritar y a maldecir, no sabemos qué le pasó pero parecía una persona completamente diferente.

6 Como vamos a invertir mucho tiempo y recursos en el proyecto de desarrollo de un robot-profesor, estamos buscando a expertos que **estén en la misma onda** que nosotros y coincidan en nuestra visión y planteamiento.

1 Ser un/-a máquina: _____

2 Hacer algo clic en la cabeza: _____

3 Ponerse las pilas: _____

4 Tener enchufe: _____

5 Cruzársele a alguien los cables: _____

6 Estar en la misma onda: _____

D EL HOMBRE EN SU BURBUJA

17 Completa este texto con las expresiones del recuadro.

> microespacio - mantener la distancia - de forma gradual
> frente a frente - mejilla - apretón de manos - abrazo

Hay ciertos aspectos culturales que, si no te los enseñan, pueden resultar violentos cuando te encuentras por primera vez **(1)** _____ con personas de esa cultura. Yo me di cuenta de esto cuando vine a vivir a Buenos Aires. Lo primero que tuve que aprender fueron las costumbres para saludar. Yo quería dar un **(2)** _____ a las personas que me presentaban mis amigos, pero esas personas se lanzaban a darme besos en la **(3)** _____. Y a mis amigos les quería dar un **(4)** _____ cuando los veía, pero ellos, otra vez con los besos. Además, cuando hablaba con la gente, sentía que estaban invadiendo mi **(5)** _____. Yo intentaba **(6)** _____, pero ellos se acercaban **(7)** _____. ¡Qué mal lo pasaba! Me fui acostumbrando, claro, y ahora me pasa al revés: en mi país sigo a veces las costumbres de aquí.

121

12 SIGLO XXI

18 Cada cultura tiene ciertas normas no escritas o fórmulas para determinados intercambios sociales. ¿En qué situaciones crees que se utilizan las siguientes?

1 _____
- Es una tontería.
- Lo vi y me acordé de ti.
- Mira, te he traído una cosita.

2 _____
- ¿Sería mucha molestia pedirte que recojas a mis hijos en el colegio?
- ¿Te puedo pedir un favorcito?
- ¿Te importaría cerrar la ventana?

3 _____
- ¡Gracias! Pero no tenías por qué molestarte.
- ¡Qué detalle! Pero no tenías por qué traer nada…

4 _____
- Te acompaño en el sentimiento.
- Acabo de enterarme de la triste noticia.
- Lamento mucho tu pérdida.

5 _____
- Oh, ¿este jersey? Estaba de rebajas, fue súper barato.
- ¿Te gusta? Yo no estoy muy segura de si me lo han dejado un poco corto de más.
- Gracias, pero no fue tan difícil…

19 Lee las siguientes frases y marca la opción que <u>no</u> es correcta.

1 Cuando llegues a la rotonda, te desvías **de donde / hacia donde / adonde** indique Guadalajara.
2 La línea de metro ahora llega **adonde / hasta donde / en donde** vive Joaquín.
3 **Desde donde / De donde / Para donde** trabajaba hasta su casa tardaba media hora.
4 Yo sigo tus instrucciones. Voy **para donde / de donde / por donde** me digas.
5 Los chicos pasaban la tarde en casa de su tía, **en donde / donde / adonde** su madre los recogía a las siete.
6 Vaya **adonde / en donde / por donde** vaya, siempre intento adaptarme a las costumbres del lugar.

20 Reescribe estas frases empleando una estructura relativa con *donde*. No olvides las preposiciones, si son necesarias.

Ayer vi una película ambientada en un pueblo de Nicaragua. Graciela es de ese mismo pueblo.
Ayer vi una película ambientada en el mismo pueblo de Nicaragua de donde es Graciela.

1 El año pasado fuimos de viaje a la India. Allí probé el mejor curry de mi vida.
_____

2 Vamos a un restaurante filipino los miércoles. Todo el mundo nos conoce allí.
_____

3 Se conocieron en un quiosco. Los dos pasaban por el quiosco cada mañana para comprar el periódico.
_____

4 Mi cuñado es de Banfield, una ciudad al sur de Buenos Aires. En esta ciudad se crio Julio Cortázar.
_____

5 Hubo un gran retraso en los trenes de ayer porque pasan por un túnel y ayer lo cerraron.
_____

21 Completa las frases con el verbo adecuado en la forma correcta.

| ir - dar - respetar - poner - dejar - haber - sentir |

1 Carolina estudió en una región de Francia en donde la gente se _____ tres besos al saludarse.
2 Procuro comprar cosas fabricadas en lugares donde se _____ los derechos de los trabajadores.
3 Creo que probablemente encontrarás tus gafas en donde _____ tu cartera y tu móvil ayer.
4 Siempre quiso vivir en una comunidad donde _____ muchas actividades vecinales y ahora, en el barrio de San Pedro, está muy contento.
5 Hoy vamos a un local donde _____ música más tranquila, el de ayer me provocó dolor de cabeza.
6 El hotel adonde mi familia y yo _____ estas vacaciones tenía unas normas de etiqueta en el comedor muy estrictas.
7 Él en el sur no estaba a gusto. Ahora vive en el norte, donde _____ más afinidad con la gente.

22a Antes de leer el texto de la página siguiente, contesta a estas preguntas.

1 ¿A qué colectivo o colectivos crees que se refiere el término *latino*?
_____

2 ¿Qué características comunes crees que tienen las personas latinas?
_____

¿Qué diablos es ser latino?

POR JORGE BARRENO

Para unos, latino es el que baila salsa, merengue, tango o reguetón. Para otros, latino es el que disfruta de la vida sexual, cultural y social, toma tapitas o trabaja poco. O el que habla en 'spanglish'. O el que vive en los países mediterráneos cuyas lenguas provienen del latín. Las posibilidades de ser latino son, como los colores y las culturas, numerosas.

"Perteneciente o relativo a la lengua latina". "Natural de los pueblos de Europa y América en que se hablan lenguas derivadas del latín". Nos hallamos ante dos de las diez acepciones que aparecen en el *Diccionario de la lengua española* de la Real Academia Española. Pero, ¿qué significa *latino* para los latinoamericanos?

Una historia común

"Creo que a todos los latinos nos marca la historia común que comparte el continente. Una historia demasiado similar. Compartimos un imaginario colectivo, el mestizaje, la conquista, la colonización, la formación de los estados", reconoce Marilén Llancaqueo, licenciada de Psicología por la Pontificia Universidad de Valparaíso (Chile) y descendiente mapuche. "Como perteneciente a la comunidad mapuche siento una conexión directa con el continente", aclara.

"Cuando estuve exiliada en Suecia con mi familia, debido a la dictadura de Pinochet, había una unión muy poderosa entre la comunidad latina", manifiesta. "Ahora sucede lo mismo con la cultura, principalmente con la literatura. Julio Cortázar, Pablo Neruda, Vargas Llosa… A veces no sabemos su nacionalidad pero sí que son latinos", matiza la porteña. "Lo mismo ocurre con la música o el cine latinos".

Con el paso del tiempo, Marilén cree que se ha producido una folclorización de los pueblos latinoamericanos. "Para muchos la palabra *latino* se ha convertido en un producto registrado que designa un tipo de música, de comida, un estilo de vida cuya actividad preponderante es pasarlo bien".

Unos pocos miles de kilómetros hacia el noreste nos topamos con Amaru Lariku, un cocalero de Coroico, una localidad cercana de La Paz, capital funcional, no administrativa, de Bolivia. Al contrario que Marilén, este representante de la comunidad aimara, integrada por más de 1,5 millones de personas, no se siente nada latino.

"Yo soy aimara. Mis padres lo eran y los abuelos de mis abuelos también. Antes de que los españoles arribaran a estas tierras, mis ancestros ya cultivaban coca y subían a las montañas con sus llamas. Los colonizadores nos impusieron sus reglas, reglas que no tienen nada que ver con nuestra forma de vida. Solo pedimos que se respete a nuestro pueblo", declara categórico este protector de la *pachamama* (madre tierra).

Los latinos en EE. UU.

El lío crece si continuamos nuestro viaje hacia el norte. En EE. UU. el término *latino* (*Hispanic*) se aplica a los ciudadanos estadounidenses de diversas etnias, con algún antepasado u origen español o hispanoamericano. Fuentes del Servicio de Inmigración de este país reconocen que en el censo que se lleve a cabo durante el próximo año se puede llegar hasta 60 millones de latinos, es decir, hispanoparlantes.

Pero, ¿y las nuevas generaciones nacidas en el país de los sueños que difícilmente chapurrean el idioma de sus antecesores? ¿Son latinos? ¿Y los inmigrantes que proceden de países cuyas lenguas vernáculas derivan del latín, como por ejemplo los franceses, los italianos, los portugueses, los rumanos y algunos más? ¿Son latinos?

(…) Los puertorriqueños consideran a sus compatriotas –nacidos en Nueva York, Chicago o Los Ángeles– estadounidenses y no puertorriqueños, por mucho que se empeñen artistas como Jennifer López o Marc Anthony, a los que llaman despectivamente *nuyorican* (puertorriqueños nacidos en Nueva York).

Y los españoles, ¿son latinos? "A nosotros nos llega España con una idea de purismo, como algo homogéneo, plano, puro, como si se tratara de una raza propia. Creo que aún tiene que ver con la idea de conquista, sin entender que se trata de una gran mezcla. En Chile aún se refieren a España como la madre patria", explica Marilén Llancaqueo. (…)

Extraído de *www.elmundo.es*

---

1. ¿Por qué crees que Marilén sintió más intensamente el vínculo de la comunidad latina cuando vivía en Suecia?

2. Según Marilén, ¿qué características son comunes a los latinos?

3. Tanto Marilén como Amaru tienen raíces amerindias, sin embargo, ¿en qué difieren sus opiniones?

4. ¿Qué crees que quiere decir Marilén con "la palabra *latino* se ha convertido en un producto registrado"?

5. ¿Cuál crees que es la diferencia entre *Latinoamérica* e *Hispanoamérica*?

6. ¿A quién se refiere el término *latino* (*hispanic*) en Estados Unidos?

7. ¿Qué idea hay a veces de los españoles en Hispanoamérica, según Marilén?

8. En tu opinión, ¿un brasileño es latino? ¿Y un francés? ¿Por qué?

12 SIGLO XXI

22c Busca en el texto palabras que puedan ser usadas como sinónimos de estas.

1. mezcla: _____
2. vínculo: _____
3. llegar: _____
4. antepasado: _____
5. hablar (con dificultad o cometiendo errores): _____
6. hispanohablante: _____
7. paisano: _____
8. uniforme: _____

23 🔊 46 Vas a escuchar una presentación de la exposición de fotografía "Latino/US Cotidiano". Contesta a las siguientes preguntas.

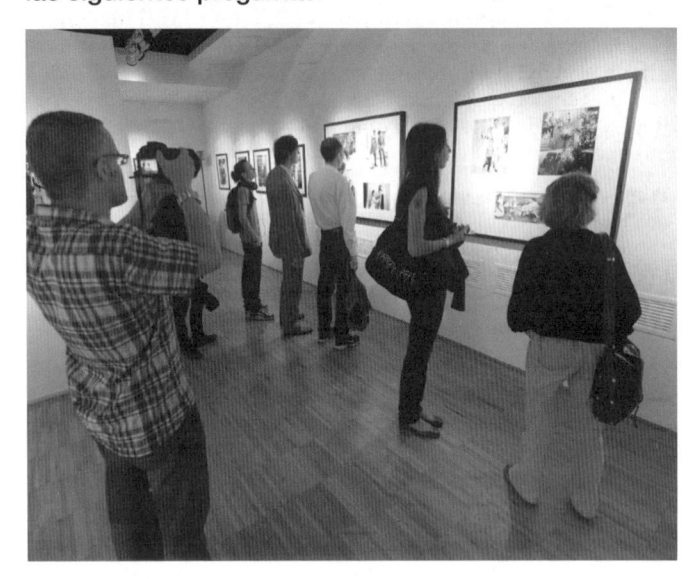

1. ¿Cuál es el objetivo de la exposición?
   _____
2. ¿Qué se dice sobre los estereotipos? ¿Y sobre la identidad?
   _____
3. ¿Qué estereotipos de la comunidad latina en Estados Unidos se mencionan?
   _____
4. ¿De dónde son los artistas participantes en la exposición?
   _____
5. ¿Qué caracteriza las fotografías de Dulce Pinzón?
   _____
6. ¿Qué muestra la fotografía de Ricardo Cases en la exposición?
   _____

EN ACCIÓN

24 Vuelve a leer los datos de la infografía "Los medios de comunicación hoy" (página 134 del libro del alumno). Luego, en tu cuaderno, toma notas esquemáticas de tu opinión sobre ese tema, contestando a estas preguntas.

- ¿Por qué crees que se prefiere leer la prensa en internet en vez de en papel?
- La mayoría de publicaciones en internet son gratis, ¿cómo van a sobrevivir?
- Según tu opinión, ¿por qué los jóvenes prefieren las plataformas de música en internet a la radio?
- ¿Por qué sigue la gente viendo la televisión si la mayoría opina que sus contenidos tienen poca calidad?
- La estadística no refleja el uso de internet para el trabajo. ¿Qué lugar piensas que ocupa?
- ¿Te sorprende alguno de los datos? ¿Te ves reflejado en las estadísticas?
- ¿Cuál crees que es el futuro de estos medios de comunicación?

25 Imagina que mantienes una conversación sobre el tema con un examinador y él expresa las siguientes opiniones. ¿Cómo reaccionas?

- Quizás desaparezcan los periódicos, pero las revistas seguirán existiendo.
- En treinta años habrá desaparecido la radio.
- La gente ve la televisión porque no sabe qué hacer con su tiempo libre.
- La televisión, tal y como la conocemos, también desaparecerá. Solo existirán plataformas que ofrezcan películas y series.
- Internet ha revolucionado la sociedad como pocos inventos lo habían hecho antes. En no mucho tiempo toda la vida se desarrollará en la red.
- Muchas personas se informan de la actualidad a través de redes sociales como Facebook o Twitter.

Recuerda

Puedes **reaccionar ante las opiniones** de otras personas de diferentes maneras: *Comparto tu postura, de hecho creo que…; Efectivamente, no cabe la menor duda de que…; Pudiera ser que…, yo, sin embargo, opino que…; Pues no sé qué decirte, yo más bien intuyo que…; No me acaba de convencer esa idea. Yo prefiero pensar que…*

UNIDAD 1

Pista 1

(…) Lo primero va a ser tu primera impresión de esta persona. Las primeras impresiones suelen ser acertadas. Si la persona que estás investigando es extrovertida y si tiene buena estima, porque se mostrará como es sin problema. Cuidado, sin embargo, porque una primera impresión te marca mucho y cuesta cambiarla, así que un buen detective tiene que estar abierto a cambiar su primera impresión en función de los siguientes detalles que vaya descubriendo.

(…)

Hoy en día muchas veces conocemos a alguien a través del correo electrónico. Así que, detectives, fijaos en cómo firma esa persona. ¿Tiene una cita después de su nombre? En plan, "Sergio García. No me fío ni de mi sombra". Pues ahí tienes una pista fiable acerca de su carácter. Indaga también en su Facebook. Aunque ciertamente tendemos a exagerar un poco lo bueno que tenemos en nuestras páginas de Facebook, las investigaciones muestran que nos mostramos bastante como somos ahí, porque si quisieras parecer alguien que no eres, te forzaría a hacer cosas que no te interesan y eso te daría pereza. Y además las reacciones y los comentarios de tus amigos te delatan cuando dices una cosa y haces otra.

Y por último, fíjate en la casa de las personas que te intrigan. Estamos frente a la fachada de su casa, ¿qué vemos? Una casa bien mantenida por fuera dice mucho acerca de su dueño. ¿El jardín tiene flores? ¿Hay un viejo mueble escacharrado en el balcón? Las casas más cuidadas por fuera sugieren una personalidad sociable. Entremos ahora en la casa. Fíjate bien en las fotografías que tiene expuestas, de todas las fotos que podría haber expuesto, ¿por qué ha elegido precisamente esas?, ¿qué sugieren esas fotos acerca de la persona? ¿Quiere que le veamos como un padre de familia, como un héroe, como un buen profesional? Fíjate también en qué dirección están puestas la fotografías. ¿Están allí para que el visitante las mire? Puede ser significativo. El dueño de ese espacio te está mandando un mensaje.

Más detalles en los que fijarte, tanto si estás en el interior de una casa como en un despacho. ¿Hay objetos originales? Eso sugiere que el dueño es alguien abierto a nuevas experiencias. ¿Todo está muy ordenado? Pues probablemente se trata de una persona concienzuda y fiable. ¿Tiene un salón acogedor? ¿Las puertas de la casa están abiertas? ¿Hay caramelos en la mesa? Pues estás ante alguien extrovertido, te están invitando a entrar y a quedarte.

Fíjate también en esos detalles que no encajan, por ejemplo, ¿hay libros elegantes en la estantería de la biblioteca? Pero, ¿tienen polvo? Pues probablemente nadie los lea, pero el dueño de la casa quiere parecer culto. Y si llegas al dormitorio, fíjate en la novela romántica o la novela policíaca que hay al lado de la cama, ¿están manoseadas y bien leídas? Pues te dicen mucho acerca de su dueño. (…)

Extraído del programa *El mundo en tus manos* de RTVE: "Pistas que nos desvelan cómo son las personas", Elsa Punset.

Pista 2

Hola. Y ahora, estoy aquí recibiendo el Premio Donostia y el sentimiento es básicamente supersurreal. Cuando uno ve la lista, los nombres que han recibido este premio, me llena la cabeza de preguntas: por qué, cómo… Y recuerdo la primera vez que vine al Festival Donostia, una noche, con unas amistades, salimos a un restaurante, no recuerdo el nombre, pero la comida era exquisita como en todas las esquinas aquí, en esta ciudad, y en la pared, al lado de la mesa donde estábamos había una foto, y en esa foto, habían (había), aparecían unos pescadores, estaban en un barquito, pero uno de ellos estaba ido, estaba fundido, tal vez herido, y la foto me llamó mucho la atención y yo le pregunté a la camarera: "Y a ese, ¿qué le pasó?". Ella miró la foto, me miró a mí y me contestó: "El esfuerzo". ¡El esfuerzo! Y ahora yo miro esto, este premio tan importante y me pregunto a mí mismo: ¿Y esto? Y me contesto a mí mismo: ¡El esfuerzo!

(Aplausos)

Pero… ese esfuerzo que hace todo una carrera no ha sido solitario, no lo he hecho yo solo, han habido (ha habido) mucha gente que han, me han ayudado, empezando por aquellos que me conocían antes de nacer: mi familia, maestros, maestras, cuando jugaba a basket los dirigentes, directores, representantes, escritores, actores, productores, editores –muy importantes para un actor de cine–. Y ahora, pues yo quiero compartir esto, este premio, con todos aquellos que me han ayudado porque la lista sería muy larga y estaríamos hasta mañana nombrando nombres.

Y si me permiten, yo quisiera dedicarle este premio al pedacito de tierra de donde yo vengo, donde yo nací, donde yo aprendí a jugar y a compartir, donde yo tiré mi primera piedra, donde yo recibí mi primer pedrazo y aprendí a no tirar más piedras…, donde yo fui al cine por primera vez, donde yo aprendí a amar, yo aprendí a llorar, yo aprendí a reír, yo aprendí a atreverme, yo aprendí, o intento, no hacer las cosas por solo hacerlas, y aprendí a respetarme a mí mismo como respetar a los demás, donde aprendí a recordar a aquellos que lo han hecho antes o que lo han intentado antes, donde aprendí a soñar, donde aprendí a nunca perder la fe. Se lo dedico a Borinquen, Puerto Rico.

Extraído de Youtube: "Ceremonia de entrega Premio Donostia: Benicio del Toro 2014 - Festival de San Sebastián".

Pista 3

Adoro el cine de John Waters y a su musa, Divine, la mujer más inmunda del mundo. No me gusta nada el naturalismo: nada es más falso. Ni el minimalismo: más es siempre más. Por eso disfruto con el *horror vacui* y con Liberace y su casa, Elvis Presley y su casa, y Michael Jackson y, por supuesto, su casa. Me gustan los libros de historia y estudiar la evolución humana. Siento adoración por el travestismo, el *Rocky Horror Picture Show*, por Bowie y por el *glam*, casi tanta como la que me produce el punk, lo siniestro, el gótico y la música electrónica. No soporto el maltrato a los animales. Me encanta la alta costura con pieles falsas y todas las creaciones que no sirven para nada. Me gustan Costus, Warhol y Marilyn Manson. Admiro a Antonio Escohotado, Alexander Shulgin y Albert Hofmann. Adoro el culto al cuerpo, el culturismo y la bendita cirugía estética. Y a Pamela Anderson, Sabrina Sabrok y Yola Berrocal. Me tranquiliza comprobar que tengo muchas más filias que fobias. No está mal.

Extraído del programa *Carta blanca* de RTVE: Autorretrato de Alaska realizado por Nacho R. Piedra.

TRANSCRIPCIONES

UNIDAD 2

Pista 4

Borja Vilaseca (BJ): Entonces, en general, nos cuesta estar presentes aquí y ahora, porque cuando estamos aquí y ahora, sentimos lo que hay en nuestro interior y, como veremos, hay mucho vacío, hay mucho dolor en la mayoría de nosotros.

Ruth Jiménez (RJ): Pero entonces, ¿qué le dirías a todos aquellos que identifican el no hacer nada con esas connotaciones negativas, como ser holgazán, perezoso, vago…?

BV: A ver, hay que diferenciar. Tú puedes estar tumbado en el sofá y viendo la tele sin ver la tele porque estás aburrido. En general, somos una sociedad de aburridos. *Aburrimiento* en latín viene de *abhorrere*, que es sentir horror: el horror al vacío, ¿no? Y estamos escapando constantemente de nosotros mismos, y sí, hay pereza y holgazanes pero que no están interiormente activando la relación con el ser, con el interior, ¿no? Yo, por ejemplo, una pregunta que les lanzo, provocando un poco a la audiencia, es: ¿Cuántos de los que nos estáis mirando os habéis duchado esta mañana mientras os estabais duchando? Y me explico, Ruth.

RJ: A ver, sí…

BV: O sea, ¿cuántos estaban debajo del agua calentita a presión, un lujo que disfrutamos menos de la mitad de la población mundial, disfrutando, valorando el agua, sintiendo este momentazo cotidiano que es la ducha de agua caliente… Pero, en general, las personas no estamos en la ducha mientras nos duchamos, estamos en otra parte, estamos en la mente, en los pensamientos, en el pasado, en el futuro…

(…)

RJ: ¿Cómo podemos estar con nosotros mismos sin hacer nada?

BV: Sí, pa (para) empezar, lo primero es reconocer algo un poco desagradable, que es que vivimos enajenados: vivimos completamente narcotizados. Tú lo has dicho: la prisa, la impaciencia, el aburrimiento, el estrés… Siempre fuera de nosotros mismos, siempre corriendo… Entonces, es el momento de parar para reparar, es el momento para parar, para escucharnos, ¿no? Entonces, fíjate que aquí, en la cultura occidental, es como: "Venga, va, ¡voy a meditar!", ¿no? La palabra clave *meditar* tiene la misma raíz etimológica que *medicación*, que *medicina*, ¿no? O sea, es la medicina del alma, la meditación, que es el arte de estar solo, en silencio, quieto, siendo, estando. Pero, fíjate que tú no puedes (decir): "¡Voy a meditar!" como si fuera algo que se hace, ¿no? La meditación es algo que sucede…

RJ: Es como el dormir, ¿no?

BV: Claro, "¡Voy a dormir! ¡Venga, va, duerme, duerme!". No, dormir sucede cuando creas unas condiciones: silencio, quietud, observar la mente. Vendrán muchos pensamientos, te darás cuenta de todo el ruido.

(…)

RJ: ¿Cómo aprendemos ese arte de no hacer nada? ¿Eso se practica? Es decir, en tu caso, ¿cómo lo conseguiste?

BV: Bueno, en mi caso, al final, cuando vas leyendo, leyendo y leyendo todos los libros de filosofía, de espiritualidad… todos llevan al zen, que son los libros que dicen: "Oye, siéntate, deja de leer, siéntate contigo mismo". Cuando tenía veinticinco años, pues me fui a un mismo parque, a un mismo banco al lado de un eucaliptus (nunca lo olvidaré), y yo, que soy un tío hiperactivo, mi naturaleza es hiperactiva, como esta sociedad, me senté en ese banco y no pude estar ni treinta segundos. ¡Es que me volvía loco! Sentía ansiedad, miedo, vacío, era insoportable…

RJ: Pero volviste.

BV: Pero volví al día siguiente y al día siguiente y al día siguiente y al final, para mí, es, sentarse. Fíjate, se sienta Borja Vilaseca, se sienta Ruth Jiménez, ¿no? que es la parte de nuestro personaje, con su pasado, su futuro, sus deseos, sus necesidades, sus hijos… pero, poco a poco, vas respirando, vas sintiendo y ya verás como todo eso se va disolviendo y al final lo único que te queda es estar aquí fusionado con este momento, o sea, observador y observado es lo mismo y allí hay paz, Ruth, hay que decirlo a la audiencia…

RJ: O sea, ahí está la paz, porque…

BV: … ahí está la paz que jamás encontraremos fuera.

RJ: Ahí está ese bienestar, o sea, que propones que nos pongamos, no sé, o… frente a una pared, o sea, no hace falta estar frente al mar o en un parque, contemplando la naturaleza.

BV: No, yo propongo la contemplación, en la naturaleza, en el mar, en un parque…

RJ: Y recordemos que nada tiene que ver con ser improductivo, justamente todo lo contrario: nos llevará a todos esos beneficios que nos contabas, Borja, de bienestar, que está dentro, no lo busquemos fuera. ¿Qué diferencia hay entre el *bienestar* y el *bientener*?

BV: Bueno, el *bientener* es lo que promueve esta sociedad de consumo, que necesita que nos sintamos permanentemente insatisfechos, para desear más de lo que tenemos. Este es el motor del crecimiento económico del sistema capitalista, ¿no? El *bientener* está fuera y da igual lo que tengas… Hay gente que lo tiene todo y se siente muy vacía. La idea es ver una apertura posmaterialista, el bienestar, la felicidad, o sea, la sensación de: "¡Estoy bien! Estoy bien, me siento relajado, estoy a gusto conmigo mismo y desde ahí disfruto de lo que tengo y lo valoro". Pero siempre desde dentro: esa es la diferencia.

RJ: De hecho hay una frase que… ¿no? … dice: "Si con todo lo que tienes no eres feliz, con lo que no tienes tampoco lo serás, ¿no?".

BV: Sí, eso lo decía Erich Fromm y es una gran verdad.

Extraído del programa *Tips* de RTVE: "El arte de no hacer nada".

Pista 5

Cayetana Guillén Cuervo (CG): Aitana Sánchez-Gijón, bienvenida a *Atención obras*.

Aitana Sánchez-Gijón (AS): Muchísimas gracias.

CG: Que nadie se asuste, pero Aitana, está aquí, en este programa, porque "la peste" ha llegado al Teatro Español de Madrid.

AS: En efecto.

CG: Inspirándose en *El Decamerón*, de Bocaccio, Mario Vargas Llosa, en primicia mundial, ha estrenado una pieza teatral en el Teatro Español: *Los cuentos de la peste*. Pero la peste que nos puede parecer algo lejano y algo extraño y de otro tiempo es solo una excusa para hablar de qué.

AS: Pues un poco del poder de la imaginación, de ese límite impreciso entre la realidad, la ficción y cómo con la creación, la creatividad, la imaginación, la ficción, podemos parapetarnos un poco de las distintas pestes que nos rodean en nuestra vida diaria.

(…)

CG: Los personajes de la obra inventan historias para protegerse del exterior, lo cual es muy humano. ¿Tú crees que las historias nos protegen de lo que nos asusta y de lo que nos hace sufrir?

AS: Bueno, yo creo que hay una capacidad innata del ser humano de fugarse a través de la imaginación. Están las fugas que, en un momento dado, no está mal fugarse, ¿no?, de vez en cuando, pero no creo que eso sea la solución definitiva, y más que nada, yo creo que es un espacio de libertad, ¿no? Porque nos pueden secuestrar la vida, nos pueden meter el miedo en el cuerpo, nos pueden manipular, pero hay un espacio absolutamente intocable que es el más profundo y el más íntimo de cada uno y que conecta absolutamente con la libertad de tu mente, y de tu capacidad para viajar a donde quieras y ahí nadie puede meterse, ¿no?

CG: Quizá por eso el teatro vive ahora mismo ese momento tan maravilloso, ¿no?, en una etapa tan de confusión y de manipulación, en general, el contacto, ¿no?, entre el espectador y el actor entre la verdad del texto y lo que tú recibes sin intermediarios…

AS: Exacto.

(…)

CG: Dice Daniel Andújar que vivimos aplastados bajo la sobreestimulación continua, ¿te identificas? ¿Crees que estamos conectados por encima de nuestras posibilidades?

AS: Totalmente, y además creo que es una época de mucha confusión para los padres recientes, ¿no?, los que tenemos hijos… bueno, que empiezan a utilizar toda la cuestión digital y están enganchados a las pantallas. Yo estoy muy desconcertada y no sé muy bien cómo manejar todo esto porque siento que hay un bombardeo, una sobreestimulación de imágenes constante que crea además una adicción clarísima y que eso va en detrimento de muchas otras cosas. En primer lugar, la comunicación tú a tú y también una pérdida de interés en la lectura, una falta de… una capacidad de concentración muy limitada porque, claro, son imágenes… es un bombardeo… como que duran segundos y están acostumbrados a estímulos muy fuertes. Entonces, de repente, el concentrarse en la palabra o en la lectura es algo que, eh… como si fuera ya algo de otra era y a mí eso me inquieta pero terriblemente. Luego, me ha llamado mucho la atención, que yo no había reflexionado sobre eso, ya el nivel de manipulación de las imágenes que incluso estamos dando por ciertas cosas que pueden estar perfectamente manipuladas… que el mundo de lo virtual ya no sabemos hasta qué punto refleja la realidad, ¿no?

CG: Es incontrolable y muy subjetivo.

AS: Totalmente.

Extraído del programa *Atención Obras* de RTVE.

UNIDAD 3
Pista 6

Y es mi trabajo, mi deber y mi pasión acabar con esos mitos; y quiero que me ayuden. Si alguna vez lo ha escuchado como joven, estudiante, el mito con el cual yo crecí traumatizado. Primero: [palabras en japonés], los japoneses son inteligentes. Ayúdenme. Si alguna vez ha escuchado eso, levante la mano conmigo, por favor. ¡Guau! Gracias. Imagínese yo… Mi abuelo por parte de mamá, colombiano, me decía: "Mi hijo, a usted se lo llevan para Japón". Yo: "Sí, abuelito". "Esa es una raza superior; son inteligentes". Y me mostraba un radio viejo Sony y dice: "Eso lo hacen allá". Yo llegué a escuchar maestros que decían: "miren, a los japoneses les dan cables, circuitos y hacen radios en el pupitre". Y una presión terrible porque muchos me miraban: "¿Japonés?" Y yo: "Sí, japonés". "¿Debe (de) ser muy inteligente usted, ¿no? Porque son inteligentes. Todo, todo, viene de allá… Muy inteligentes". Y yo comencé a estresarme, y yo hacía buena cara: "Sí, claro". Y por dentro yo decía: "Dios mío, ya me va mal en Colombia, ¿cómo me irá por allá? Enfrentar una raza superior que hacen calculadoras, radios… en el pupitre…". Así que llegué muy estresado a Japón a los diez años, muy preocupado. Mi primer día de clase nunca lo olvido: estaba sentado en la silla de atrás, como todo novato, analizando, mirando, y me comenzó a inundar un sentimiento de alegría porque gritaban igual, saltaban igual, se empujaban igual, se reían igual. En japonés, pero era igual. Parecían hasta los mismos niños de Colombia. La diferencia, y lo que marcó la diferencia allí, fue cuando entró el maestro. El maestro entró. Todos salieron corriendo como que hubieran visto un fantasma, alinearon sus pupitres, se sentaron. Uno de los jóvenes dijo "[palabra en japonés]", que es "de pie", "[palabra en japonés]", rectos. "[Palabra en japonés]", buenos días. "¡Buenos días!", respondieron. "[Palabra en japonés]", dijo el muchacho, "¡Siéntense!" Y se sentaron. De ahí en adelante, todo el tiempo escucharon y escribieron. Nadie hablaba con el de al lado. Había un silencio rotundo en una primaria. Todos escuchando al maestro, y en ningún momento vi un maestro esforzarse en decir: "escuchen", "miren aquí", "escriban", "abran el cuaderno". Todo lo hacían sin que les dijeran. Se fue el maestro, entró otro, ellos molestaron, gritaron, pero cuando entró el siguiente maestro, una vez más el protocolo y otra vez atentos. Yo comencé a asustarme mucho porque yo dije: "¿Cómo hacen para que se porten tan bien si son niños? Debe ser que, claro, Japón, hay cámaras y los torturan al final del pasillo al que se porte mal". Pero no. Ni habían (había) cámaras, ni los torturan. Sencillamente, el japonés tiene una frase que dice así: [palabras en japonés], que traduce: La disciplina tarde o temprano vencerá a la inteligencia. No les interesa ser inteligentes, sino disciplinados, porque es en la disciplina donde, según ellos, está el éxito.

La prueba de que lo que estoy diciendo es verdad es que los japoneses no se inventaron los carros, ¿verdad que no? Ni las motos, ni los computadores, ni los radios, ni las calculadoras. Pero, ¿quiénes son los dueños de Toyoya, Suzuki, Kawasaki, Yamaha, Nissan, Mitsubishi, Sony-Vaio, Toshiba, Hitachi y etcétera etcétera? Los japoneses. Todo lo que llegaba a las manos de los japoneses, no por su ingenio, no lo creaban, llegaba a ellos, lo mejoraban gracias a su disciplina, porque es un pueblo disciplinado a muerte. La disciplina para ellos es el secreto del éxito. Un japonés jamás le llega tarde a una cita. Si usted le dice que es a las seis, es a las seis. Si es a las siete, es a las siete. Nunca falla, y si va a fallar le avisa dos días antes: "Creo que voy a llegar quince minutos tarde pasado mañana". Es exactamente así. Para ellos el tiempo es honorable y no importa ser inteligente; importa ser disciplinado en el tiempo porque tarde o temprano la disciplina vencerá (a) la inteligencia.

TRANSCRIPCIONES

Extraído de YouTube: "La disciplina tarde o temprano vencerá la inteligencia", de Yokoi Kenji.

UNIDAD 4

Pista 7

"Hace un tiempo decidimos tener un huerto familiar y sembramos zanahorias, pepino, apio y jitomates... Nos sale mucho mejor, comemos más sano y ahorramos dinero". Tener un huerto aquí, en tu ciudad, no solo significa cuidar el ambiente en el que vives, sino también que en tu propia casa puedes producir algunos vegetales, plantas medicinales y aromáticas. Los huertos urbanos tienen innumerables beneficios para quienes vivimos en las ciudades y aprender a hacerlos está hoy al alcance de tu mano a través de los talleres que imparten los Centros de Educación Ambiental Ecoguardas, Yautlica y Acuexcomatl y del programa Alcánzame.

"Los huertos urbanos ofrecen múltiples beneficios a nuestras vidas, por ejemplo, si sembramos hortalizas, obtendremos una dieta saludable y económica. Los huertos urbanos también reverdecen la ciudad y promueven actividades en familia y con la comunidad".

En los talleres que impartimos en los centros de educación ambiental y en los bosques de Chapultepec y San Juan de Aragón no solo te vamos a enseñar cómo tener tu propio huerto, sino que además te enseñaremos a hacer composta, a diseñar un huerto vertical con material de reúso, a hacer macetas con llantas y a sembrar de acuerdo con la temporada.

Y algo muy importante: te diremos en qué época es mejor sembrar. ¿Sabías, por ejemplo, que de febrero a mayo es la mejor temporada para sembrar cilantro, y de mayo a agosto, el brócoli? En cambio, la espinaca la puedes cultivar sin problemas durante todo el año.

Y si no tienes ni idea de por dónde empezar, te esperamos el primer domingo de cada mes en el Ángel de la Independencia en la carpa de Alcánzame, el primer programa de educación ambiental sobre ruedas. Ahí te ofreceremos información general sobre nuestros cursos y talleres, te mostraremos ejemplos prácticos de cómo aprovechar el espacio para hacer un huerto en casa y te enseñaremos a hacer composta.

"De esta manera comemos mucho más fresco y ahorramos".

¡Alcánzanos! Secretaría del Medio Ambiente, Gobierno de la Ciudad de México

Extraído de YouTube: "Huertos Urbanos - 2015".

UNIDAD 5

Pista 8

Pero, además de ser hipersociales, los bonobos, al igual que nosotros, juegan durante toda la vida, y esto es algo crucial en sus sociedades, al igual que lo es en las nuestras. El juego no es solamente cosa de niños, el juego es fundamental para desarrollar lazos sociales. Es donde aprendemos a confiar, es donde aprendemos las reglas del juego que nos permiten integrarnos en nuestros grupos.

Además de eso, el juego es esencial para el desarrollo de la versatilidad, de la creatividad, de los procesos de innovación...

Ahora, lamentablemente, creo que nos hemos equivocado en que hemos considerado el juego solamente una cosa de niños. En general se dice: "Bueno, el juego es preparación para la adultez", entonces cae obvio que cuando uno crece debe dejar de jugar, es como un lujo. Y en el mundo animal, en general, es así, salvo unas pocas excepciones. Si ustedes miran a su alrededor, se van a fijar (en) que hay un grupo selecto de especies que juegan durante todas sus vidas, o sea, que siguen jugando a lo largo de la adultez. ¿Quiénes son estas especies? Los cetáceos, los elefantes, los loros, los cuervos, los primates, incluyéndonos a nosotros, obviamente, los cánidos: los lobos y los perros... Tienden a ser las especies que son longevas, altamente inteligentes, de cerebros grandes, con sociedades complejas, que forman relaciones sociales muy unidas, que duran por muchísimos años.

El punto es que creo que la evolución de la inteligencia, la sociabilidad y el juego van de la mano. Para mí, el juego es como un "*joker* evolutivo", es un comodín, un comodín adaptativo, que está en la base de lo que son nuestras capacidades para adaptarnos a mundos cambiantes. Y esto es una consideración crucial, porque vivimos en mundos cambiantes, nuestros mundos sociales son mundos cambiantes, por definición. ¿Y cómo nos entrenamos a ello? La plasticidad y la versatilidad que se requieren para vivir exitosamente en estos mundos están entrenadas por la capacidad de juego.

(...)

De hecho, iría más allá, a decir que lo mejor de la ciencia, la exploración y el arte humano, las bases las podemos encontrar en esta conducta tan antigua, tan arcana, con raíces biológicas tan profundas, que es el juego.

Pero los beneficios del juego no terminan ahí. Nuestro cerebro es, como decía, es un cerebro social. ¿Y cómo cimentamos esos lazos? Piensen, ¿qué cosas nos unen? El humor, la risa, los rituales, el baile... todas estas son conductas humanas que son las que están en la base de las cosas que nos unen. Y el juego forma parte de todas ellas, las raíces evolutivas, en otras palabras, las raíces evolutivas de estas conductas están en el juego. Entonces, súbitamente empieza a ser no tanto un lujo sino una necesidad fundamental.

Extraído de YouTube: "Isabel Behncke, primatóloga del Grupo de Investigación de Neurociencia Evolutiva Social".

Pista 9

"El río Gualcarque nos ha llamado, así como los demás que están seriamente amenazados en todo el mundo. Debemos acudir. La Madre Tierra, militarizada, cercada, envenenada, donde se violan sistemáticamente derechos elementales, nos exige actuar. Construyamos entonces sociedades capaces de coexistir de manera justa, digna y por la vida. ¡Juntémonos y sigamos con esperanza defendiendo y cuidando la sangre de la tierra y de sus espíritus! Dedico este premio a todas las rebeldías, a mi madre, al pueblo lenca, a Río Blanco, al COPINH, a las y los mártires por la defensa de los bienes de la naturaleza".

La dirigente ambiental hondureña Berta Cáceres hablaba así hace menos de un año, cuando recogía el Premio Goldman, el considerado Premio Nobel de la ecología. Entonces ella no sabía que su dedicatoria a los mártires pronto llevaría implícito su nombre. Berta Cáceres murió asesi-

TRANSCRIPCIONES

nada el día 4 de marzo, tras recibir cuatro disparos de bala. Su lucha tenía sobre todo un nombre: el río Gualcarque.

[Canción] Que corra el río, que corra. Paula en su camino y Tomás en el torrente de sus aguas, que corra el río Gualcarque, Tomás en su corriente y Paula en la alegría que nos baña…

Entrevistadora (E): Y tenemos en este estudio a Hugo Hernández. Hugo, buenas tardes.

Hugo Hernández (HH): Hola, muy buenas tardes, un gusto saludar a todas las personas que nos escuchan en este momento.

E: Un placer tenerte aquí con nosotros, Hugo. Hugo, ¿qué estamos escuchando concretamente?

HH: Estamos escuchando a una compañera, compatriota hondureña, Carla Lara, que dedicaba esta canción tan bonita al pueblo lenca por la lucha que venían realizando en los últimos años en defensa de la tierra y del territorio y en particular de un río que para ellos tiene un valor cultural ancestral relevante y que tras un proceso de movilización consiguió pues que, eh… este pueblo mantuviese intacto.

E: Hugo Hernández, perteneces a la ONG Mundubat, llevas allí derechos, derechos humanos, estás en este área, el área de Derechos Humanos. Esta ONG está dedicada a la realización de proyectos socioambientales en muchas partes del mundo. Eres hondureño, como Berta Cáceres, y como Nelson García. Hugo, ¿cuánta sangre derramada por este río?

HH: Pues… es una cifra que no nos genera ninguna satisfacción decir. Han (Ha) habido muchas personas y sobre todo, nos entristece pensar (de) que tienen que ser este tipo de muertes las que, las que hagan nuevamente escuchar el valor y la importancia que es la defensa de estos ríos y de la… de los pueblos que quieren conservarlos tal como son. Eh, desde, desde que ha aparecido, y luego lo hablaremos con más detalle, desde que ha aparecido esta iniciativa de prohibir el proyecto de desarrollo hidroeléctrico en la región, las comunidades indígenas se han movilizado y han exigido que… que haya, que haya un paro de este tipo de actividad porque pone en amenaza su patrimonio ancestral. A causa de esto, han (ha) habido cientos de amenazas, detenciones ilegales, se han utilizado cuerpos del estado de Honduras para… para intimidar y en muchos casos asesinar a compañeros, a compatriotas que han luchado por la defensa de esos ríos. Eh… la cifra es alta pero… eh, desafortunadamente en un país tan peligroso como Honduras, donde tenemos un registro de asesinatos tan altos (alto), el problema es que muchos se han ocultado como asesinatos pasionales, o como eh, ajuste de cuentas. De la misma manera como se está tratando de ocultar nuevamente el asesinato de Berta Cáceres.

E: ¿Quién ha matado a Berta Cáceres, Hugo?

HH: Ehh… Es difícil dar una respuesta ahora y decir propiamente, tajantemente quién ha sido el responsable de esto, pero yo sí creo que podemos aventurarnos a decir quiénes tienen algunas responsabilidades, ya sea por, inclusive podemos decir hasta por obligación, pero yo hasta me quedaría por omisión. El Gobierno de Honduras, en primer lugar, eh, ha utilizado diversos aparatos, ya sabes, desde los instrumentos de aplicación de justicia como aparatos de seguridad, policía, cuerpos militares, que constantemente han intimidado y han ido contra, contra la integridad física de Berta Cáceres y no han creado ninguna facilidad jurídica para su protección. Si recordamos, si hemos visto en algunas noticias, Berta Cáceres, por su labor de defensa del río Gualcarque, tenía una orden, tenía un mecanismo de protección, un instrumento de protección, promovido por la Comisión Interamericana de Derechos Humanos, que exigía al Gobierno de Honduras crear todas aquellas medidas necesarias para su protección. Entonces, la ausencia de ese mecanismo, tal como sucedió el día de su asesinato, cuando no había ningún cuerpo de seguridad presente para garantizar su protección y la integridad de su vida pues nos dice que hay una primera responsabilidad por obligación del estado de protegerla. La segunda cuestión es que el estado en ningún momento ha servido como intermediador legítimo sobre este conflicto. Estamos hablando del clásico dilema de una comunidad que se ve afectada por una empresa o por un proyecto de desarrollo y aquella empresa que intenta promover, eh, pues la aplicación de este proyecto hidroeléctrico. Pues bien, el estado, en vez de servir de mediador, lo que ha servido es más bien para tratar de legitimar la posición de la empresa. Entonces creemos también que ahí hay una omisión de responsabilidades del Gobierno de Honduras para precisamente tratar de intermediar, como cualquier otro ente estatal debería (de) asumir en este tipo de casos.

Extraído del programa *Reserva natural* de RTVE: "La muerte de Berta Cáceres".

UNIDAD 6
Pista 10

Dante (D): Además, en el colegio se aprenden algunas cosas inútiles que yo dejaría de enseñar. Hoy vamos a hacer docencia aquí…

Interlocutor (I): Ajá.

D: … para no hacerle perder tiempo más a los chicos. Por ejemplo, ¿por qué en nuestro tiempo estábamos tres mes… nos estaba… nos tenían tres meses enseñándonos a disecar una rana? ¿A usted le hicieron eso alguna vez?

I: Me tocó a mí la rana, sí.

D: Disecar una rana… ¡Es mejor que te enseñen a comerte un camarón! Digo… ¡Qué cara…!

I: ¡O un ceviche!

D: ¿Eh?

I: ¡O un ceviche!

D: O un ceviche. O nos tenían, me acuerdo, meses para que germine un frijol, un… en Argentina se llama un poroto, un frijol. Tiene que poner… tiene que tener la paciencia de un monje… de un monje tibetano. ¿Para qué sirve además cuando, cuando conocés a tu novia? "Yo sé germinar un frijol".

I: "¡Me caso con él, me caso con él!".

D: "Me caso, es el hombre de mi vida". Y las matemáticas. Para empezar te enseñan los conjuntos. Estaban los conjuntos conjuntos y los conjuntos disjuntos. ¿Se acuerdan de eso? En mi tiempo…

I: Sí. Y la intersección de los conjuntos.

D: Y la intersección… ¡Ay, no sabés lo útil que me fue eso en la vida! Ahora, el que cambió mi vida para siempre, el que logró un antes y un después en mi vida, fue el conjunto vacío.

I: El conjunto vacío.

D: Porque le enseñaba las notas a mi mamá y ella me decía: "Dantecito, ¿qué es este cero en matemáticas?". "Mamá, no

TRANSCRIPCIONES

seas antigua, no es un cero, es un conjunto vacío".

I: ¡Qué peligro!

D: Después te enseñan a sumar, a restar, a multiplicar, a dividir. ¿Se acuerdan de eso? Y uno piensa "Ahora me van a enseñar a pedir un crédito en el banco". ¡Pero no! Lo que te enseñan es la raíz cuadrada. ¡Qué tema la raíz cuadrada! ¡Lo que me vino en la vida a mí saber la raíz cuadrada! Yo no te puedo ver un número sin inmediatamente sacarle la raíz… la raíz cuadrada, ¿eh?

I: Así, inmediatamente. Eso es un proceso automático de tu mente.

D: Sí, yo enseguida te saco la raíz cuadrada, lo tengo desde chico. No sé para qué sirve, pero siempre la tengo lista. Yo creo que… Yo creo que ha llegado el momento de plantearle esto, este asunto al Gobierno: "Obama… Obama… Obama, a ti te digo: ¿qué estás haciendo, Obama?" La raíz cuadrada tendría que ser voluntaria, como enrolarse en el *army*, por ejemplo, en el ejército. Y después llegaba la maestra diciendo: "Chicos, les voy a dar unos problemas para que resuelvan". Mirá que hay que ser mala persona… Llevo una mochila de ocho kilos, se burlan de mi nariz, heredé toda la ropa de mis hermanos… ¡y esta mujer me viene a darme más problemas todavía!

Extraído del canal oficial de Dante Night Show (YouTube): "Monólogo: Cosas inútiles de la escuela".

Pista 11

Por la educación

¿Qué significa ser inteligente? ¿Significa ser brillante académicamente? Parece que no. Hoy vamos a hablar de las otras inteligencias, aquellas capacidades que no siempre tienen que ver con resolver acertadamente una ecuación trigonométrica o memorizar una lista interminable de vertebrados, pero que son muy importantes para el desarrollo personal de los niños y para defenderse en la vida.

La teoría de las inteligencias múltiples, diseñada por Howard Gardner, recibió en el año 2011 el Premio Príncipe de Asturias de las Ciencias Sociales. Esta teoría nos ayuda a entender el aprendizaje de los niños de otra manera, mucho más abierta. Les explico: para este psicólogo norteamericano, profesor de Harvard, y poseedor de casi una treintena de doctorados *honoris causa*, la inteligencia es algo muy complejo. Él la define como la capacidad de resolver problemas y hacer cosas valiosas para la sociedad y desde ese enfoque, ser inteligente no significa solo dominar una ciencia concreta, sino por ejemplo, ser capaz de relacionarnos con los demás, de manejar el propio cuerpo con brillantez o de controlar nuestras emociones, y es que para Gardner, si queremos movernos por el mundo con éxito necesitamos algo más que un buen expediente académico, al estilo tradicional.

La novedad de la teoría de las inteligencias múltiples es que da protagonismo a una serie de capacidades a las que hasta ahora no se daba especial valor académico: ser brillante en el baile o manejando una pelota, tener un don de gentes excepcional que moviliza al grupo y te convierte en el líder de la clase o disponer de suficiente autocontrol para manejar situaciones difíciles no eran precisamente habilidades evaluables en la escuela, y siguen sin serlo casi siempre.

Las inteligencias que defiende el psicólogo Howard Gardner incluyen, desde luego, la inteligencia matemática, es decir, la capacidad de resolver problemas de lógica o patrones numéricos, y la lingüística, que nos ayuda a utilizar con precisión el lenguaje, pero también la inteligencia espacial, que consiste en dominar las manualidades artísticas, los mapas y los puzzles, la musical o la corporal-cinestésica, un niño o una niña que brilla bailando o que se expresa magníficamente con una batería también merecen su recompensa académica.

Gardner añade dos inteligencias que van especialmente unidas: la inteligencia intrapersonal y la interpersonal, que son aquellas que nos permiten entender a los demás y entendernos a nosotros mismos, las muy conocidas inteligencias emocionales. Y por último, la inteligencia naturalista, que es aquella que utilizamos cuando observamos y estudiamos la naturaleza: nos permite entenderla y respetarla, y tiene mucho que ver con los valores que nos llevan a respetar este planeta. Los tiempos han cambiado y la escuela debería ir por ese camino, ¿no creen?

Extraído del programa *Por la educación* de Radio 5 de RTVE: "Teoría inteligencias múltiples".

UNIDAD 7

Pista 12

Conversación 1

— Hola, Marta, ¿qué tal? Toma, aquí tienes el teléfono del fontanero del que te hablé, es de total confianza y estoy seguro de que puede hacerte precio.

— Muchas gracias, Adrián. A ver si nos soluciona la que tenemos montada en casa, porque desde luego… Toda una semana duchándonos en casa de mis suegros, y, claro, con los niños de un lado a otro… Un follón.

— Pero… ¿qué ha pasado?

— Resulta que es un problema de construcción. En su momento, los albañiles detectaron que ya había un fallo en el sistema de tuberías, pero no pudieron hacer nada y solo buscaron soluciones temporales…, un parche, vamos, así que estaba claro que antes o después esto iba a pasar. Y la semana pasada, de repente, mientras estaba en el trabajo, me llama la vecina de abajo y me dice que le está cayendo agua por el techo.

— ¿Y cómo lo van a solucionar?

— Yo espero que no tengan que hacer demasiados agujeros en la pared, pero creo que no hay más remedio que hacer por lo menos uno. Desde ahí accederán a todas las cañerías y podrán tapar el agujero con un nuevo material que hace años se supone que no existía.

— Bueno, parece que lo tienen controlado. Espero que al final no sea para tanto… Oye, y el seguro, ¿qué dice?

— Mira, no me hables… Ha venido un perito y dice que, como se trata de una avería que ya estaba cuando compramos la casa, nuestra póliza no lo puede cubrir y es el seguro del edificio el que tendría que hacerse cargo.

— Estas cosas siempre pasan, toda la vida pagando un seguro para que luego no sirva para nada. Desde luego… En fin, mucho ánimo y si necesitas cualquier otra cosa, por favor, avísame.

Pista 13

Conversación 2

— ¡Hola! ¿Qué tal todo? ¿Ya os habéis mudado a la casa nueva?

— Calla, calla, no, ¡todavía no!

— ¿Y eso? Si pensé que ya estaba todo listo.

— Sí, por nuestra parte están todos los papeles arreglados y todo firmado, pero nos ha llamado nuestra agente inmobiliaria y parece ser que el vendedor de la casa todavía no puede cerrar la compra.

— ¡Vaya faena! ¿Entonces seguís viviendo en el piso de alquiler?

— Sí, de momento sí, pero ahora estamos preocupados porque ya le hemos dicho a nuestro casero que nos iremos a final de mes…, o sea, en dos semanas, y no sabemos si tendremos la casa para entonces…

— ¿Y no le podéis pedir que os dé un poco más de tiempo?

— No, ¡qué va! Si él ya tiene a unos inquilinos que entrarán a nuestro piso el día uno del mes que viene. No…, tenemos que irnos el treinta.

— ¿Y las reformas que queríais hacer en la casa antes de mudaros?

— Nada, ¡olvídate! Yo quería al menos reformar el baño antes de vivir allí, pero tendremos que ir haciéndolo todo una vez nos mudemos… ¡si es que nos mudamos! Porque al paso que vamos… ¡nos vamos a tener que ir a un hotel!

Pista 14

Conversación 3

— Entonces, ¿qué le parece el apartamento?

— Me gusta, ¿cuándo podría entrar a vivir?

— Estará libre a partir del uno de agosto. El actual inquilino se va el 31.

— Vale, ¿y cree que sería posible que yo pudiese traer ya mis cosas el 31 por la noche? Es que tengo que dejar el piso donde vivo también el 31, y para mí sería mucho más cómodo si pudiese ir trayendo las cajas aquí.

— Es algo que obviamente tengo que hablar con el inquilino, pero creo que él me dijo que quería hacer todo el traslado por la mañana, así que probablemente por la tarde ya se habrá ido.

— Gracias, eso sería ideal para mí. Y, ¿los gastos están incluidos en el alquiler?

— El agua y la calefacción están incluidas, la factura eléctrica corre de su cuenta. El casero también paga la comunidad, que incluye la limpieza de las zonas comunes y la recogida de la basura.

— Sí, lo que me esperaba. Y el alquiler son 550 € al mes, ¿cierto?

— Efectivamente.

— Vale, pues yo creo que me interesa el apartamento, ¿dónde tengo que firmar?

— Pues si desea alquilarlo, aquí tengo las copias del contrato… Si firma estas dos copias, yo me las llevo y en unos días se puede pasar por mi oficina y le daré una de ellas, firmada también por el dueño del piso. La otra se la quedará él.

— Vale, entonces, ¿la semana que viene me paso por la agencia?

— Sí, cualquier día a partir de mediados de la semana, probablemente después del miércoles tendré ya la firma del dueño. O si prefiere, puedo llamarlo yo cuando las tenga y así no corremos el riesgo de que se acerque en vano.

— Perfecto.

Pista 15

Conversación 4

— ¿Has leído el plan de sostenibilidad que acaba de publicar el Ayuntamiento? Tiene muchas propuestas interesantes para hacer que la ciudad sea más ecológica y, en cierto modo, devolver la ciudad a sus habitantes.

— ¿A qué te refieres con eso? ¿Devolvernos la ciudad?

— Sí, es cierto que en los últimos años los coches nos han comido mucho terreno, ¿no crees? El Ayuntamiento va a peatonalizar alguna de las arterias principales de la ciudad y en unos años va a prohibir la entrada de los coches que no sean eléctricos.

— ¡Ah! Sí, escuché algo sobre ese plan el otro día en la radio pero, sinceramente, yo creo que la peatonalización, al final, la hacen para los turistas, no para la gente que vive aquí. ¿Y qué va a pasar con esos coches? Me refiero a que con eso solo se consigue desplazar el problema, moverlo a otro punto de la ciudad, pero no creo que así se reduzca el número de coches. Lo que yo creo es que hay que ampliar la red de metro y de autobuses, ampliar su horario y así puede que más gente se lo piense dos veces antes de coger el coche por las mañanas.

— Sí, es verdad que es un sufrimiento cada vez que cojo el metro para ir al trabajo, los vagones siempre van hasta arriba de gente, deberían por lo menos poner más trenes en hora punta.

UNIDAD 8

Pista 16

La llegada de turistas extranjeros a España durante este verano ha desatado un fenómeno que se conoce como turismofobia. El último caso se registró en Barcelona, donde cuatro personas encapuchadas detuvieron a un autobús turístico de la ciudad para vandalizarlo.

Los hechos ocurrieron a plena luz del día. El autobús, repleto de turistas y que hacía un *tour* por la ciudad, hizo una parada frente al Camp Nou cuando los cuatro individuos comenzaron a pintar un grafiti que decía: "El turismo mata a los barrios". Además, le poncharon las llantas para que los turistas no pudieran seguir su recorrido. El regidor de Turismo del Ayuntamiento aseguró que se trata de un caso aislado y que los turistas no deben entrar en pánico. Sin embargo, no es el primer caso de turismofobia en Barcelona: el pasado mes de mayo unos manifestantes lanzaron pintura y un bote de humo a dos hoteles en Poble Nou. Los principales autores de estos ataques, que amenazan con proliferar en todo España, están en los grupos anticapitalistas llamados Arran.

Los hechos se han repetido en Valencia, Cataluña y las Islas Baleares, pero no solo en España el turismo corre riesgos, también en Italia. En Venecia, las autoridades aprobaron leyes para reducir el turismo en esa ciudad. La ciudad italiana, con algo más de cincuenta mil habitantes, atiende a treinta millones de turistas al año, lo que desgasta la vida de sus habitantes, pero también el inmenso patrimonio cultural y monumental, que para las autoridades amenaza con convertir en "Patrimonio en peligro" el actual título de la UNESCO de "Patrimonio de la humanidad".

Recientemente el Ayuntamiento de Venecia ha implantado una treintena de policías locales para dar preferencia a los habitantes y, sobre todo, limitar la afluencia de turistas a los lugares emblemáticos.

Extraído de YouTube: "#TodoPersonal Barcelona. ¿Turismofobia?"

TRANSCRIPCIONES

UNIDAD 9

Pista 17

Esta es la práctica de respiración de tres minutos. El primer paso de esta práctica es cerrar los ojos, sentarnos con la espalda derecha y tomar contacto con… tal como estemos en este momento: ¿cómo me siento? ¿Cansado, contento, con hambre, con sueño…? ¿Cómo está mi cuerpo…? ¿Siento alguna tensión, alguna molestia…? Esta primera fase es registrar cómo estoy en este momento.

Pasamos ahora a la segunda fase que es llevar nuestra atención hacia la respiración, enfocándonos en cómo entra y cómo sale el aire… en la zona de nuestro pecho… El pecho, el estómago, llevando toda mi atención a cada inhalación y a cada exhalación. Atento a mi respiración. Eso, muy bien.

Y la tercera fase, y final, de esta práctica es expandir esta atención desde mi respiración del foco en mi pecho a todo el resto del cuerpo. Llevar una atención consciente, una presencia plena a todo, a todo mi cuerpo. Conecto con mi cuerpo… Y cuando suene el gong, abro los ojos y me incorporo nuevamente en sea lo que sea que estaba haciendo al momento de hacer esta práctica, esta pausa de tres minutos.

Extraído de YouTube: "Meditación Mindfulness de 3 Minutos".

UNIDAD 10

Pista 18

Periodista (P): A principios de los 60, las protestas contra la guerra de Vietnam arreciaban en EE. UU. Las manifestaciones eran cada vez más masivas, pero algunos cayeron en la cuenta de que, mientras exigían en las calles la vuelta a casa de los soldados estadounidenses, su dinero, a su pesar, seguía financiando ese conflicto, así que empezaron a pensar cómo evitarlo y, entre otras cosas, organizaron un boicot a la empresa que fabricaba el napalm que usaba EE. UU. para bombardear Vietnam. En la teoría, ese fue el origen, o al menos el despegue, de la llamada banca ética. Cuarenta años después, la banca ética, la que utiliza el dinero de sus clientes, o eso promete, solo para invertir en negocios pacíficos, respetuosos con el ser humano y el medio ambiente, está creciendo con fuerza en esta crisis a la que nos ha arrastrado un sistema financiero cuya prioridad es la de conseguir cada vez más beneficios sin demasiados reparos en cómo se consiguen esas ganancias. Y para hablar de eso, de la banca ética hemos invitado a Esteban Barroso, director general de Triodos Bank. Buenas tardes, señor Barroso.

Esteban Barroso (EB): Hola, muy buenas tardes.

P: Iba a decir Triodos Bank, la única entidad de este tipo en España. No sé si es la única o la que más conocemos.

EB: Somos la única institución financiera que opera… que opera en España siguiendo unos postulados… un planteamiento como el que usted describía estupendamente al principio.

P: Han crecido ustedes mucho el año pasado, han duplicado su número de clientes que, bueno, en comparación con otras entidades nos pueden parecer pocos, 61 000 clientes en España, pero los han doblado en un año, que en estos tiempos no… no es fácil de decir para una entidad.

EB: Bueno, es cierto que en estos momentos, cada vez más personas y cada vez más instituciones empiezan a preguntarse qué es lo que hacen las instituciones financieras con su dinero. Ya no solo buscan una rentabilidad económica, sino que también quieren ser copartícipes de la realidad social en la que viven, quieren ser también corresponsables de lo que sucede con sus ríos, con el medio ambiente, con lo que comen, con la forma en la que se curan y se dan cuenta de que esas decisiones que tenían que ver con los valores y que se aplicaban normalmente, o exclusivamente, a ámbitos como la educación, dónde educo a mis hijos, "hombre, depende de los valores", dónde voy a vivir, "hombre, cerca de casa, cerca de nuestros padres"… Sin embargo, cuando nos aproximábamos a tomar una decisión financiera decíamos "bueno, ¿dónde ahorro?". Y dice: "Hombre, pues donde me den más". O: "¿A quién le pido un préstamo?", dice "el que me cobre menos, ¿no?". Ahí nos olvidábamos un poco de los valores y nos centrábamos en el precio. Cada vez más personas empiezan a pensar en términos de valores cuando quieren tomar, disculpe, cuando quieren tomar decisiones financieras.

P: Esto… ¿me está usted diciendo que en Triodos Bank los clientes no ganan dinero?, ¿que no cobran comisiones o sí las cobran?

EB: Nosotros cobramos a nuestros clientes comisiones que tienen que ver exclusivamente con la emisión de las tarjetas de débito y que tienen que ver exclusivamente cuando empiezan a realizar transacciones, más transacciones de lo que nosotros consideramos habituales. Por ejemplo, no hay comisiones de apertura, no hay comisiones de mantenimiento, no hay comisiones por transacciones, solo a partir de la quinta transacción… Y nuestros clientes pueden obtener una rentabilidad sensata de sus ahorros, pueden saber que, por un lado, nosotros estamos invirtiendo su dinero solo en proyectos con valor añadido, en empresas, en organizaciones con valor añadido en el sector social, en el sector medioambiental y en el sector cultural, y además tienen la certeza de que estamos dándoles una rentabilidad puramente económica, sensata.

P: Y sensato… ¿nos puede dar un porcentaje medio o…?

EB: Nosotros estamos remunerando en las cuentas de ahorro igual que el resto de las instituciones financieras, o en los mismos tramos, en los depósitos nosotros no hemos entrado en la guerra de pasivo y estamos ofreciendo por encima del euríbor, por encima del IPC, pero, desde luego, lo que no podemos, y además no nos parece sensato, es ofrecer a nuestros ahorradores una rentabilidad que supera o que puede llegar a superar el precio de los propios préstamos. Yo creo que una institución financiera tiene que pensar también en términos de sostenibilidad, tenemos que ser capaces de garantizar que el banco, en los próximos años, también va a ser sostenible. Si nosotros ofrecemos una rentabilidad a nuestros ahorradores por un depósito a un año de un cuatro y medio por ciento cuando el euríbor está, como usted conoce bien, muy, muy, muy por debajo, bueno, ¿cómo tendríamos nosotros que comercializar los préstamos para que realmente pudiéramos ser sostenibles? Y esa transparencia es algo que hace, yo creo que hace también atractivo a Triodos Bank. Nuestros clientes saben la forma en la que gestionamos el banco y también saben cómo estamos ganando el dinero que nos permite retribuir las cuentas pero también que nos permite sostener la actividad.

(...)

P: Se nos va el tiempo corriendo, me van a regañar, pero si… ahora cualquiera va a pedirles un crédito, ¿es fácil que se lo den?

EB: Si está dentro de los sectores en los que nosotros invertimos, si son proyectos, empresas, organizaciones… con valor añadido.

P: Una hipoteca, no.

EB: Si es un cliente que lleva más de seis meses con nosotros, y que… no le vamos a conceder una hipoteca, será una ecohipoteca.

P: Ecohipoteca. Señor Barroso, se nos ha ido el tiempo pero le esperamos otro día para seguir hablando de este tipo de banca diferente, la banca ética. Muchas gracias.

EB: Muy bien, encantado, muchísimas gracias.

Extraído del programa *La tarde en 24 horas* de RTVE: "Triodos Bank - Esteban Barroso, director general de Triodos Bank".

Pista 19

1 Mi sueño es ser abogado, estar en juicios, defender a la gente, y el día de mañana tener mi propio bufete y poder llevar casos importantes y acabar forrado, forradísimo, viviendo en la playa y que el bufete vaya solo…

Extraído de *http://elsolfestival.com*

Pista 20

2 Mi sueño es sacar mi propia línea de moda, que la gente se ponga la ropa que yo diseño. Y abrir una tienda y luego otra y con el tiempo tener tiendas en las ciudades más importantes del mundo y ahí, forrarme, ¡pero forrarme bien! Y comprarme un barco…

Extraído de *http://elsolfestival.com*

Pista 21

3 Mi sueño es tener una panadería, como la de mi padre. Dedicarme a hacer pan, que es lo que me gusta. Hombre, y si puede ser, que se convierta en una cadena de panaderías, ¿no? Por toda España… Y ahí, forrarme y comprarme una pedazo de casa, tres o cuatro cochazos…

Extraído de *http://elsolfestival.com*

Pista 22

1 — Mi sueño es ser abogado, estar en juicios, defender a la gente, y el día de mañana tener mi propio bufete y poder llevar casos importantes y acabar forrado, forradísimo, viviendo en la playa y que el bufete vaya solo…

— Sí, por muy distintos que empiecen los sueños, siempre acaban igual. No tenemos sueños baratos, por eso esta semana hay que jugar a la primitiva, que sortea un bote de 61 millones y medio de euros.

— … y yo todo el día, tumbado en una hamaca, y de vez en cuando algún caso, si eso.

Extraído de *http://elsolfestival.com*

Pista 23

2 — Mi sueño es sacar mi propia línea de moda, que la gente se ponga la ropa que yo diseño. Y abrir una tienda y luego otra y con el tiempo tener tiendas en las ciudades más importantes del mundo y ahí, forrarme, ¡pero forrarme bien! Y comprarme un barco…

— Sí, por muy distintos que empiecen los sueños, siempre acaban igual. No tenemos sueños baratos, por eso esta semana hay que jugar a la primitiva, que sortea un bote de 57 millones y medio de euros.

— Ese sí que es mi sueño.

Extraído de *http://elsolfestival.com*

Pista 24

3 — Mi sueño es tener una panadería, como la de mi padre. Dedicarme a hacer pan, que es lo que me gusta. Hombre, y si puede ser, que se convierta en una cadena de panaderías, ¿no? Por toda España… Y ahí, forrarme y comprarme una pedazo de casa, tres o cuatro cochazos…

— Sí, por muy distintos que empiecen los sueños, siempre acaban igual. No tenemos sueños baratos, por eso esta semana hay que jugar a la primitiva, que sortea un bote de 59 millones y medio de euros.

— … todo el día viajando, forrado…

Extraído de *http://elsolfestival.com*

UNIDAD 11

Pista 25

1 Nuestra historia comienza con nuestra hija mayor, Nicole. Ella siempre fue una niña muy apasionada por el aprendizaje. Llegaba de la escuela emocionada con libros de la biblioteca, hasta sacaba su tarea emocionada, pero conforme fue pasando el tiempo, comenzamos a notar que, poco a poco, esa pasión de alguna forma se fue convirtiendo en apatía y frustración.

Extraído del canal de YouTube "TEDxTalks".

Pista 26

2 Un día la maestra preguntó dónde vivíamos y mi hermano, con esa inocencia que tienen los niños y que todavía no lo ha abandonado, le dijo: "Maestra, yo vivo al lado de casa de Oscarito, un hombre que tiene un perro". Por supuesto esa tarde, cuando llegamos a la casa, nos hicieron repetir hasta que se nos quedó grabado ahí donde no podemos borrarlo: "Yo vivo en la calle Onda, número 169, entre San Clemente y San Rafael".

Extraído del canal de YouTube "TEDxTalks".

Pista 27

3 Tengo una hija que tiene trece años, pero en el 2012, cuando fue el colapso financiero, que se cayeron todas las bolsas del mundo y todo eso, tenía cinco menos que ahora, tendría ocho, nueve años y estábamos viendo el noticiero, estábamos almorzando y viendo el noticiero y apareció un tipo de corbata, pelado, un periodista, que siempre daba malas noticias. Fue el que vaticinó el tsunami y que se cayó un avión.

Extraído del canal de YouTube "TEDxTalks".

Pista 28

1 En mi país se dice mucho "majo". "Majo" es cuando una persona es simpática o agradable. Por ejemplo: "¡Qué majo es ese tío!" o "La persona que me presentaste ayer era muy maja".

Extraído de *https://elpais.com*

TRANSCRIPCIONES

Pista 29

2 En mi país se utiliza mucho la palabra "vaina", que significa 'cosa'. Por ejemplo: "Pásame esa vaina" o "Haz esta vaina" o "Mueve la vaina del medio" y también se dice cuando uno tiene un pique y escucha un disparate. Por ejemplo, digamos que tú dices un disparate y yo digo: "Oye, ¿esa vaina?".

Extraído de *https://elpais.com*

Pista 30

3 En mi país utilizamos la palabra "quilombo" para referirnos a cuando hay un desorden, un caos, una situación de caos. Por ejemplo, se podría utilizar cuando uno entra a su habitación y básicamente está muy desordenada y decís: "Uh, esto es un quilombo".

Extraído de *https://elpais.com*

Pista 31

4 En mi país se utiliza mucho la palabra "asere", que es un término coloquial para referirse a un amigo, a un conocido. Por ejemplo, se encuentran dos amigos y se dicen: "¿Qué bolá, asere?"

Extraído de *https://elpais.com*

Pista 32

5 En mi país se utiliza mucho la palabra "huevada", que quiere decir como 'tontería' o 'tontera'. Puede usarse cuando uno esté enojado o decepcionado al decir: "¡Qué huevada!" O para referirse a algo como: "Acabo de ver esa huevada de película".

Extraído de *https://elpais.com*

Pista 33

6 En mi país ocupamos una palabra muy característica para denominar a los novios. Les decimos "pololo". Pololo, polola, pololeo, pololear… en todas sus formas.

Extraído de *https://elpais.com*

Pista 34

1

— Lucas, ayer fuisteis a aquella conferencia sobre la historia de las lenguas nativas americanas, ¿no? ¿Qué tal fue?

— ¡Mejor ni me preguntes! El tema a mí me interesaba mucho, pero es que ese hombre no sabe dar una conferencia y me aburrí como una ostra.

Pista 35

2

— Claudio, ¿me dejarías los apuntes de la clase del jueves? No pude venir por la gripe que pillé y ahora no me entero de nada.

— Por supuesto. Y es normal que no te enteres, chica, es que si te perdiste ese día, te perdiste lo básico.

Pista 36

3

— Me encantó la novela que me pasaste el otro día, me la leí superrápido, ¡y eso que era gorda! ¡Me dio una pena que se acabara!

— Ya sabía yo que te iba a gustar, Luisa… Y si quieres te puedo pasar la siguiente del mismo autor, que también engancha mucho.

Pista 37

4

— Serafín, ¿tienes algún libro que me puedas pasar? Este año quiero leer más, pero es que hace tiempo que no encuentro nada que me llame.

— Hija, pues no sabría qué decirte, ahora mismo acabo de dejar una novela precisamente porque no me convence mucho…

Pista 38

5

— De las cuatro novelas para la clase de literatura del siglo XX ¡ni he empezado a leer la primera! ¿Tú cómo lo llevas, Olaya?

— Pues liquidé *Cien años de soledad* en un par de sentadas, pero me he atascado un poco con *Rayuela*.

Pista 39

6

— Nacho, ¿tú has visto la película *Como agua para chocolate*?

— Sí, pero la verdad es que después de leer la novela, la peli me decepcionó mucho. Yo me imaginaba a los personajes de otra manera y me gustaba más la idea que me hice de ellos en mi cabeza.

Pista 40

7

— Ruth, ¿me podrías pasar la obra de teatro cuando la acabes? En la biblioteca no quedan ejemplares.

— Sin problema, el mío es de los de la biblioteca, así que después tendrás que devolverlo tú. El plazo acaba el lunes que viene, pero puedes renovarlo si quieres.

Pista 41

8

— La presentación que hizo Patricia Novoa de su poemario les encantó a los alumnos. Creo que la clave fue su tono informal y cómo mezcló anécdotas autobiográficas con los poemas que leyó. Imagínate, que al final… ¡hasta se compraron alguno de sus libros!

— ¿Qué me dices? ¡Adolescentes comprando libros de poesía! Eso es algo inaudito.

Pista 42

9

— ¿Sabes? Últimamente me ha dado por leer novelas históricas, sobre todo ambientadas en el siglo XVIII.

— ¿De verdad? A mí también me gustan, sobre todo porque me da la sensación de que me culturizo casi sin darme cuenta, aunque a veces se pasan un poco con la descripción de detalles de la época.

Pista 43

10

—¿Sabes que Elena ahora se dedica a leer novelas gráficas? Empezó porque decía que así leía algo a pesar del mucho trabajo que tenía, pero ahora está viciada.

— Sí, la vi el otro día, que se había comprado unas cuantas, y me enseñó un par. Efectivamente tenían muy buena pinta.

UNIDAD 12

Pista 44

Preámbulo a las instrucciones para dar cuerda al reloj

Piensa en esto: cuando te regalan un reloj te regalan un pequeño infierno florido, una cadena de rosas, un calabozo de aire. No te dan solamente el reloj, que los cumplas muy felices y esperamos que te dure porque es de buena marca, suizo con áncora de rubíes; no te regalan solamente ese menudo picapedrero que te atarás a la muñeca y pasearás contigo. Te regalan –no lo saben, lo terrible es que no lo saben–, te regalan un nuevo pedazo frágil y precario de ti mismo, algo que es tuyo pero no es tu cuerpo, que hay que atar a tu cuerpo con su correa como un bracito desesperado colgándose de tu muñeca. Te regalan la necesidad de darle cuerda todos los días, la obligación de darle cuerda para que siga siendo un reloj; te regalan la obsesión de atender a la hora exacta en las vitrinas de las joyerías, en el anuncio por la radio, en el servicio telefónico. Te regalan el miedo de perderlo, de que te lo roben, de que se te caiga al suelo y se te rompa. Te regalan su marca, y la seguridad de que es una marca mejor que las otras, te regalan la tendencia a comparar tu reloj con los demás relojes. No te regalan un reloj, tú eres el regalado, a ti te ofrecen para el cumpleaños del reloj.

Extraído de YouTube: "Julio Cortázar, *Historias de cronopios y de famas*".

Pista 45

Robin Dunbar es el descubridor de lo que se conoce como "número de Dunbar", un parámetro del que hemos hablado anteriormente en Redes y que se refiere a la cantidad de personas con las que nos relacionamos de forma más o menos cercana. En promedio, tenemos vínculos con unas 150 personas aproximadamente. En distintos ámbitos y culturas se repiten las estructuras sociales de este tamaño. 150 es la cantidad de personas a las que deseamos unas felices fiestas a través de las postales navideñas, y los miembros de las unidades básicas de los ejércitos y de los clanes tribales. También son, de media, 150 los habitantes de la mayoría de poblados desde el Neolítico hasta la Revolución Industrial y los contactos que mantienen los académicos con otros que estudian en su mismo ámbito de investigación. Incluso en las empresas se ha descubierto que, aquellas con este número máximo de trabajadores, se organizan de forma espontánea y prima la colaboración entre los individuos. En cambio, cuando la compañía se hace más grande, se han de establecer jerarquías para imponer el orden, disminuye el compañerismo y crece la competitividad y el absentismo laboral.

Aunque vivimos en un mundo lleno de ciudades pobladas por millones de individuos, seguimos manteniendo una red social impuesta por los límites de procesamiento de la mente. De la misma forma que la capacidad de un ordenador está definida por el tamaño de su memoria y su procesador, nuestra habilidad para manipular información sobre la vida social está limitada por el tamaño de la parte más frontal de nuestro cerebro. Sin embargo, no caigamos en la tentación de creer que 150 es un número bajo, al contrario, somos los primates con mayor cantidad de amigos y conocidos con diferencia, y también, con el cerebro más grande.

Los científicos tienen la sospecha de que el amor tiene algo que ver en esto, al fin y al cabo, los cerebros de los animales monógamos son los de tamaño mayor. No debería extrañarnos si tenemos en cuenta que elegir una pareja para pasar el resto de la vida y entenderse con ella requiere de una gran capacidad para observar cómo es, cómo se siente y cuál es la mejor manera de comunicarse para evitar conflictos.

Extraído del programa *Redes* de RTVE: "¿Somos supersociales por naturaleza?".

Pista 46

La semana pasada se inauguró la exposición fotográfica "Latino/US Cotidiano", una muestra de la realidad latina en Estados Unidos vista a través de la cámara de doce fotógrafos. Esta exposición pretende hacer reflexionar al espectador sobre el valor de los estereotipos. Según el director del proyecto, Claudi Carreras, los estereotipos normalmente nos hacen pensar de una forma muy simple, nos hacen pensar que una determinada comunidad funciona de una determinada forma…, pero esta visión nunca coincide con la realidad. Por eso, como afirmó Carreras en una entrevista al canal BBC Mundo, es importante definir la identidad, que para él sería la suma de muchas cosas.

En Estados Unidos se ve a la comunidad latina a través del filtro de estereotipos como la religiosidad, o como personas pobres que vinieron acá para afincarse como ilegales. "Cotidiano" intenta ofrecer otra mirada, una mirada que vaya más allá de estas ideas preconcebidas e invite a reflexionar sobre otros aspectos.

En la exposición participaron doce fotógrafos, algunos son estadounidenses de origen latino, otros vinieron de América Latina para participar en el proyecto, otros vinieron de otros países… Esto aporta a la muestra una perspectiva muy variada y amplia de diferentes realidades.

Los estilos de los participantes son también muy diversos. Por ejemplo, Dulce Pinzón muestra unos superhéroes que son los migrantes mexicanos realizando su trabajo, vestidos con un atuendo de superhéroe. Es una fotografía muy pensada. Hay también imágenes más cercanas y directas, como las de la peruana Gihan Tubbeh, que ganó un World Press Photo por su proyecto "Vida diaria" y que acá presenta un reportaje callejero. O también está Ricardo Cases, un fotógrafo español, que estuvo durante unos días trabajando en Miami para cubrir la realidad que se vive allá.

Claudi Carreras señaló que la comunidad latina es imposible de definir, no solo en Estados Unidos, sino en la propia América Latina. Se trata de un continente muy rico y variado, y si se lleva a un país como Estados Unidos, la complejidad es mayor. Esta complejidad y esta riqueza son las que aparecen recogidas en el proyecto "Latino/US Cotidiano".

SOLUCIONES

UNIDAD 1

A IDENTIDAD

1a 2, 3, 5, 6

1b **1** Sí, porque no queremos hacer cosas que no nos interesan para parecer diferentes y los comentarios de amigos nos delatarían. **2** Una casa cuidada. **3** La elección de las fotografías y la dirección en la que están colocadas. **4** Un salón acogedor, las puertas de la casa abiertas, caramelos en una mesa. **5** Una persona abierta a nuevas experiencias; el dueño quiere parecer culto.

2a **1** caradura **2** introvertida **3** hipocondríaco **4** comprensiva **5** íntegra **6** altruista **7** imperturbable

2b **1** exclusivamente **2** extremadamente **3** constantemente / extremadamente **4** pacientemente **5** fielmente **6** ciegamente **7** raramente

3 **1** … se llevan como el perro y el gato **2** … me inspiran confianza… **3** … afán de superación **4** … manteniendo las distancias **5** Resulta admirable… **6** … han caído bien… **7** Tuvo un gran coraje… **8** … mantiene estrechos lazos de amistad…

4a **1** d; **2** c; **3** e / h; **4** f; **5** h; **6** c; **7** a; **8** b; **9** e; **10** g; **11** d; **12** f; **13** e / h; **14** g; **15** b; **16** a.

4b **1** una buena sensación; tristeza **2** con poco ánimo; integrado **3** una actitud positiva; poco ánimo; empatía **4** tristeza **5** una actitud positiva; poco ánimo; una buena sensación; empatía **6** la tristeza; los obstáculos **7** sin complicaciones

5 **1** A; **2** F; **3** G; **4** C; **5** E; **6** B.

6 **1** Benicio del Toro recuerda un restaurante de Donostia donde la comida <u>era exquisita</u>. **2** Los pescadores de la foto estaban en <u>un barquito</u>. **3** Correcta. **4** Benicio del Toro agradece el premio a su familia, profesores, entrenadores, directores, representantes, <u>escritores</u>, actores, productores y editores (no a los guionistas). **5** Le dedica el premio al lugar donde aprendió a jugar, a compartir, <u>a recibir piedras, a llorar, a reír, a atreverse</u>… (no a actuar).

7 **1** Era periodista, caricaturista y autor. **2** Sus libros más conocidos son quizás *Las venas abiertas de América Latina* y la trilogía *Memoria del fuego*. **3** Lo conoció hace tiempo en el trabajo, cuando vio un libro suyo en una mesa. **4** Los relatos del libro la hicieron pensar, la conmovieron… **5** Elena no habla de esto. **6** Elena cita algunas frases o expresiones del autor, pero no porque le resulten motivadoras. **7** Elena no habla de un encuentro imaginario, sino de uno real.

B HERENCIA O ENTORNO

8a **1** Gen **2** Óvulo **3** Fecundar **4** Código genético **5** Factor ambiental **6** Mellizos **7** ADN **8** Propenso **9** Hereditario **10** Jaqueca

8b **1** factor ambiental **2** hereditario **3** mellizos **4** ADN; código genético **5** gen **6** fecundación; óvulo **7** propenso

9 **1** a; **2** b; **3** c; **4** b; **5** a; **6** b.

10 **1** Ser físicamente atractivo/-a. **2** Hablar muy bien de sí mismo, alabarse mucho. Tiene una connotación negativa. **3** Estar mimado/-a, consentido/-a. **4** Persona de mayor responsabilidad en una familia que vive reunida. Normalmente se identifica con el padre de una familia tradicional. **5** Persona que se deja engañar o explotar fácilmente. **6** Ser muy diferentes.

11 **Posibles combinaciones**: contar con la ayuda de Julieta; insistir en la importancia de una dieta sana; quejarse del ruido que hacen los vecinos; divorciarse de su mujer; negarse a compartir sus juguetes; ser aficionado al aeromodelismo.

12 **1** de **2** de **3** con **4** con **5** de **6** en **7** de **8** a

13 **1** se arriesgó **2** confía **3** se reencontró **4** se fija **5** se empeñó **6** dio un giro **7** someteros **8** se aficionó

14 **1** Durante sus conversaciones los abuelos hablaban de vivencias pasadas. **2** Los funcionarios fueron obligados a reducir la pausa del café. **3** Después de treinta años Ana se reencontró con su hermano. **4** Conformarse con lo mínimo nunca es el camino al éxito. **5** La clase se dividió en dos grupos para realizar el ejercicio. **6** Aunque el hospital estaba cerca, Jaime insistió en ir en taxi. / Aunque estaba cerca del hospital, Jaime insistió en ir en taxi. **7** Cuando escuchó aquella melodía se acordó de su juventud. **8** Después de la operación me quejaba muchísimo del dolor.

15 **a** de **b** Ø **c** con **d** a **e** a **f** con **g** por **h** hacia **i** a **j** de **k** por **l** de

16 **1** sendos **2** ambas **3** sendas **4** ambos **5** sendos

C LA GENTE QUE ME GUSTA

17 Respuesta libre.

18a **1** entusiasta **2** maleducado **3** humilde **4** sensata **5** perseverante **6** intransigente **7** valiente **8** afable **9** altruista **10** frívolo

18b **1** afable **2** valiente **3** maleducado/-a **4** altruista **5** perseverante **6** sensato/-a **7** entusiasta **8** humilde **9** frívolo/-a **10** intransigente

D 7 MIL MILLONES DE OTROS

19a **1** ser un hacha **2** tener buena mano **3** ser un poco patoso/-a **4** poner a alguien de un humor de perros **5** estar hecho/-a un flan **6** subirse por las paredes

19b **1** me pone de un humor de perros **2** es un hacha **3** estaba hecho un flan **4** es un poco patoso **5** tiene buena mano **6** se subió por las paredes

20 **1** d **2** a; b **3** a; b **4** c **5** a; b; c **6** a; b; c **7** a; b; c

21 **1** se insulten **2** ver **3** se aproveche **4** viendo **5** encontrar **6** lleguen **7** jugando **8** critique

22a Respuesta libre.

22b **Opinión positiva:** Los libros de historia, lo siniestro, la música electrónica, la alta costura, el culturismo, la cirugía estética **Opinión negativa:** El minimalismo, el maltrato animal

22c Respuesta libre.

EN ACCIÓN

23a **Humanidad:** 1, 3, 5, 8 **Naturaleza:** 2, 6 **Individuo:** 4, 7

23b Respuesta libre.

24 Respuesta libre.

SOLUCIONES

UNIDAD 2

A EL PLACER DE NO HACER NADA

1 **1** El arte de no hacer nada implica activar internamente la relación con el propio ser. **2** Mucha gente mientras se ducha está pensando en muchas otras cosas, sin disfrutar plenamente del momento de la ducha. **3** *Aburrimiento*: del latín *abhorrere*, significa horror al vacío. *Meditación*: tiene la misma etimología que las palabras *medicación* y *medicina*. **4** Hay que hacerlo solos, en silencio, siendo conscientes de nosotros. **5** El *bientener* está promovido por la sociedad de consumo, que hace que pensemos que la felicidad depende de las cosas que tenemos. El *bienestar* es la felicidad interna, una sensación de estar a gusto consigo mismo. **6** "… con lo que no tienes tampoco lo serás".

2 **1** empedernido **2** válvula de escape **3** mero **4** sopor **5** despistarse **6** vorágine **7** de entrada

3 **1** hagan; no sea que **2** dar; a fin de **3** escuchen; que **4** asistiera / asistiese; con la idea de que **5** admitieran / admitiesen; con la esperanza de que **6** atraer; con miras a **7** prestara / prestase; a que **8** aprender; con la idea de **9** toque; no vaya a ser que **10** tengan; con el objeto de **11** desconecten / desconectaran / desconectasen; para que

4 Respuesta libre.

5a **1** A pesar de estar tan agobiado con el dinero, sale mucho a comer fuera. / Aunque está muy agobiado con el dinero, sale mucho a comer fuera. **2** Pues, en contra de lo que piensas, estuve en casa toda la tarde. **3** Debe de ser muy buena si la seleccionaron para jugar en ese equipo. **4** Aunque lleva ocho años viviendo en Chile, su español deja mucho que desear. / A pesar de llevar ocho años viviendo en Chile, su español deja mucho que desear. **5** En la discoteca había demasiado ruido, por eso no hablé con nadie. **6** Preparé café, tarta y mi mejor vajilla y, al final, Rocío me dejó plantado.

5b En los tres casos son correctas las dos opciones, sin embargo la opción con *para* añade a lo que se dice una mayor connotación de enfado.

B ATRÁPALO

6 **Posibles respuestas:** <u>Fin de semana de relax</u>: **Actividades:** recorrer un circuito termal, relajar(se), tonificar el organismo, termas, hidromasajes, masaje, balneario, *spa* **Sensaciones:** placentero, relax, desconexión, salir renovado/-a, relajante, me muero del aburrimiento <u>Fin de semana de deporte de aventura</u>: **Deportes:** deslizarse en tirolina, hacer parapente, surcar las aguas, quemar el asfalto, vuelo libre **Valoraciones / Reacciones:** experiencia fuera de lo común, arriesgado, apasionante, alucinar, ni loco/-a <u>Fin de semana cultural</u>: **Actividades:** ver un espectáculo en vivo, hacer un curso intensivo, visitar un museo, asistir a unas jornadas, ir a la inauguración de una exposición, hacer una visita guiada **Valoraciones:** enriquecedor, no me llama la atención, gratificante

7 **Posible respuesta:** ¿Te interesa la historia, te gusta disfrazarte o simplemente te apetece disfrutar de buena música y comida? ¡Entonces tienes que visitar el mercado medieval de Rosetón! Durante todo un fin de semana, Rosetón retrocede en la historia y sus habitantes también. ¡Apúntate a este viaje en el tiempo! Podrás asistir a representaciones de escenas de la Edad Media, escuchar música hecha con instrumentos medievales, comprar productos artesanos en el mercado y, por supuesto, ¡probar la comida típica de aquella época! Visita Rosetón el segundo fin de semana de agosto… y haz un viaje al pasado que no olvidarás.

8 **Posibles respuestas: 1 Diego** Ni hablar, no me metería en un curso de teatro ni loco. **Sofía** ¡Fantástico! Nunca he hecho ninguno y me apetece mucho probarlo. **2 Diego** ¡Qué dices! ¡Ni pensarlo! ¿Qué hago yo en el bosque? **Sofía** ¡Pero qué buena idea! Claro que sí. Podemos hacer la mermelada en mi casa. **3 Diego** ¡Claro que sí! Yo puedo llevar alguna. **Sofía** Bueno… Mientras no sean películas de terror…

9 Respuesta libre.

10 **1** resultó muy económico **2** muy barato **3** amigos (en la lengua coloquial, la palabra "colega" tiene también este significado) **4** por nada del mundo haría **5** se quedó muy impresionada **6** fin de semana **7** me niego **8** de forma más relajada **9** unas cervezas **10** están buenísimas

C ¡LO NECESITO!

11 **1** sortija **2** encaje **3** broche **4** flecos **5** peto **6** mano **7** brazalete **8** lentejuelas **9** plisada **10** punto

12 **a** 6; **b** 7; **c** 2; **d** 1; **e** 8; **f** 5; **g** 4; **h** 3.

13 **1** desteñir; foto c **2** arreglar / meterle; foto g **3** rozan; foto b **4** metas / cojas; foto h **5** pisar; foto e **6** metes / coges; foto f **7** queda; foto i **8** coger / meter; foto d **9** encogido; foto a

14 **1** azul **2** rosa **3** blanco **4** amarillo **5** verde **6** azul **7** amarillo **8** verde **9** azul **10** gris **11** verde **12** verde

15 **1** verdoso **2** azulado **3** amarillento **4** grisáceo **5** blanquecino / blancuzco **6** negruzco **7** amarronado **8** rosado / rosáceo **9** anaranjado **10** rojizo

16a **1** Hacer un pago sin declararlo al estado **2** En estado de gran emoción o tensión **3** Sin dormir **4** Hablar mal de alguien **5** Comer mucho de algo que está bueno **6** Sin poder recordar o sin saber qué decir **7** Sonrojarse, normalmente por vergüenza **8** Encontrarse en una situación difícil

16b **1** … se queda en blanco. **2** … poniendo verdes… **3** … pagaba en negro… **4** … nos pusimos morados. **5** … se pone al rojo vivo / está al rojo vivo. **6** … las pasó negras…

16c **1** azul **2** negro **3** blanco/-a **4** verde **5** amarilla **6** negro/-a **7** rosa **8** rojo/-a **9** blanco **10** negra **11** rosa

17a Camper, Zara, Desigual, Panama Jack, Massimo Dutti

17b Freixenet: cava. Iberia: transporte aéreo. Seat: automóviles. Chupa chups: caramelos. Movistar: telefonía.

18a **a** 4; **b** 2; **c** 11; **d** 1; **e** 10; **f** 5; **g** 12; **h** 3; **i** 8; **j** 7; **k** 9; **l** 6.

18b **1** Clásico veraniego: es un calzado muy típico del verano. Respuesta libre. **2 Posible respuesta:** Muchas personas asocian el Mediterráneo y las culturas que lo rodean con un mundo de colores. **3** Gracias a que aceptaron el reto de mo-

SOLUCIONES

dificar la forma tradicional de las alpargatas, su calzado fue utilizado en un desfile de moda.

18c Respuesta libre.

D ¿EN ESCENARIO, PAPEL O PANTALLA?

19a **Significado positivo:** conmovedor/-ora, insuperable, desternillante, ingenioso/-a, soberbio/-a **Significado negativo:** tedioso/-a, soporífero/-a, manido/-a, sobrevalorado/-a, predecible, pretencioso/-a, mediocre, simplón/-ona **Significado subjetivo:** espeluznante, provocador/-ora, dramático/-a, retorcido/-a, terrorífico/-a

19b 1 tedioso/-a, soporífero/-a, simplón/-ona 2 desternillante 3 retorcido/-a 4 insuperable, soberbio/-a 5 mediocre 6 manido/-a, predecible

20 1 Falso; la obra se ha estrenado en Madrid, pero no se dice que esto haya sido una elección del autor. 2 Falso; la actriz se refiere a los problemas como "pestes", pero no dice que estos se puedan eliminar con la ficción, sino que podemos protegernos de ellos. 3 Verdadero 4 Verdadero 5 Falso; el teatro está viviendo un gran momento en una etapa (en la sociedad) de manipulación. 6 Falso; para Aitana Sánchez-Gijón la relación de los jóvenes con la tecnología resulta confusa para los padres. 7 Verdadero 8 Falso; a Aitana Sánchez-Gijón le preocupa la manipulación de las imágenes, a través de la cual se pueden presentar como verdaderas imágenes modificadas.

21 **A** 1; **B** 2; **C** 6; **D** 5; **E** 6; **F** 4; **G** 3; **H** 5.

EN ACCIÓN

22 **Mostrar acuerdo:** 1, 5, 7, 12, 14 **Mostrar desacuerdo:** 6, 9, 13, 16 **Discrepar:** 2, 3, 8, 10 **Pedir aclaraciones:** 4, 11, 15

23 1 regalemos 2 está (si entendemos la afirmación como un hecho verídico) / esté (si no estamos seguros de la veracidad del hecho que presentamos) 3 interese 4 ayude 5 llevemos 6 haya 7 salimos 8 pasamos

Acuerdo: Tienes razón; Buena idea; Me parece perfecto **Desacuerdo:** Yo no creo que…; ¡Pero, qué dices! **Discrepar:** Bueno, no sé… **Proponer ideas:** Yo propongo que…; ¿Qué te parece que…?; ¿Y si…?

UNIDAD 3

A PROFESIONES RARAS

1 **A** 1 calienta camas humano 2 por 3 a 4 en 5 a 6 de 7 de **B** 1 cuentacuentos 2 de 3 al 4 a 5 a 6 a / para 7 por **C** 1 hada madrina 2 bajo / tras / detrás de 3 a / de 4 de / Ø 5 con 6 con **D** 1 investigador de nieve 2 con 3 en 4 a 5 a 6 en 7 de

2 inspeccionar - inspector; repartir - repartidor; gestionar - gestor; decorar - decorador; traducir - traductor; examinar - examinador; catar - catador; diseñar - diseñador; corregir - corrector; animar - animador

3 1 Quienes / Los que 2 lo que 3 a la que / a la cual 4 en las cuales 5 que 6 Quien

4 1 … con el que cuentan muchas empresas resulta muy interesante para los padres. 2 … para el que fue contratada Julia fue todo un éxito. 3 … en la que mi hermano Rubén ha encontrado un empleo hace poco tiene su sede en Lima. 4 … con un gran ventanal desde el que puede disfrutar de una vista excepcional. 5 … un nuevo reglamento según el cual los trabajadores podrán disfrutar de un día más de vacaciones al año. 6 … de la que se ocupa el departamento de marketing es mejorar la imagen de la empresa.

5a 1 b; 2 b; 3 a; 4 b; 5 a.

5b 1 (Todos) Los miembros del equipo, que participaron en la reunión, aportaron ideas muy novedosas y prácticas. 2 El técnico que resolvió el problema recibió un aumento de sueldo. 3 Los limpiadores de chicle, que están cansados de la irresponsabilidad de la gente, trabajan sin pausa. / Los limpiadores de chicle, que trabajan sin pausa, están cansados de la irresponsabilidad de la gente. 4 Los investigadores de nieve, que trabajan en zonas montañosas, se ocupan de controlar el estado de las pistas. / Los investigadores de nieve, que se ocupan de controlar el estado de las pistas, trabajan en zonas montañosas. 5 Los hoteles que ofrecen el servicio de cuentacuentos suelen ser los preferidos de los padres.

6 1 … que tuviera experiencia con ese tipo de entorno. 2 … que había trabajado / trabajó cinco años en un instituto. 3 … que tengan / tienen dificultades a la hora de integrarse en clase… 4 … que se interesen por el tema. 5 … donde se celebrarán las jornadas… 6 … que incluyen juegos y otras actividades colaborativas. 7 … que está muy satisfecha con la organización… 8 … que quisieran participar…

B LAS CLAVES DEL ÉXITO

7 Respuesta libre.

8 1 el mito 2 los niños 3 miedo 4 el caos de la pausa 5 la inteligencia 6 la puntualidad

9a 1 Iniciativa 2 Motivación 3 Proactivo/-a 4 Empatía 5 Constancia

9b **Adaptabilidad:** capacidad de una persona de adaptarse, de avenirse a diferentes circunstancias. **Autoconfianza:** seguridad que alguien tiene en sí mismo. **Determinación:** cualidad o actitud de la persona que decide sin vacilación lo que hay que hacer y lo hace.

10a Respuesta libre.

10b Respuesta libre.

11 **Posibles respuestas:** 1 Hábleme sobre su formación / su trayectoria / su carrera. 2 ¿Por qué quiere cambiar de trabajo? / ¿Está contento/-a con su trabajo actual? 3 ¿Qué sabe sobre nuestra empresa? 4 ¿Tiene disponibilidad para viajar? / ¿Estaría dispuesto/-a a viajar? 5 ¿Cómo se describiría? / ¿Cuáles cree que son sus virtudes? 6 ¿Cuáles son sus defectos? 7 ¿Dónde se ve en el plazo de / dentro de cinco años? 8 ¿Por qué cree que deberíamos contratarle/-a?

12 1 (dos puntos) 2 recientemente 3 En la actualidad / Actualmente 4 en la búsqueda de 5 estaría encantado de 6 destacado 7 el campo / ámbito de las matemáticas 8 tengo habilida-

SOLUCIONES

des para **9** en equipo **10** estoy convencido de **11** candidato adecuado **12** adjunto **13** alguna duda **14** no dude en

C CÓMO LLEVARSE BIEN CON EL JEFE

13a **1** d; **2** f; **3** c; **4** a; **5** b.

13b **1** haber / comunicar / reconocer / aceptar **2** ponerse **3** dedicar / ofrecer **4** sentirse **5** recurrir al (esta combinación no es muy frecuente) / ofrecer / obtener **6** poner encima de la mesa / abordar / ver luego el problema

14 **1 a** destituir **b** dimitió **2 a** abdicó **b** renunció **3 a** despedidos **b** se despidió **4 a** afrentaba **b** afrontar **5 a** manifestaron **b** se manifestaron **6 a** promocionarse **b** promover **c** promocionar **7 a** eludió **b** aludirá

D LA FELICIDAD EN EL TRABAJO

15 **1** b, f; **2** d, j; **3** i, l; **4** c, e, h; **5** a, g, k.

16 **a** Antes de nada (3) **b** En definitiva (1) **c** sin embargo (5) **d** debido a (5) **e** de ahí que (7) **f** a menos que (2) **g** A mi juicio (6) **h** nadie ignora que (4) **i** Por descontado (8) **j** Por lo que respecta a (4) **k** en otras palabras (6)

17 **1** a; **2** b; **3** c; **4** b; **5** a; **6** b; **7** c; **8** b; **9** b.

18 **1** A pesar de que **2** A continuación **3** Para empezar **4** si **5** no obstante **6** Así **7** Asimismo **8** por lo tanto **9** Además

19a **Carlos:** Generación Z **Marisa:** Generación X **Raquel:** Generación Y

19b **1 a** Raquel **b** Marisa **c** Carlos **2 a** Marisa **b** Raquel **c** Carlos **3 a** Marisa **b** Carlos **c** Raquel

EN ACCIÓN

20 **1** averiguar **2** encuestadas **3** ocupan **4** mientras que; consideran **5** afirman / declaran **6** quedaron relegados a **7** desvelan **8** pasa

21 **1** desarrollo / introducción **2** introducción **3** conclusión **4** desarrollo **5** introducción **6** desarrollo **7** conclusión **8** desarrollo **9** introducción **10** conclusión

UNIDAD 4

A TRADICIÓN O INNOVACIÓN

1a **Posibles respuestas: Restaurantes de cocina tradicional:** modesto/-a, precios asequibles, menú del día **Restaurantes de cocina de innovación:** factor sorpresa, pretencioso/-a, experimentar, experiencia sensorial, arte, superchefs, vanguardia, globo comercial, provocación, *gourmet* **Ambos:** comensal, precio elevado, lista de espera, precios estratosféricos, estrellas Michelin, alta cocina, prestigio internacional, premios, fogones, degustación

1b **1** superchefs; prestigio; estrella Michelin **2** vanguardia; precios estratosféricos / elevados **3** degustación; experiencia sensorial **4** fogones **5** comensales; lista de espera **6** menú del día; precios asequibles

2a a

2b **1** b; **2** c; **3** f; **4** a; **5** d; **6** e.

3 **1** Más; que **2** de; lo; que **3** más; de **4** más; del; que **5** igual; de; que **6** Más; que **7** Más; del **8** de; lo; que

B A LA CARTA

4 **1** a; **2** e; **3** b; **4** c; **5** d.

5 **Carne:** codorniz, filete, mollejas, pato, pavo, pechuga, solomillo **Pescado y marisco:** bacalao, chipirones, cigala, dorada, langosta, lenguado, mejillón **Vegetales:** algas, berenjenas, calabaza, espárragos, quinoa, setas

6 **1** pasta fresca **2** una tostada con mantequilla y mermelada **3** codorniz **4** una tabla de quesos

7a No se contestan: 2, 4, 8. **1** Están en el centro de Madrid: C/ Hortaleza, 3. **3** Le diagnosticaron la enfermedad y no encontraba productos que pudiese tomar y que le gustasen. **5** Sí, también venden pan, lasaña y cerveza. **6** Sí, la tarta de Santiago y los *cupcakes* de chocolate. **7** La cocina estadounidense es más innovadora y sus creaciones son más coloridas. **9** Claudia menciona que al principio todo le quedaba más seco que en la repostería tradicional. **10** Quieren crear una línea de productos sin lactosa y sin azúcar.

7b 2, 4. La valoración 1 menciona el menú del día o los camareros propios de un restaurante, no una pastelería. La valoración 3 habla de un gastrobar. La valoración 5 se refiere al local "más antiguo" de Madrid, lo que no es el caso de Celicioso. La valoración 6 menciona unos platos y cócteles de los que no se habla en el texto sobre Celicioso.

8 **1** decepcionados **2** merecida **3** impecable / esmerado **4** esmerada / impecable **5** impresionante **6** exquisita / impresionante **7** sublime / exquisita **8** inolvidable / sublime

9a reconocer, recordar, confesar, lamentarse, afirmar, declarar

9b **1** confiesa; reconoce **2** declaró / afirmó **3** se lamentaba **4** recordó **5** afirma / declara

10 1, 4, 5, 7, 8.

11 **a** 6; **b** 5; **c** 1; **d** 3; **e** 4; **f** 7; **g** 2; **h** 8.

C URBANO Y SANO

12a **1** Se come más sano y fresco, se ahorra dinero, se promueven las actividades en familia. **2** Hortalizas (zanahoria, pepino, apio, jitomates, brócoli, espinaca…) y plantas medicinales y aromáticas (cilantro). **3** Contribuyen a hacer la ciudad más verde y promueven actividades con la comunidad. **4** Se puede aprender a hacer composta, a construir un huerto vertical con material reciclado, a hacer macetas con llantas y a saber qué épocas del año son mejores para cada producto. **5** Ponen una carpa de información donde dan a conocer sus talleres y explican cómo dar los primeros pasos hacia un huerto urbano.

12b **Posible respuesta:**

Hola, Víctor, ¿cómo va todo?

Oye, te escribo porque en los últimos días he oído y leído mucho sobre los huertos urbanos y he tenido una idea brillante:

SOLUCIONES

creo que tú podrías hacer tu propio huerto en esa terraza tan fantástica que tienes y que usas tan poco.

Te cuento. La idea consiste en poner en la terraza unas macetas en las que, en vez de plantar flores, o además de plantar flores, pues pones unas lechugas, tomates, perejil… ¿Cómo lo ves? Ya sé que te puede sonar un poco raro, pero piénsalo… Tendrías unas hortalizas… ¡que no fueron tratadas con pesticidas! Además serían hortalizas de km 0. Y por si esto fuera poco, imagínate el placer de cocinar alimentos que has conseguido con tus propias manos. ¿Te vas animando?

Yo, por supuesto, te ayudaría a montarlo. Ya sé que tú y yo no tenemos ni idea de plantas, pero seguro que en internet encontramos algún tutorial o algún curso donde nos ayuden. Bueno, claro, yo te ayudo a montarlo… ¡a cambio de los primeros tomates de la temporada! ;D

Ya me contarás qué te parece, ¡pero no admito un "no" por respuesta!

Venga, un abrazo,

Roberto

13 **1** trocear **2** escurrir **3** untar **4** exprimir **5** flambear **6** rallar **7** espolvorear **8** marinar **9** aderezar **10** rebozar

14 **1** unte; rellene **2** marinar **3** Reboce; rallado; escurra **4** Trocee **5** caramelizar; Añada **6** Espolvoree; extienda **7** aderece **8** Exprima; riegue

15 **1** la cebolla, la manzana, el pimiento **2** la pasta **3** la lima **4** el queso, la cebolla, (la piel de) la lima, el calabacín, la manzana **5** el queso, la cebolla, el pollo, el calabacín **6** la pasta, la cebolla, el pollo, el calabacín, el pimiento **7** el queso, la cebolla, el pollo, el calabacín, la manzana, el pimiento **8** la mermelada

16 **1** b; e **2** c; d; g **3** a; h **4** c; d; f; g.

17 **Salsa vinagreta historiada:** vaso; cucharada; cucharada; cucharaditas; pizca. **Salsa mayonesa verde:** puñadito; cucharadas; gotas; pizca.

18 Respuesta libre.

D COCINA CON ÉXITO

19 **1** declaración **2** rompió **3** remontaron **4** exponentes **5** llevar **6** arrasar **7** fallido **8** encima

20 Respuesta libre.

21 Respuesta libre.

22 **1** la emisión **2** la cámara (objeto para grabar y persona que maneja ese objeto) **3** la puesta en escena **4** el famoseo **5** horario de máxima audiencia **6** mediático **7** la periodista **8** el programa

EN ACCIÓN

23 **Ingredientes y sabores:** líneas 4-9 **Platos típicos:** líneas 16-22 **Valor nutritivo:** líneas 23-24 **Historia:** líneas 1-11 **Su importancia en el mundo:** líneas 24-27

24a **Posibles respuestas: Tailandesa:** picante, ligera, fresca, exótica, saludable, sencilla, nutritiva **India:** picante, especiada, exótica, saludable, nutritiva **Libanesa:** ligera, fresca, exótica, saludable, nutritiva **China:** picante, calórica, agridulce, grasosa, exótica **Mexicana:** picante, calórica, especiada, grasosa, pesada, exótica **Francesa:** sofisticada, elaborada, grasosa **Japonesa:** sofisticada, ligera, elaborada, sosa, exótica, saludable, nutritiva **Italiana:** calórica, grasosa, sencilla

24b Respuesta libre.

25 **Posibles respuestas: 1** ¿A qué te refieres cuando dices… **2** Déjame decir algo: / Perdona que te corte, pero… **3** ¿estarás de acuerdo conmigo en que…? / ¿no crees que…? **4** ¿Me sigues? / No sé si sabes a lo que me refiero… **5** a mi modo de ver… / en mi opinión…

UNIDAD 5

A CURIOSIDADES DE LA NATURALEZA

1 **1** vertebrados **2** mamíferos **3** reptiles **4** anfibios **5** águila **6** lubina **7** moluscos **8** arácnidos **9** equinodermos **10** cigala **11** mosquito

2 **1** bozal **2** manada **3** collar **4** pezuña **5** cuadra **6** rugir

3a **1** f; **2** e; **3** c; **4** b; **5** g; **6** d; **7** a; **8** g.

3b **Quiquiriquí:** el gallo **Croac:** la rana **Miau:** el gato **Beee:** la oveja **Guau:** el perro **Pío pío:** el pájaro

4b **Posible respuesta:**

En esta conferencia, la primatóloga chilena Isabel Behncke habla sobre el papel del juego en la evolución tanto de los animales como de los humanos.

Primeramente, Behncke explica que siempre se ha pensado que el juego es una actividad que forma parte de la formación del individuo y que por eso desaparece en la edad adulta. Esto es así en la mayoría de las especies, sin embargo, hay ciertos animales que juegan durante toda su vida y suelen ser aquellos que viven más tiempo, tienen cerebros más grandes y viven en unas sociedades más complejas. Entre estas especies están, por ejemplo, los perros, los elefantes o los seres humanos.

Para Behncke el juego cumple una función de "comodín adaptativo", que aumenta la versatilidad y creatividad y por lo tanto ayuda al individuo a adaptarse al mundo social, que es, según ella, un mundo cambiante.

Además, señala que el juego está en la base de muchos logros humanos, como el arte o la exploración científica y es un lazo de unión entre diferentes culturas.

En mi opinión, el juego es una actividad fundamental tanto para niños como para adultos. Estoy de acuerdo en que es un lazo de unión y creo que es una herramienta excelente para fomentar la sociabilidad y reforzar los vínculos afectivos. La participación en una actividad lúdica permite a las personas conectar de un modo que no se consigue a través de otras actividades como la simple conversación e intercambio de ideas.

5a **1** pavo **2** pájaro **3** pez **4** gato **5** oveja **6** cabra **7** lince

5b **1** pájaros **2** cabra **3** gatos **4** pavo **5** lince **6** pez **7** oveja **8** pez

5c **1** la edad del pavo **2** se siente como pez en el agua **3** tenía-

SOLUCIONES

mos pájaros en la cabeza **4** es un lince **5** éramos cuatro gatos **6** era la oveja negra **7** estás como una cabra **8** es un pez gordo

6 **A** 2: mariposa (Título del poema: "Mariposa del aire") **B** 4: gato (Título del poema: "Oda al gato")

B GUERREROS DEL MEDIO AMBIENTE

7a **1** medidas preventivas; cambio climático **2** extracciones; temblores de tierra **3** provocado **4** pesticidas **5** productos orgánicos **6** incendios forestales **7** paneles solares **8** desarrollo sostenible **9** especies autóctonas **10** reforestar

7b **1 ya que** desde hace unos años el cambio climático ha aumentado la probabilidad de lluvias torrenciales. **2 Debido a** las extracciones mediante *fracking* realizadas en los últimos días, **3 a causa de** un cigarrillo mal apagado. **4 por** los problemas de salud que se estaban observando en la población. **5 Como** el precio de los productos orgánicos es superior al de los supermercados tradicionales, **6 por culpa** de los incendios forestales, que destruyeron los bosques en los que vivían. **7 En vista del** ahorro que se puede obtener con las energías renovables, **8 Gracias al** comercio justo y al desarrollo sostenible **9 Dado que** la introducción ilegal de nueva fauna y flora podría acabar con las especies autóctonas, **10 porque** esta se vio muy afectada por los últimos incendios.

8 **1** Como un vertido tóxico ha contaminado el agua, no se podrá beber hasta que la planta purificadora la filtre por completo. **2** Gracias a que el precio de los coches eléctricos ha bajado mucho y su autonomía ha aumentado, cada vez son más las personas que prefieren usarlos. / Gracias a la bajada de precio de los coches eléctricos y al aumento de su autonomía, cada vez son más las personas que prefieren usarlos. **3** En vista de las posibles réplicas, muchos habitantes han dejado sus hogares después de los temblores de la semana pasada. **4** Dado que la conciencia ecológica ha aumentado, cada vez más marcas están comercializando productos orgánicos. **5** Debido a que contamina menos y al trato a los animales de las explotaciones ganaderas, muchas personas eligen una dieta vegetariana. / Muchas personas eligen una dieta vegetariana debido a que contamina menos y al trato a los animales de las explotaciones ganaderas. **6** Por mis principios, no me cuesta seguir la regla de las cuatro erres: rechazar, reducir, reutilizar y reciclar.

9 **1** b; **2** c; **3** a; **4** b; **5** c; **6** a.

C VIDAS ALTERNATIVAS

10a **1** a; **2** b; **3** a; **4** c; **5** b; **6** b; **7** c; **8** c; **9** a; **10** b; **11** c; **12** a; **13** b; **14** c.

10b Respuesta libre.

11a **1** viendo **2** se conciencie **3** leo **4** pensar **5** recicle **6** escuchando

11b **a** Me emociono <u>sabiendo</u> que cada vez más gente se conciencia de la importancia de conservar el medio ambiente. **b** Se me rompe el corazón <u>al leer</u> acerca de las terribles condiciones en las que viven muchos animales en las granjas de producción cárnica. **c** <u>Me entristece</u> que muchas especies animales se hayan extinguido a causa de la caza indiscriminada. **d** Julián se irrita <u>cuando</u> la gente no <u>recicla</u> correctamente. **e** Siento impotencia <u>al escuchar</u> a algunos políticos negar las evidencias científicas del cambio climático.

12 Respuesta libre.

D CAMBIAR EL MUNDO

13 **1** b; **2** c; **3** a; **4** c; **5** b; **6** c.

14 **1 a** asumir **b** asimilar **2 a** prescindir **b** rescindir **3 a** confirmado **b** reafirman **c** firmar **4 a** recoger **b** acoger **c** hacer acopio **5 a** recolección **b** colección

15a **1** no obstante **2** ante todo **3** Igualmente **4** En consecuencia **5** es decir **6** desde luego **7** en efecto

15b **1** No obstante / Ahora bien **2** ante todo / antes que nada **3** Asimismo / Igualmente **4** Por supuesto / Desde luego **5** En consecuencia / Por consiguiente **6** efectivamente / en efecto **7** Esto es / Es decir **8** desde luego / por supuesto

EN ACCIÓN

16a **Posibles respuestas: 1** d; h; k **2** a; f **3** b; d; g; i **4** b **5** c **6** e; i; l **7** c; j; g

16b **Posibles respuestas: a** 5; 7 **b** 3; 7 **c** 1 **d** 4 **e** 6 **f** 1; 2 **g** 2; 4 **h** 2 **i** 3; 6 **j** 1 **k** 2

17a Se refiere al problema de la contaminación del aire y se atribuye al exceso de tráfico.

17b **a** 1; **b** 4; **c** 7; **d** 3; **e** 5; **f** 2; **g** 6.

18 Respuesta libre.

UNIDAD 6

A EQUIPAJE DE MANO

1a 1, 5, 7, 8, 9.

1b **1** d; **2** e; **3** a; **4** f; **5** b; **6** c.

2 Respuesta libre.

3a **a** 2; **b** 5; **c** 3; **d** 4; **e** 1.

3b **Posibles respuestas: 1** ¡Uy, lo siento! ¿Estabas durmiendo? Perdona que te moleste, es que quería preguntarte si quieres venir conmigo al teatro mañana. **2** Pues, no estoy seguro, pero creo que salía el jueves. **3** ¿Qué hacen estos libros aquí? ¿No ibas a devolverlos ayer? / ¿No los devolvías ayer? / ¿No tenías que haberlos devuelto ayer? **4** Oye, este viernes había un maratón de películas argentinas en el cine Valle Inclán, ¿no? / Oye, este viernes era el maratón de películas argentinas (…) **5** Pues todavía no lo han recibido, pero creo que se lo daban / iban a dar mañana. **6** ¡Hombre, Santiago! ¡Tú por aquí! ¿Pero no estabas de viaje por el Altiplano Andino?

4a **Vista:** borroso/-a, nítido/-a **Oído:** estridente, ronco/-a, penetrante, nítido/-a **Gusto:** insípido/-a, aromático/-a, sabroso/-a, penetrante **Tacto:** sobado/-a, pegajoso/-a **Olfato:** penetrante, aromático/-a

SOLUCIONES

4b 1 penetrante 2 pegajosas 3 insípida 4 estridente / penetrante 5 borroso 6 sobados 7 aromáticos 8 ronca 9 nítida 10 sabroso

5a 1 Tienes que leer el trabajo con atención. 2 Dejamos de verlas. 3 Escuchábamos con atención. 4 ¿Pero cómo se le ocurre hablarle sin respeto al profesor? 5 Las galletas estaban buenísimas. 6 El examen era muy fácil. 7 El director mostraba una actitud dura, demasiado severa o intransigente. Luego dejó de mostrar un carácter exigente, se volvió más flexible. 8 No tenemos dificultades o problemas. 9 El sótano desprende un olor intenso y desagradable a humedad. 10 Esto me resulta sospechoso.

5b Posibles respuestas: 1 Antes de firmar el contrato, léelo con lupa para estar seguro de lo que estás firmando. 2 Oh, no, he perdido de vista mis gafas. ¿Tú las ves por ahí? 3 Venga, cuéntame lo que ha pasado. ¡Soy toda oídos! 4 ¡Ni se te ocurra levantarme la voz, que soy tu madre! 5 Este asado está para chuparse los dedos… ¡Pero qué bueno está! 6 ¿Qué quieres hacer? ¿Subirle los bajos al pantalón? ¡Eso está chupado! Lo puedo hacer yo. 7 Azucena va de dura con esa actitud un poco distante, pero cuando la conoces, la verdad es que es muy agradable. 8 He instalado un nuevo sistema operativo en el ordenador y ahora va como la seda. 9 A la entrada en la ciudad había una fábrica de papel y al pasar por allí olía que tiraba para atrás. Era bastante desagradable. 10 Hmm, la masa de la pizza no sube… Esto me huele a chamusquina. ¿Habré olvidado echar la levadura?

6 a 5; b 8; c 2; d 7; e 1; f 4; g 3; h 6.

7 1 lo tanto / tanto 2 en 3 tan 4 luego 5 por 6 de 7 ahí que 8 tanto

8 1 Sandra quería ganar dinero para pagar su máster, por lo tanto se fue al extranjero en verano para trabajar. 2 Berta tuvo a los catorce años una profesora de Física tan buena, que más tarde decidió estudiar esta carrera. 3 Tanto Lucas como Simón se han formado en el ámbito de la informática, quizás debido a que en su casa los ordenadores siempre han estado muy presentes. 4 Roberto vio que no necesitaba una carrera para tener éxito en su trabajo, conque decidió no estudiar. 5 No es que la nueva ciudad no le gustara / gustase, sino que la carrera de Ingeniería Industrial no convenció a Carlota, de manera que cambió de especialidad después de un año. 6 A pesar de estudiar una carrera técnica, Hernán estaba muy interesado en la música, de ahí que completara / completase su currículum académico con asignaturas de esa rama.

B LA EDUCACIÓN PROHIBIDA

9 a 8; b 4; c 7; d 3; e 6; f 5; g 2; h 1.

10 Posibles respuestas: 1 Si me dan a elegir, me quedo con el curso presencial. 2 Si tuviera que elegir un colegio para mi hijo, me decidiría por uno público. 3 Si me dieran a elegir, me quedaría con el taller de Periodismo. 4. Opto por una canción de pop actual. 5 Si tengo que elegir entre libros nuevos, de segunda mano o de la biblioteca, opto por tomarlos prestados de la biblioteca.

11 A Método Montessori 1 estimulaban 2 enseñaban 3 jugar 4 sensibilizar 5 despertarles **B Método Sudbury** 1 asistencia 2 videojuegos 3 máquina 4 barro 5 personal **C Método Harkness** 1 memorizamos 2 investigamos 3 compartimos 4 considerar 5 expresarme 6 relacionarme **D Método Waldorf** 1 entusiasmo 2 artistas 3 personalidad 4 perseverancia 5 intereses 6 ventajas

12a Respuesta libre.

12b Respuesta libre.

12c Respuesta libre.

12d Respuesta libre.

C LOS ENIGMAS DEL CEREBRO

13a Respuesta libre.

13b 1 d; 2 b; 3 a; 4 c; 5 d.

13c Significado positivo: ser un/-a cerebrito, ser astuto/-a, ser listo/-a, ser más listo/-a que el hambre **Significado negativo:** no tener dos dedos de frente, tener pocas luces, ser un poco corto/-a, no ser muy despierto/-a, ser un poco tonto/-a

14 1 inclinación 2 presunciones 3 alteración 4 fabulaciones 5 reestructurando 6 distorsionada 7 pospuestas 8 imaginamos

D SUPERHÉROES DE CARNE Y HUESO

15 1 a; 2 b; 3 c; 4 b; 5 a.

16 1 déficit 2 aprendiz 3 de carne y hueso 4 chasquidos 5 ceguera 6 hazañas

17 1 aprobar 2 afecte 3 habría sacado 4 me quedaría 5 Siendo 6 ayudara / ayudase 7 hubiéramos hecho / hubiésemos hecho; tendríamos 8 haré

18 Posibles respuestas: 1 De ser necesario traer más sillas para la conferencia, podemos traerlas de las aulas. / De ser necesario, podemos traer más sillas de las aulas para la conferencia. 2 En caso de que se realice un simulacro de incendio, los profesores tienen / tendrán que conducir a los alumnos al patio. 3 Los alumnos no pueden presentarse a la recuperación de un examen salvo que tengan un justificante escrito. 4 No tendrás problemas con esta asignatura siempre y cuando prestes atención en clase y hagas los deberes. 5 Solo si tienes un título de máster puedes / podrás presentarte a esa plaza. 6 Con tal de que haya un mínimo de seis estudiantes, podremos crear el grupo.

EN ACCIÓN

19 1 La partícula «a no ser que» es una conjunción condicional. 2 Cuando el escritor García Márquez empezó a ir a la escuela Montessori, descubrió que estudiar era algo maravilloso. 3 ¿Quieres saber qué recuerdos tengo del colegio? Pues bien, para que lo sepas: lo odiaba. / para que lo sepas, lo odiaba. 4 En su monólogo, Dante dice: «Después de aprender a sumar y restar, yo pensaba "Ahora me van a enseñar a pedir un crédito en el banco"». 5 He aprendido a tocar un instrumento, he dedicado horas a la lectura de los clásicos y he tejido un jersey de lana; por consiguiente, he desarrollado la perseverancia, la concentración y la capacidad de hacer cosas con las manos. 6 Si te dieran a elegir, ¿harías en verano un curso

SOLUCIONES

intensivo de español en tu ciudad, o te irías a un país hispanohablante para practicar allí la lengua y conocer la cultura? **7** En las clases de ciencias hacíamos cosas maravillosas: salíamos a recoger plantas, hacíamos carreras en el patio para medir el tiempo, la distancia y la velocidad… ¡Era fantástico! / salíamos a recoger plantas; hacíamos carreras en el patio para medir el tiempo, la distancia y la velocidad… ¡Era fantástico! **8** El humorista cuenta que aprendió los conjuntos y la raíz cuadrada, y que nunca le sirvieron para nada.

20b **1** Pablo Alborán reina en la música española **2** Don Juan agoniza **3** Prohibido fumar, gas inflamable **4** Línea de cremas para piernas, de uso diario / Línea de cremas, para piernas, de uso diario

20c **A 1** a **2** b (Se llama a los niños a la hora de la comida) **3** d (Todos volvieron al campamento y todos estaban cansados) **4** c **5** f (Se recomienda que no se consuman grasas de origen animal) **6** e

21a

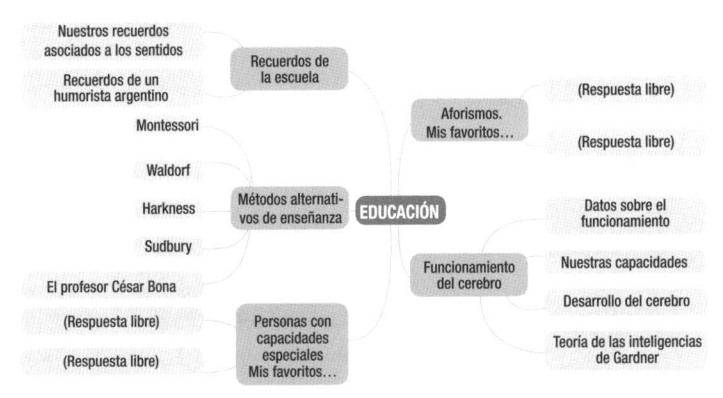

[Mapa conceptual: EDUCACIÓN con ramas: Recuerdos de la escuela (Nuestros recuerdos asociados a los sentidos, Recuerdos de un humorista argentino); Métodos alternativos de enseñanza (Montessori, Waldorf, Harkness, Sudbury, El profesor César Bona, Respuesta libre, Respuesta libre); Aforismos. Mis favoritos… (Respuesta libre, Respuesta libre); Funcionamiento del cerebro (Datos sobre el funcionamiento, Nuestras capacidades, Desarrollo del cerebro, Teoría de las inteligencias de Gardner); Personas con capacidades especiales. Mis favoritos…]

21b **1** Teoría de las inteligencias de Gardner **2** Método Harkness **3** Personas con capacidades especiales **4** Recuerdos de un humorista argentino **5** Datos sobre el funcionamiento del cerebro **6** El método del profesor César Bona

21c Respuesta libre.

UNIDAD 7

A EDIFICIOS DEL FUTURO

1a **1** sustantivo; i **2** verbo; e **3** sustantivo; a **4** sustantivo; h **5** sustantivo / adjetivo; b **6** adjetivo; c **7** adverbio; d **8** adjetivo; g **9** adjetivo; j **10** sustantivo; f

1b **1** urbanización **2** urbanita **3** urbanista **4** urbanística **5** urbanismo **6** urbanos **7** urbanidad **8** urbanizables **9** urbanamente

2 **1** con el auxilio de Venezuela **2** la columna **3** llevaron a cabo **4** rechazará **5** reducir **6** clara **7** ambiciosa **8** la salida

3 **1** Después del / Tras **2** desde que **3** antes de **4** Cuando / Solo cuando **5** en cuanto / tan pronto como / cuando / en el momento en que **6** hasta que **7** Siempre que / En cuanto / Tan pronto como / En el momento en que **8** en cuanto / tan pronto como / cuando / en el momento en que **9** Antes de que **10** nada más / tras

4 **1** trasladarme **2** abras **3** compraran / hubieran comprado **4** pensárnoslo **5** vea **6** construyan / hayan construido **7** enterarse **8** oye **9** viváis **10** terminaron

5 **1** Antes que tener que limpiar cada dos semanas toda una pared de cristal, prefiero vivir en un piso sin ventanas. / Prefiero vivir en un piso sin ventanas antes que tener que limpiar cada dos semanas toda una pared de cristal. **2** Tan pronto como el Ayuntamiento nos dé las licencias, empezaremos a construir. / Empezaremos a construir tan pronto como el Ayuntamiento nos dé las licencias. **3** Siempre en que el futuro trabajemos como hasta ahora, seguiremos mejorando el aspecto y la calidad de vida de nuestro pueblo. / Seguiremos mejorando el aspecto y la calidad de vida de nuestro pueblo, siempre que en el futuro trabajemos como hasta ahora. **4** Solo cuando haya elecciones, atenderá el Ayuntamiento la petición de los vecinos de arreglar la plaza. / El Ayuntamiento atenderá la petición de los vecinos de arreglar la plaza solo cuando haya elecciones. **5** Mientras no demos prioridad a la circulación de bicicletas y transporte público, no reduciremos el tráfico en la ciudad. / No reduciremos el tráfico en la ciudad mientras no demos prioridad a la circulación de bicicletas y transporte público. **6** A medida que van construyendo edificios cerca del mar, nos vamos quedando sin costa. / Nos vamos quedando sin costa a medida que van construyendo edificios cerca del mar.

6a **1** un corredor **2** una cúpula **3** una bóveda **4** un tímpano **5** una vidriera **6** un bloque de viviendas **7** la cubierta de un edificio **8** una casa de dos plantas **9** columnas

6b **A** 1; **B** 2; **C** 6; **D** 5.

6c **Posibles respuestas:** **3** Iglesia Cristo Obrero, Atlántida, Uruguay (Eladio Dieste, 1952). La iglesia de Cristo Obrero, situada cerca de una de las ciudades más turísticas de la costa uruguaya, fue pensada para sus habitantes. El edificio tiene una estructura ligera y fue construido con un material resistente y de bajo coste: el ladrillo. La cubierta tiene una forma ondulada y los muros exteriores, que siguen el perfil redondeado de la cubierta, fueron agujereados en ciertos puntos para dejar pasar la luz a través de vidrios de colores. El interior, espacio abierto con un altar al fondo, impresiona por su sencillez. **4** Árbol para Vivir, Lechería, Venezuela (José Fructoso Vivas Vivas, 1994). La edificación, cuya fachada principal da a la Bahía de Barcelona, rompe con su entorno. Se trata de una edificación de viviendas pensada para una clase social medio-alta y está formada por cuatro barras horizontales de tres pisos cada una que se elevan del nivel del suelo apoyándose unas sobre otras, y en columnas. Cuenta además con dos torres verticales que permiten el acceso a los módulos. La construcción sigue los parámetros de la arquitectura bioclimática pasiva según la cual, en palabras del arquitecto, "todo edificio debe contar con: abastecimiento de oxígeno, abastecimiento de alimento reciclable y confort climático, frescura y aroma".

B INTERVENCIONES URBANAS

7a **Verbo:** vandalizar, degradar, destrozar, degenerar, arruinar, deteriorar, reincidir, maltratar **Sustantivo:** el vandalismo / el

SOLUCIONES

vándalo (se refiere a la persona), la degradación, el destrozo, la degeneración, la ruina, el deterioro, la reincidencia, el maltrato **Adjetivo:** vandálico/-a, degradado/-a / degradante, destrozado/-a, degenerado/-a, arruinado/-a / ruinoso/-a, deteriorado/-a, reincidente, maltratado / maltratador/-ora

7b 1 vandálicos; el destrozo 2 ha degenerado 3 deteriorando 4 degradado 5 reincidente 6 el maltrato causado 7 unos degenerados (uso muy coloquial; se utiliza para referirse a personas que tienen una condición moral anormal o maligna) 8 arruina

8 1 antiguo matadero (el edificio que anteriormente funcionaba como matadero) 2 única propuesta (no ha habido más que una propuesta) 3 barrios pobres (barrios con pocos recursos) 4 ciertos rumores (algunos rumores) 5 cambios simples (cambios sencillos) 6 grandes obras (obras de impacto) 7 reales jardines (jardines que pertenecen o pertenecían a la realeza)

9 1 b; 2 b; 3 a; 4 b; 5 b.

10 A 1; B 6; C 9; D 7; E 2; F 5; G 10; H 3; I 8; J 4.

C PROBLEMAS EN LA VIVIENDA

11 1 falleció 2 aislamiento 3 una avería 4 desahuciar; hipoteca 5 encareciendo 6 embargar

12 1 multar 2 plomos 3 gotera 4 aislamiento 5 arreglar 6 albañil 7 grifos 8 tubería 9 grieta 10 averiar

13 1 a, m; 2 e, l; 3 k; 4 g, i; 5 d, f, j; 6 b, c, h.

14 1 b; 2 c; 3 b; 4 a; 5 c; 6 c; 7 a; 8 a.

15 Posibles respuestas: 1 Resignación: No hay más remedio que seguir ahorrando antes de pedir la hipoteca. / Me tendré que conformar con seguir viviendo en esta casa. **2** Alivio: Me quedo más tranquila sabiendo que no será necesario hacer un agujero en la pared. / Me alivia saber que finalmente no será necesario hacer un agujero en la pared. **3** Resignación: ¿Qué le vamos a hacer? No nos queda otra que pagar los 100 € para arreglar las humedades. / No hay más remedio que pagar los 100 €, si queremos arreglar las humedades. **4** Esperanza: Cruzo los dedos para que acepten mi solicitud de hipoteca. / Toco madera para que el banco acepte mi solicitud de hipoteca. **5** Resignación: No me queda otra que cambiar la instalación eléctrica de toda la casa, ¡qué fastidio! / Bueno, pues no hay más remedio que cambiar toda la instalación eléctrica de la casa. ¡Es lo que hay!

D DISEÑO DE INTERIORES

16 1 b; 2 a; 3 c.

17 1 cabecero de cama con almohadones 2 taburete 3 cortina estampada 4 escalera de caracol 5 suelo de tarima 6 barandilla

18 1 b; 2 a; 3 b; 4 b; 5 a; 6 a.

EN ACCIÓN

19 1 momento 2 corrientes 3 necesidades 4 historia 5 evolución 6 posterior 7 desarrollo 8 contribución 9 tiempo 10 modificaciones

20 1 d; 2 a; 3 f; 4 c; 5 b; 6 e.

UNIDAD 8

A GEOGRAFÍAS

1 1 desembocadura 2 embalse 3 caudaloso 4 cima 5 cordillera 6 desfiladero 7 afluente 8 cataratas

2 1 claustrofóbico 2 húmedo 3 idílico / pintoresco 4 tenebroso 5 desolador 6 pintorescas 7 bulliciosa

3 río: caudaloso, el cañón, el afluente, seco, desembocar, la garganta, la cascada, el curso, la corriente **paisaje:** árido, desolador, pintoresco, seco, idílico, despoblado **montaña:** el pie, la cima, el cañón, escarpada, la cordillera, el pico, la sierra, la garganta, el valle

4 Posibles respuestas: 1 Bibiana: ¿a qué sí? **Inma:** ¿estoy en lo cierto? **2 Bibiana:** ¡Qué va! Los Andes son mucho más largos. Eso sí, las montañas del Himalaya son más altas. **Inma:** Una cosa es que el Himalaya sea la cordillera más alta y otra, que sea la más larga que, en realidad, sería la de los Andes. **3 Bibiana:** ¡Y tanto que sí! ¡Está a casi 4000 metros de altitud! **Inma:** Efectivamente, lo es. Está situado a casi 4000 metros de altitud.

5 1 a; 2 b; 3 c; 4 b; 5 a; 6 a; 7 c.

B GRANDES ESCAPADAS

6 a 7; **b** 1; **c** 4; **d** 6; **e** 8; **f** 9; **g** 2; **h** 10; **i** 3; **j** 5.

7 1 b; 2 a; 3 c; 4 d; 5 a; 6 b; 7 c; 8 d; 9 b; 10 a; 11 c; 12 c; 13 d; 14 a.

8 1 Debe de 2 rompieron a / se echaron a 3 No puede 4 está por 5 me eché a / rompí a 6 acabaron por 7 han ido 8 acaban de

9 1 … (poco a poco) se fue acostumbrando… 2 … (al final) acabará por irse a vivir… 3 Tiene que haber… 4 … se ha puesto a estudiar… 5 … eché a correr… 6 … Ya lleva cuatro países visitados. 7 … me echo a temblar… 8 Estaba a punto de reservar…

10 Posibles respuestas: 1 Acabo de hacer un ejercicio sobre perífrasis. **2** Me he echado a reír esta mañana con un chiste que ha contado una compañera. **3** Me he ido acostumbrando a que mi pareja utilice demasiado limpiador para limpiar el baño. **4** En el último año llevo cuatro libros leídos. / Todavía no he leído ningún libro. **5** No creo que acabe por irse a vivir a otro país, pero me gustaría pasar algunos meses en Uruguay. **6** Estoy a punto de acabar este ejercicio e irme a tomar un café.

C TURISMO MASIVO

11a 1 b; 2 b; 3 a; 4 b; 5 a; 6 a.

11b 1 lustro 2 urge 3 acometer 4 abanico 5 recuento 6 de turno

12a Gonzalo: 2 **Juana:** 3 **Antonio:** 2, 4 **Marina:** 4, 5 **Ana:** 1, 5

12b Respuesta libre.

13 Posible respuesta (aparecen subrayadas expresiones para comentar estadísticas):

El alojamiento de turistas en casas particulares <u>supone</u> en España el 25 % del total de las plazas ofertadas. Sin embargo, existen grandes diferencias entre las comunidades. Si en Murcia la oferta de plazas en viviendas <u>es del 40 %, el porcentaje</u> en Galicia, Aragón o Madrid <u>no llega al 15 %</u>.

Andalucía y Cataluña son las comunidades con mayor número de viviendas en plataformas digitales como AirBnB. Solo estas dos comunidades <u>suman aproximadamente el 50 %</u> de la oferta en España. En cambio, resulta sorprendente el bajo porcentaje de la oferta de Madrid, que, aun siendo la capital y uno de los mayores núcleos de población, solo <u>supone un 3 % del total</u>.

Respecto al precio medio por noche de alojamiento, podemos destacar el hecho de que las Islas Baleares y las Islas Canarias se encuentran <u>en los dos extremos de la estadística</u>: una noche en las Baleares cuesta casi el doble que en Canarias. Entre las cinco comunidades <u>por encima de la media</u> española (situada en 92,7 €), encontramos una vez más a Cataluña.

A la vista de estos datos, se puede concluir que la oferta de viviendas de alquiler como alojamiento turístico está cobrando cada vez más importancia en España, aunque parece que la tendencia no afecta en la misma medida a todo el territorio.

14a a 6; **b** 4; **c** 1; **d** 5; **e** 2; **f** 3.

14b Posibles respuestas: 1 En Barcelona, cuatro personas detuvieron un autobús, pintaron un grafiti en él y le poncharon las llantas / pincharon las ruedas. **2** El pasado mes de mayo, en Poble Nou unos manifestantes lanzaron pintura y un bote de humo a dos hoteles. **3** Los ataques son llevados a cabo principalmente por grupos anticapitalistas. **4** Los ataques a objetivos turísticos se producen en España (Valencia, Cataluña e Islas Baleares) y también en Italia (Venecia). **5** El turismo en Venecia está poniendo en peligro la conservación de su patrimonio cultural y monumental. **6** El Ayuntamiento de Venecia ha aprobado medidas para limitar el acceso de los turistas a lugares emblemáticos.

D LA VUELTA AL MUNDO EN 80 LIBROS

15 **1** autobiográfica; censura; penurias; heroísmo; dosis **2** periplos; atípico; tópicos; trasfondo **3** clave; peripecias; testigos; trastocar **4** carencias; habilidoso; veracidad; despuntar; inconmensurable

16 **1** c; **2** a; **3** e; **4** b; **5** f; **6** d.

17a Respuesta libre.

17b Respuesta libre.

EN ACCIÓN

18 **1** Para empezar… **2** Ahora selecciona **3** Dale forma **4** Frases que marcan **5** Lee y relee

19a **1** M1; **2** M2; **3** H4; **4** M6; **5** M3; **6** H3; **7** H1; **8** M4; **9** H2; **10** M5.

19b **1** Miguel: mercado de Cartagena de Indias **2** Helena: mangos **3** Helena: cartel con héroes de la Revolución **4** Helena: caña de azúcar **5** Miguel: tráfico en Bogotá **6** Miguel: valle del Cocora con las altas palmeras

UNIDAD 9

A DEPORTES ALTERNATIVOS

1 **1** b; **2** c; **3** a; **4** b; **5** c; **6** a.

2 **1** b; **2** e; **3** d; **4** c; **5** f; **6** a.

3 **1** marcador **2** juego limpio **3** terreno de juego **4** patada; árbitro **5** reglamento **6** disciplina

4 **1** oponente **2** disputar **3** torneo **4** encuentro **5** llevarse la victoria **6** hincha **7** árbitro **8** balón **9** cancha

5 **Posibles respuestas: Fútbol. Equipamiento:** portería, poste, larguero, balón / esférico, medias, botas **Lugar para practicarlo:** campo de fútbol, área, medio campo, banda **Personas:** delantero, centrocampista, defensa, portero, árbitro, entrenador, juez de línea / linier **Tantos:** (marcar un / anotar un) gol **Penalizaciones:** (sacar una / recibir una) tarjeta (roja, amarilla), (tirar un) penalti, (hacer una / cometer una) falta **Acciones en juego:** pasar, regatear, marcar un gol, sacar (de puerta, de esquina / un córner, una falta, de banda), parar / hacer una parada, rematar (de cabeza), disparar / chutar, tirar a puerta, entrar **Competiciones importantes:** La Liga, La Liga de Campeones, el Mundial, la Copa (América, de Europa, del Rey)

6 **1** a; **2** b; **3** a; **4** a.

7 **1** A pesar de que el piloto lleva / lleve tres vueltas marcando la vuelta rápida, no será suficiente para ganar la carrera. **2** Aunque la pelota estaba prácticamente rozando la línea, el juez de silla no concedió el punto a la tenista francesa. **3** El club tendrá el presupuesto más elevado de la liga, pero no logra(n) ningún título. **4** Aun cuando su mejor jugador ha anotado más de treinta puntos en los cuatro primeros partidos, el equipo ha perdido los cuatro. **5** Felipe Rodríguez había estado lesionado gran parte de la temporada, (y) aun así ganó el trofeo de pichichi en la liga. **6** Pese a no conocer las normas del fútbol americano, acabó contagiándose de la emoción de los hinchas. **7** Entrene lo que entrene, la entrenadora no lo saca en los partidos. **8** Si bien el fútbol mueve mucho dinero, hay muchos jugadores de divisiones inferiores que apenas llegan a fin de mes. **9** Con lo que le gusta a Malena el patinaje sobre hielo, nunca ha visto esta disciplina en directo.

B LA LUCHA ANTIENVEJECIMIENTO

8 **1** modorra **2** longeva **3** hallazgos **4** neurodegenerativas **5** fase convaleciente **6** repercutir **7** recabar; vigilia **8** condición física; envidiable

9a **1** A: Hola, guapa, ¿cómo andamos? **2** B: Pues nada, aquí estoy… Aburrida ya de no poder moverme. **3** A: Ya me imagino que estarás harta… ¿Sabes cuándo te quitan la escayola? **4** B: Tengo cita con el traumatólogo en diez días, espero que para entonces me la puedan quitar. **5** A: Bueno, eso no es nada, diez días pasan volando. Cuando te quieras dar cuenta, estarás corriendo como antes. **6** B: Ya, ya, pero se me está haciendo muy largo. Y luego encima, me toca andar con muletas una buena temporada. **7** A: Bueno, sé que es difícil, pero ir andando poco a poco ayudará a tu recuperación. Tómatelo con paciencia. **8** B: Desde luego, no me queda otra…

SOLUCIONES

9 A: Sabes que, si necesitas algo, que te haga algún recado, te lleve a algún sitio, lo que sea, ahí me tienes, ¿eh? Que imagino que con las muletas será más complicado. **10** B: Muchas gracias, te aviso con lo que sea, ¿vale? **11** A: Venga, ya sabes dónde estoy. Un abrazo. **12** B: Seguimos en contacto. Un abrazo.

9b Posibles respuestas:

A: Hola, guapa, ¿qué hay?

B: Pues nada, tirando… (…)

A: Venga, mujer, eso no es nada, diez días pasan volando. (…)

A: Bueno, sé que es difícil, pero ir andando poco a poco ayudará a tu recuperación. No te lo tomes así. (…)

A: Sabes que me tienes a tu disposición / puedes contar con mi ayuda / …, cualquier recado, que te lleve a algún sitio, lo que sea, cuenta conmigo / no tienes más que llamarme / …, ¿eh? (…)

A: Vale, ya sabes dónde encontrarme. Un abrazo.

B: Nos hablamos. Un abrazo.

10 1 Tener achaques 2 Tener la tensión arterial alta 3 Tener problemas de columna 4 Tener depresión 5 Estar de baja 6 Tener sobrepeso 7 Sufrir estrés

11a 1 codo 2 cuello 3 boca 4 oído 5 cabeza 6 ojos

11b 1 e; 2 c; 3 a; 4 f; 5 d; 6 b

C LA SOCIEDAD DEL CANSANCIO

12 a 6; b 8; c 5; d 7; e 3; f 1; g 2; h 4.

13 1 asumir 2 mucha perseverancia 3 ignorar 4 sumido en 5 sufrir 6 solventó

14 1 quieras 2 ayudaría 3 iba a 4 gustaría / fuera a gustar / iba a gustar 5 se dedicarían / fueran a dedicarse 6 haya empezado 7 ha hecho / hizo / va a hacer 8 iría

15a Respuesta libre.

15c Posibles respuestas: No pensé que una sesión tuviera que durar entre veinte minutos y una hora, pero no me imaginaba que podía durar solo tres minutos. Suponía que el monitor explicaría los ejercicios que yo tengo que hacer. Pensaba que la respiración sería importante y, efectivamente, lo fue. Creí que se escucharía una música de fondo, pero no fue así. Pensaba que iba a ser aburrido, ¡pero no pensaba que lo sería tanto! No creía que se pudiera practicar cómodamente en el sofá y, en efecto, hay que hacerlo con la espalda recta. Pensé que me gustaría, pero no me ha convencido mucho.

16 Posible respuesta:

Santa Ana, 28 de julio de 2018

Recomendación de Ignacio Barracuda

Estimados señores y señoras:

Mi nombre es Fuensanta Gil Paredes y soy la coordinadora de personal del Centro Deportivo Municipal de Santa Ana.

Ignacio Barracuda fue uno de nuestros monitores en el área de pilates, yoga y meditación durante los últimos dos años. En ese tiempo impartió diez clases de yoga y pilates a la semana, así como talleres de iniciación al *mindfulness*. Otra de sus tareas consistió en la tutorización de los estudiantes de Ciencias de la Actividad Física que realizan prácticas con nosotros.

El señor Barracuda demostró su valía como monitor consiguiendo fidelizar a los participantes de sus cursos. Esto se debe no solo a su don de gentes, sino también a su sólida formación como entrenador, que sigue desarrollando con la asistencia a cursos de actualización de sus especialidades.

Su compromiso con el centro quedó claro al mostrarse también dispuesto a sustituir a los colegas de la recepción cuando fue necesario, a pesar de que esta tarea no correspondía a su contrato.

Por todo lo expuesto, recomiendo la contratación del señor Barracuda. Estoy convencida de que realizará un gran trabajo con su próximo empleador.

Muy atentamente,

Fuensanta Gil Paredes

Coordinadora de Personal

D TENDENCIAS ESTÉTICAS

17 1 Isabel 2 Emma 3 Diana 4 Dani 5 Alba 6 Darío

18 1 Los olores, las voces, las feromonas, la manera de andar, las expresiones y el estilo. 2 El nivel de ingresos, las relaciones con los demás, la salud, la educación y la religión. 3 Una mayor desventaja social y más probabilidades de sufrir depresión. 4 Salud y fertilidad. 5 Masculinos: la zona superior del brazo y la fuerza en la parte superior del cuerpo; femeninos: forma de reloj de arena; ambos: pelo seductor, piel sin imperfecciones. 6 Resultará más atractivo.

19 1 ¡Con la de dulces que come y no engorda! / ¡Con los dulces que come y no engorda! 2 Con lo trabajador que es y lo mal que le salen las cosas. 3 … con los compañeros (elegantes) que tiene, quiere estar a la altura. / … con lo elegantes que son sus compañeros, quiere estar a la altura. 4 ¡Con lo mucho que se esfuerza y lo poco que juega!

20a a 2010 b 1950 c 1990 d 1910 e 1980 f 1960 g 1920

20b 1 estereotipos 2 corsés 3 cintura 4 busto 5 rectos 6 curvas 7 caderas 8 flaquita 9 delicadas 10 pasarelas 11 piernas 12 atlético 13 andrógino 14 cola

EN ACCIÓN

21a Posibles respuestas: 1 Diferencias: el poema tiene menos estrofas que la canción y los versos son más largos; en la canción se repite más el fragmento "aunque tú no lo sepas"; en la canción hay un esquema de rima asonante (coinciden las últimas vocales de los versos) que no hay en el poema; el poema habla de experiencias más concretas que la canción **2 Elementos compartidos:** en cuanto a la forma, ambas composiciones repiten el verso "aunque tú no lo sepas"; tanto en la canción como en el poema el narrador se dirige a una persona, probablemente la expareja

SOLUCIONES

21b a 6; b 3; c 5; d 1; e 4; f 2.

21c Respuesta libre.

UNIDAD 10

A LA RELIGIÓN DEL CAPITAL

1 a 4; b 6; c 5; d 2; e 8; f 3; g 1; h 9; i 7

2 1 Muchas personas, por mucho dinero que tengan,… 2 Por eso, por (muy) increíble que parezca,… 3 De todas formas, por mucho / más que lo intenten,… 4 Por muchas críticas que reciben / reciban,… 5 Por muy cuestionable que sea que no paguen impuestos,…

3 **Posibles respuestas:** 1 … haré un viaje espacial. / me compraré un Jaguar. / me haré una operación de cirugía estética. 2 … ahorrar todos los meses. / aprender la palabra "ornitorrinco". / preparar una pizza decente. 3 … la Luna, el ser humano ha conseguido llegar allí. / Europa, muchas personas de China y Japón se animan a visitar este continente. 4 …, correré el medio maratón. / quiero pasar un mes en un país de habla hispana. / … levantarme temprano, al final disfruto de las primeras horas del día. 5 …, aprenderé la palabra "ornitorrinco". / voy a hacer ese trabajo. / … conseguir entradas para la final, puedes estar seguro de que lo intentaré.

4a 1 ser un/-a agarrado/-a: ser tacaño/-a 2 costar un ojo de la cara: costar mucho dinero 3 estar a dos velas: no tener dinero 4 estar forrado/-a: tener mucho dinero 5 estar sin blanca: no tener dinero 6 tener mucha pasta: tener mucho dinero

4b Respuesta libre.

5 1 c; 2 b; 3 c; 4 b; 5 b; 6 a.

B EL CEREBRO EN MODO NEGOCIOS

6 a 4; b 6; c 2; d 3; e 5; f 1.

7 **Sustantivo:** ansiedad, asco, estrés, interacción, temor, previsión **Verbo:** ansiar, asquear, estresar, interactuar, temer, prever **Adjetivo:** ansioso/-a, asqueado/-a / asqueroso/-a, estresado/-a / estresante, interactivo/-a, temeroso/-a / temible, previsor/-ora

8a Respuesta libre.

8b Respuesta libre.

9 a 2; b 3; c 1; d 3; e 1; f 2; g 1; h 3; i 2

C NEGOCIOS VERSUS SOLIDARIDAD

10 1 b; 2 c; 3 c; 4 a; 5 a; 6 c.

11 1 BCE: Banco Central Europeo 2 ONU: Organización de las Naciones Unidas 3 OMS: Organización Mundial de la Salud 4 MCER: Marco Común Europeo de Referencia 5 UE: Unión Europea 6 RAE: Real Academia Española 7 OTAN: Organización del Tratado del Atlántico Norte 8 PYME: Pequeña y Mediana Empresa

12 1 Quien / El que 2 cuya 3 del que / del cual 4 Lo que 5 que / la cual 6 que / los cuales 7 el que 8 cuyos 9 cuyo 10 que

13 1 La incubadora Embrace mantiene una temperatura constante de 37 grados gracias a unas pastillas de cera cuya duración es de seis horas. 2 La mosquitera PERMANET, cuya eficacia está garantizada incluso después de veinte lavados, está impregnada de un insecticida que mata y repele los mosquitos que transmiten la malaria. 3 El MUAC, cuyas franjas de color indican el nivel de desnutrición de la persona que lo lleva, es un brazalete que permite integrar a activistas comunitarios que no saben leer. / El MUAC es un brazalete cuyas franjas de color indican el nivel de desnutrición de la persona que lo lleva, y permite integrar a activistas comunitarios que no saben leer. 4 El profesor Aftim, cuyo mayor logro fue descubrir que el sol descubre los microorganismos del agua, procede de Líbano. 5 La incubadora Embrace, cuyo precio es muy inferior al de una incubadora normal, es portátil y no necesita electricidad. 6 Algunos países, cuyas economías han sido rescatadas por el FMI, siguen buscando la manera de devolver todo el dinero prestado. 7 El método SODIS, cuyo funcionamiento solo necesita botellas de plástico y la luz del sol, sirve para potabilizar agua en el ámbito doméstico.

14 1 cuya 2 Uso correcto 3 Uso correcto 4 Uso correcto 5 cuyas 6 cuya 7 cuya 8 Uso correcto

D SEDUCIR AL CONSUMIDOR

15 1 Falso; el texto parte de la base de que nos dejamos llevar por impulsos 2 Falso; no podemos controlar las reacciones, pero sí la importancia que les damos 3 Verdadero 4 Falso; trabajaba para una universidad 5 Verdadero 6 Verdadero

16 1 Llevaba bastante tiempo ahorrando, así que fue al concesionario y pagó el coche a tocateja. 2 Me parece importante determinar el papel que les damos a las cosas materiales en nuestra vida. 3 Desde luego, internet marcó el nacimiento de una nueva forma de comprar. 4 Yo creo que Lucy ni siquiera mira el precio, simplemente saca la tarjeta y paga. 5 Entre todos los productos que se venden por internet ganan por goleada los electrónicos. / … los electrónicos ganan por goleada.

17a **Posible respuesta:** En los tres habla una persona sobre su sueño en la vida y, aunque las profesiones son diferentes, en las tres ocasiones quiere llegar a ser rica y comprarse cosas lujosas, como una casa en la playa, coches, un barco, etc.

17b Respuesta libre.

17c Respuesta libre.

18 1 No estarás ocupado, ¿no? 2 Es que 3 de hecho, 4 y va él 5 total, que 6 Sin ir más lejos / De hecho 7 es ineludible que 8 De hecho, 9 ¿me seguís? 10 en definitiva

19 **Posible respuesta:**

– Oye, ¿tú sabes lo del experimento de la Pepsi y la Coca Cola?

– ¿A qué te refieres?

– Pues, cogieron y les dieron a diferentes personas Pepsi y Coca Cola para probar con los ojos tapados, vamos, sin que supiesen lo que estaban bebiendo. ¿Me sigues?

– Sí. ¿Y qué pasó?

– Pues que a la mayoría le gustaba más la Pepsi.

SOLUCIONES

– ¿De verdad?

– Sí, de hecho esta bebida ganó por goleada. Pero la Coca Cola se vende más. Total, que se descubrió que se vende más porque la gente se identifica más con la marca.

– ¡Qué curioso!

EN ACCIÓN

20a 1 C; 2 C; 3 A; 4 C; 5 D; 6 B.

20b Posibles respuestas: "La sociedad de consumo", "El sinsentido del consumismo", "De cómo pasé del tener al ser", "Romper el círculo del consumismo", "¿Quiere ser rico?".

20c si bien es verdad que..., no es menos cierto que...; Sin embargo,...; como señala la autora...; Por otro lado,...; hay quienes defienden que... Ahora bien,...; A mi juicio,...; no solo..., sino que...; en mi opinión,...; preguntas retóricas como: ¿Realmente nos gusta...?; En definitiva,...

UNIDAD 11

A LENGUAS EN CONTACTO

1 1 *followers*: seguidores 2 *meeting*: reunión 3 *online*: en línea, de internet, electrónica 4 *post*: entrada 5 *evento*: acontecimiento 6 *link*: enlace 7 *haced clic*: pulsad 8 *selfies*: autofotos 9 *ignorar*: hacer caso omiso, desdeñar 10 *look*: apariencia, aspecto, atuendo 11 *cool*: moderna, guay, chévere 12 *friki*: personaje estrafalario, extravagante

2 1 tráiler 2 beicon 3 bol 4 sándwich 5 básquet 6 esprint 7 esmoquin 8 champú 9 táper

3 1 el barullo, el sarao 2 el bulevar, coqueto/-a 3 el arroz, el limón 4 el déficit, el estatus 5 la canoa, la maraca 6 el bigote, la toalla

4 Respuesta libre.

5 1 Se piensa 2 se hablan 3 se extendió 4 se decía 5 se conservan 6 Se teme

6 *Se* **paradigmático:** 3 (sustituto de *les*), 5 (pronominal), 6 (recíproco) *Se* **no paradigmático:** 1 (pasiva refleja), 2 (impersonal), 4 (pasiva refleja), 7 (voz media), 8 (impersonal)

B PALABRAS QUE DUELEN

7 1 mentar 2 negro 3 estereotipos 4 estratagema 5 reflexionan 6 la injuria

8 1 c; 2 a; 3 g; 4 b; 5 f; 6 d.

9a 1 el cometa **b** la cometa **a** 2 el corte **a** la corte **b** 3 el coma **b** la coma **a** 4 el cólera **b** la cólera **a** 5 el pendiente **a** la pendiente **b** 6 el cura **a** la cura **b** 7 el orden **b** la orden **a**

9b 1 la margen 2 el frente 3 la capital 4 de la orden 5 tanta pendiente 6 el margen 7 una coma 8 la cura 9 el capital 10 el radio

10 1 el electorado 2 el personal médico 3 el personal de enfermería 4 un cuento infantil 5 los derechos humanos 6 el personal de vuelo 7 las personas mayores 8 la dirección

C ESPAÑOL SIN FRONTERAS

11 1 Seseo (*comienza, aprendizaje, emocionada, comenzamos, frustración*); aspiración del sonido de la j (*hija, aprendizaje*); es de México. 2 Seseo (*inocencia, hicieron, ciento*); pérdida de s final (*vivíamos, los niños, llegamos hasta, nos, podemos*); neutralización l/r (*hermano, tarde, borrarlo*); aspiración del sonido de la j (*dijo*); es de Cuba. 3 Seseo (*trece, doce, financiero, noticiero, almorzando, apareció, vaticinó*); žeísmo (*cayeron, cayó*); pérdida de s final (*dos, todas las bolsas, menos, años, estábamos, malas noticias*); es de Uruguay.

12 1 b; 2 c; 3 a; 4 b; 5 a; 6 b; 7 b.

13a 1 b (España) 2 f (República Dominicana) 3 d (Argentina) 4 e (Cuba) 5 a (Bolivia) 6 c (Chile)

13b 1 majo 2 pololo 3 asere 4 vaina / huevada 5 quilombo 6 huevada / vaina

14 Respuesta libre.

15a a 3; **b** 6; **c** 7; **d** 2; **e** 1; **f** 4; **g** 5.

15b 1 al pie de la letra 2 ni jota 3 erre que erre 4 poner los puntos sobre las íes 5 de pe a pa / al pie de la letra 6 por hache o por be

D LA VIDA SECRETA DE LAS PALABRAS

16 1 título (dependiendo del significado, existen *título, titulo* o *tituló*) 2 auténtico 3 ushuaiense 4 reconocer 5 botar (se pronuncia igual que *votar*) 6 emergente 7 electroencefalografista 8 correveidile (corre-ve-y-dile) 9 agua 10 pedigüeñería (i, ü, ñ, í)

17a 1 *Cien años de soledad*; *La noche boca arriba* 2 *Pedro Páramo* 3 *Pedro Páramo*; *La noche boca arriba* 4 *Pedro Páramo*

17b A 1 Falso 2 Falso **B** 1 Verdadero 2 Verdadero **C** 1 Falso 2 Falso

18 a 6 Procede del personaje de Don Quijote, de la obra *El ingenioso hidalgo don Quijote de la Mancha* (1605) escrita por el español Miguel de Cervantes, en la que un hidalgo se vuelve loco, cree que es un caballero y decide salir al mundo a luchar por el bien. **b** 8 Procede de las ideas y doctrinas del escritor italiano Nicolás Maquiavelo, especialmente de aquellas recogidas en su obra *El Príncipe* (1531), en la que explica cómo mantener el poder y el gobierno. **c** 2 El personaje de Don Juan aparece, entre otras, en la obra de teatro *Don Juan Tenorio* (1844), del español José Zorrilla, y se caracteriza por conquistar a muchas mujeres. **d** 3 Procede de la obra *La Celestina* o *Tragicomedia de Calisto y Melibea* (siglo XVI), atribuida al español Fernando de Rojas, en la que este personaje, una alcahueta, ayuda a Calisto a conquistar a Melibea. **e** 7 Procede del nombre del filósofo y escritor francés Donatien Alphonse François de Sade (1740-1814), más conocido como Marqués de Sade, que en sus obras justificó el uso de la violencia para conseguir sus objetivos. **f** 1 Procede del poema épico del mismo nombre, escrito por el griego Homero en el siglo VIII a. C., en el que se relatan las desventuras que vive Odiseo (también llamado Ulises) durante diez años para tratar de regresar a su casa. **g** 5 Hace referencia al mito griego de la caída de Troya gracias al uso

SOLUCIONES

de un caballo de madera (caballo de Troya) en el que se escondieron los griegos para introducirse en la ciudad, que posteriormente destruyeron. **h** 4 Procede de la obra anónima *El Lazarillo de Tormes* (siglo XVI), en la que el protagonista, Lázaro, cuenta cómo de joven servía de guía para un hombre ciego.

19 **1** b; **2** b; **3** c; **4** c; **5** b; **6** c; **7** b; **8** c; **9** b; **10** b.

EN ACCIÓN

20b **1 2 3** Respuesta libre **4** Posible solución: **a** filosófico **b** moderno **c** policial **d** pesimista **e** filosófico **f** pesimista **g** eufórico **h** moderno **i** eufórico **j** filosófico **k** policial **l** pesimista

UNIDAD 12

A SONAMBULISMO TECNOLÓGICO

1 **1** c; **2** h; **3** b; **4** f; **5** g; **6** a; **7** e; **8** d.

2 **1** a; **2** c; **3** b; **4** e; **5** d.

3 **Posibles respuestas:** **1** Un amigo se fue hace un rato, prometió escribir al llegar a casa, pero se hace tarde y no lo ha hecho todavía. **2** Un compañero asegura que ha estudiado mucho, pero sacó una mala nota. **3** No encontramos el mando a distancia de la televisión. **4** Mis sobrinos quieren ver una vez más la misma película de dibujos animados.

4 **1** … ¡No habrás salido en vez de prepararla! **2** Habrás comprobado que tenías el cargador antes de salir, … **3** ¡No habrás tenido el valor de comprarte el nuevo modelo! … **4** … ¡Si solo la habremos usado unas tres veces! **5** Te habrá costado una pasta, …

5 Respuesta libre.

6 **1** c; **2** b; **3** a; **4** b; **5** a; **6** c.

B PLASTICIDAD HUMANA

7 **1** Es el número de personas a las que escribimos una postal en Navidad, el de las unidades básicas de los ejércitos, el de los clanes tribales, el de habitantes de la mayoría de poblados hasta la Revolución Industrial y el de contactos de los académicos. **2** Porque hay jerarquías, disminuye el compañerismo y hay más competitividad y ausentismo laboral. **3** Porque la capacidad de relacionarnos tiene como límite el tamaño del cerebro. **4** Se debe a que tiene el cerebro más grande. **5** Porque se necesita una gran capacidad de observación para pasar toda la vida con una sola persona y entenderse con ella.

8 **Posibles respuestas:** **1** Sabía que era más pequeño pero no sabía por qué, pero claro, tiene su lógica, ahora que lo pienso. **2** Pues no sé qué decirte, yo tengo mis dudas. A mí, 8000 litros me parecen muchos litros. **3** Pues yo pensaba que tardaría bastante menos. **4** ¡Nunca lo hubiera imaginado! **5** Pues no sé qué decirte, ¡los días que tengo pilates yo crezco dos centímetros!

9 **1** oscurecerá **2** aumentará **3** crecerá / aumentará **4** disminuirá **5** se harán más ágiles **6** se debilitará **7** desaparecerán

10 **1** viajen / viajaran / viajasen **2** Perderemos; sustituya **3** cambia / ha cambiado / cambiará **4** desaparezca; consista / consistirá **5** se preocupa **6** empiece **7** nos quedemos; necesitemos / necesitamos / necesitaremos **8** se compró / se ha comprado / se habrá comprado

11 **Posibles respuestas:** **1** Yo no tengo tan claro que no vayan a necesitarse las escuelas y que todo se vaya a aprender por internet. **2** Dudo que las condiciones de trabajo mejoren. **3** A lo mejor las sociedades están más mezcladas, pero es probable que no seamos mucho más tolerantes. **4** Seguramente el machismo vaya desapareciendo, pero intuyo que no será tan pronto. **5** Pudiera ser que las casas consuman / consumieran menos energía, pero para mí que van a ser más grandes.

C LA AMENAZA ROBOT

12 **1** transeúntes **2** remoto **3** retoños **4** la emprendió a palos con **5** control remoto **6** la gestación **7** les embarga la duda de

13 **a** 9; **b** 1; **c** 3; **d** 5; **e** 4; **f** 7; **g** 10; **h** 8; **i** 6 (en este caso se diferencia entre el Esteban de antes y el Esteban de ahora); **j** 2.

14 **1** Los; **2** Un; **3** los; **4** un; **5** un; **6** la; **7** una; **8** el / Ø; **9** una; **10** el; **11** un; **12** Ø; **13** Un; **14** los; **15** Ø; **16** las; **17** los; **18** el; **19** un; **20** unas / Ø; **21** una; **22** Ø; **23** Ø; **24** las / Ø; **25** el; **26** la; **27** Ø; **28** una.

15 **Posibles respuestas:** **1** No te niego que vaya controlar gran parte de nuestras vidas, pero no creo que lleguemos a perder ningún derecho por culpa de la inteligencia artificial. **2** No te discuto que ahora mismo estén usando las redes sociales en exceso, sin embargo, creo que prohibirles el acceso hasta los 18 años es una medida excesiva. **3** No te falta razón en destacar que la superpoblación es un problema, ahora bien, me parece que hay otras soluciones posibles antes que vivir en otros planetas. **4** Sin duda alguna, da escalofríos pensar en eso pero, al mismo tiempo, estos avances pueden ayudar a prevenir ciertas enfermedades. **5** No te discuto que el teléfono móvil muchas veces nos distrae, pero también es una fuente ilimitada de recursos y creatividad. **6** No hay duda de que acumular mucha información produce estrés a no ser que esté bien organizada.

16 **1** Ser muy bueno en algo, hacerlo muy bien, ser muy productivo. **2** Tener sentido de repente, darse cuenta de algo de repente. **3** Empezar a hacer algo con energía y determinación. **4** Conseguir favores o trabajo no por mérito propio, sino gracias a contactos familiares o de amistad. **5** Perder momentáneamente el juicio. **5** Coincidir en las ideas, compartir la misma opinión.

D EL HOMBRE EN SU BURBUJA

17 **1** frente a frente **2** apretón de manos **3** mejilla **4** abrazo **5** microespacio **6** mantener la distancia **7** de forma gradual

18 **1** Dar un regalo **2** Pedir un favor **3** Recibir un regalo **4** Dar el pésame **5** Recibir un halago

19 **1** de donde **2** en donde **3** Para donde **4** de donde **5** adonde **6** en donde

149

SOLUCIONES

20 **1** El año pasado fuimos de viaje a la India, donde / en donde probé el mejor curry de mi vida. **2** Vamos a un restaurante filipino los miércoles donde todo el mundo nos conoce. / Todo el mundo nos conoce en el restaurante filipino adonde vamos los miércoles. **3** Se conocieron en un quiosco por donde los dos pasaban cada mañana para comprar el periódico. **4** Mi cuñado es de Banfield, una ciudad al sur de Buenos Aires, en donde / donde se crio Julio Cortázar. **5** Hubo un gran retraso en los trenes de ayer porque cerraron el túnel por donde pasan.

21 **1** da / daba **2** respetan / respeten **3** dejaste / pusiste **4** hubiera / hubiese **5** ponen / pongan **6** hemos ido **7** siente

22a Respuesta libre.

22b Posibles respuestas: 1 Probablemente al rodearse de una cultura diferente para ella, las similitudes entre culturas de países hispanohablantes se hicieron más evidentes. **2** Una historia similar (conquista, colonización, independencia) y una cultura hispanohablante (literatura, cine, música). **3** Amaru dice sentirse aimara, no latino, y rechaza la herencia impuesta por los conquistadores españoles. Para Marilén, su origen mapuche la hace sentirse conectada con todo el continente americano y la ayuda a identificarse con otros grupos gracias a una historia compartida, que incluye no solo las raíces americanas sino también el proceso de mestizaje que se produjo tras la conquista. **4** Se refiere a la creación de una visión estereotipada de las culturas latinas, centrada en aspectos superficiales de las mismas y quizás también con un componente de comercialización. **5** Hispanoamérica se refiere a los países americanos donde se habla el español como lengua oficial, mientras que Latinoamérica incluye también otros países en los que se hablan lenguas de origen latino, por ejemplo, Brasil (portugués). **6** A ciudadanos estadounidenses con origen o antepasados españoles o hispanoamericanos. **7** Los consideran un pueblo homogéneo, sin darse cuenta de que también son una mezcla. Incluso hay quien sigue refiriéndose a España como la "madre patria". **8** Respuesta libre.

22c **1** mestizaje **2** unión **3** arribar **4** ancestro **5** chapurrear **6** hispanoparlante **7** compatriota **8** homogéneo

23 **1** La exposición quiere hacer reflexionar sobre el valor de los estereotipos. **2** Los estereotipos nos hacen pensar de una manera simplista pero no coinciden con la realidad. La identidad tiene que ser definida. Para el director del proyecto, la identidad es una suma de muchos aspectos. **3** La religiosidad y la llegada de inmigrantes de manera ilegal. **4** Son de diferentes países, sobre todo de América Latina, o de EE. UU. con ascendencia latina. **5** Son fotografías muy pensadas, en las que disfraza a migrantes mexicanos de superhéroes. **6** Ricardo Cases muestra la realidad de los latinos en Miami.

EN ACCIÓN

24 Respuesta libre.

25 Respuesta libre.

Primera edición, 2018
Segunda edición, 2019

Produce: SGEL – Educación
Avda. Valdelaparra, 29
28108 Alcobendas (Madrid)

© Aída Rodríguez Martínez, Elvira Almuíña Viz, Sara Almuíña Viz
© Sociedad General Español de Librería, S. A., 2018
Avda. Valdelaparra, 29, 28108 Alcobendas (Madrid)

Director editorial: Javier Lahuerta
Coordinación editorial: Jaime Corpas
Edición: Víctor Carmona y Yolanda Prieto
Corrección: Belén Cabal

Diseño de cubierta e interior: Verónica Sosa
Fotografías de cubierta y portadillas: José Luis Santalla
Maquetación: Verónica Sosa

Ilustraciones: Pablo Torrecilla (págs. 14, 47 y 69).
Fotografías: ALAMY/GTRESONLINE: pág. 67 plano Barcelona; pág. 70 foto 6; pág. 85 "Tourist go home. Refugees welcome"; pág. 96 fotos "f" y "g"; pág. 106 Real Academia Española. ANDRÉS MAURICIO LÓPEZ: pág. 70 foto "1" (extraída del libro *El Gimnasio Moderno en la Vida Colombiana* 1914-2014 editado por Villegas Editores). AVENTURAS LITERARIAS: pág. 86 mapa Madrid. CORDON PRESS: pág. 9 Eduardo Galeano; pág. 49 "Berta vive"; pág. 60 Gabriel García Márquez; pág. 97 fotos "b", "c" y "e"; pág. 98 Luis García Montero; pág. 116 Julio Cortázar. ELADIO DIESTE (ingeniero) y RODOLFO MARTÍNEZ (fotógrafo): pág. 70 foto "3". GUILLERMO RIVAS (Lechería, Venezuela): pág. 70 foto "4". RENE MONTAÑO ZAMBRANO, DANIELA FUENTES CARO, SOLANYETH BARRA ABARZÚA: 70 foto 5. THINKSTOCK: pág. 72 foto inferior "Las Meninas" de Velázquez. SORDO MADALENO ARQUITECTOS: pág. 70 foto "2" (de Guillermo Zamora). SHUTTERSTOCK: Resto de fotografías, de las cuales, solo para uso de contenido editorial: pág. 15 Alaska (Peter Scholz / Shutterstock.com), pág. 18 mercado medieval (Jesús Fernández / Shutterstock.com); pág. 72 foto superior "Las Meninas de Canido" (Ramon Espelt Photography / Shutterstock.com); pág. 97 fotos "a" (Tinseltown / Shutterstock.com) y "d" (Victorian Traditions / Shutterstock.com)

Para cumplir con la función educativa del libro se han empleado algunas imágenes procedentes de internet.

Audio: CARGO MUSIC y Álvaro López–SOUNDERS CREACIÓN SONORA.

ISBN: 978-84-9778-602-7

Depósito legal: M-14225-2018
Printed en Spain – Impreso en España
Impresión: Gómez Aparicio Grupo Gráfico

Cualquier forma de reproducción, distribución, comunicación pública o transformación de esta obra solo puede ser realizada con la autorización de sus titulares, salvo excepción prevista por la ley. Diríjase a CEDRO (Centro Español de Derechos Reprográficos) si necesita fotocopiar o escanear algún fragmento de esta obra (www.conlicencia.com; 91 702 19 70 / 93 272 04 47).